Herbert Kühn / **Persönlichkeit und Gemeinschaft**

ERFAHRUNG UND DENKEN

Schriften zur Förderung der Beziehungen zwischen Philosophie und Einzelwissenschaften

Band 3

Persönlichkeit und Gemeinschaft

Von

Prof. Dr. Herbert Kühn

DUNCKER & HUMBLOT / BERLIN

Gedruckt 1959 bei Richard Schröter, Berlin SW 61
Printed in Germany

Inhaltsverzeichnis

Einleitung

Demjenigen, der in der Mitte dieses Jahrhunderts den geistigen Blick gleiten läßt über diese Erde, auf der wir leben, offenbaren sich naturnotwendig zwei große mächtige Pole wirtschaftlicher und geistiger Menschheitsgestaltung: auf der einen Seite die Welt der Freiheit, die Welt des Individuums, der Persönlichkeit und der Menschenrechte, und auf der anderen Seite die Welt des Sozialismus, der Gemeinschaft, der Unterordnung, der Knechtschaft und der Gewalt.

Beide Welten sind Ziele großen Strebens, tiefen Glaubens, unendlicher Hoffnung und endloser Hingebung. Beide Welten haben sich aufgebaut in entgegengesetzter Grundvorstellung vom Menschen und seinem Sinncharakter. Beide Welten sind getragen von einer Idee des Heils, von einer messianischen Vorstellung, von einer inneren Zielsetzung auf höchste Werte.

Jedesmal ist die Zielsetzung dieser Werte eine andere. In der einen Welt, der des Westens, wird die Freiheit, die Persönlichkeit als die Mitte des Menschen, als seine höchste Aufgabe und als sein edelstes Ziel gesehen. Auf der anderen Seite wird als die Mitte des Menschen, als seine tragende Kraft, als sein Ausgang und seine höchste Vollendung, das Gegenteil gesetzt, die Gemeinschaft. In beiden Welten wird der Mensch erlebt in einer anderen Daseinsweise, in beiden Welten ist der Blick auf den Menschen ein verschiedener, ist der Ansatz des Denkens über den Menschen und die Bestimmung seines Zieles entgegengesetzt erlebt.

Es gibt niemanden, der heute auf dieser Erde lebt, der sich der Gegensätzlichkeit dieser Gedanken entziehen könnte, es gibt niemanden, der nicht dieses Problem des Menschen in seinem eigentlichen Sein zu durchdenken hat, und es gibt niemanden, der nicht Stellung zu nehmen hat zu diesen letzten und größten Fragen unserer Zeit.

Sie werden so häufig als wirtschaftliche Probleme gesehen. Doch sie sind es nicht nur. Hinter ihnen stehen die großen Fragen nach dem Wesen des Menschen, nach seiner Art, nach seiner Beschaffenheit, nach seiner Möglichkeit, diese Welt zu beherrschen und zu ordnen, nach seiner Spannungsfähigkeit, sein eigenes Wesen zu begreifen und sich selber Klarheit zu geben über sich selbst.

Beiden Welten liegt ein anderes Daseins-Verständnis zugrunde und beide Welten werden getragen von einer großen Philosophie, die hinter ihren Taten, ihren Ausdrucksformen, ihren Erkenntnissen steht, und die in beidemal verschiedener Weise in die tiefsten Menschheitsgehalte zurückführt.

Beide Welten verleihen dem Dasein eine andere menschliche Sinngebung. So liegt das Gegeneinanderstehen dieser beiden Kräfte in einer geistigen Welt, und das gibt dem Kampf seine Schwere, seine Bedeutung und seinen tiefsten Akzent.

Es stehen nicht nur Machtpositionen gegeneinander, es spricht nicht nur die Fülle der Atomwaffen, der Kanonen, der Kriegsschiffe und Flugzeuge, es spricht vor allem ein Problem des Geistes, des menschlichen Daseins und der Eigengesetzlichkeit des menschlichen Wesens.

In beiden Positionen ist das tragende Element ein eschatologisches, messianisches Ziel, eine Zukunft in Erwartung und Hoffnung. Jede der beiden Welten setzt dem Menschen ein Ziel, eine Aufgabe und eine höchste Erfüllung. Beide Male aber ist dieses Ziel anders, und der Schwerpunkt und der Gehalt des Sinnes wird gegensätzlich erlebt.

Das Wesen des Menschen ruht beschlossen in Persönlichkeit und Gemeinschaft. Der Mensch ist ein zoon politikón, wie Aristoteles es als erster ausdrückte. Der Mensch ist aber auch eine Individualität, etwas für sich Bestehendes, Einzelnes, mit eigener Setzung des Wertes, mit dem Bewußtsein des Ich-Seins und mit dem Erleben des Selbst. So ist der Mensch gehalten in einer Spannung, und das gerade macht seine Dynamik aus, das bedeutet die innere Kraft seines Lebens, das bedeutet sein Ausgespanntsein zwischen zwei Polen, dem Ich und dem Wir, dem Selbst und der Gruppe. Solange Geschichte besteht, ist es die Aufgabe des Menschen gewesen, den Ausgleich zwischen diesen beiden Polen zu finden, um sein Leben sinnvoll einzuordnen in die großen Schwerpunkte dieses Daseins. Immer aber hat er sich ein Ziel gesetzt für den Sinn seines Lebens, und immer war dieses Ziel ein anderes.

Die Philosophie der Griechen, mit der für den europäischen Menschen das Denken über sich selbst und seine Eingebundenheit in das Dasein beginnt, die Philosophie der Griechen trägt schon diese Gegensätzlichkeit in sich. Plato baut den Staatsgedanken der Zukunft auf als eschatologisches Ziel des Menschen, ruhend auf dem Begriff von der Gesamtheit als tragender Kraft. Sein Schüler Aristoteles tritt ihm sogleich entgegen und setzt in den Mittelpunkt des Welterlebens nicht die Gesamtheit, sondern den Einzelnen mit seinem Bedürfnis nach der Erhaltung seines Lebens und seines Eigentums. Schon an dieser Stelle trennen sich die Geister, und das, was im 4. Jahrhundert v. Chr. philosophisches Denken über den Menschen und sein Wesen war, das haben wir ausgefochten in unserem Jahrhundert, ausgefochten mit Waffen, mit Kanonen, mit Blut und Zerstörung. Nie hat eine Generation sich so eingesetzt für das eine oder das andere mit aller Emphase, mit Hingebung und Ergriffenheit, mit Fanatismus und Verzweiflung. Millionen von Menschen sind geopfert worden für die eine Idee und für die andere, und es gibt keinen Gedanken, der lauter geklungen hat als der Gedanke um diese beiden Gegensätze, Persönlichkeit und Gemeinschaft. Alles, was die Menschheit in diesem Jahrhundert und im vergangenen geschaffen hat an großen Entdeckungen, Erfindungen, Forschungen, Ausgrabungen und Deutungen, alles das tritt zurück gegenüber dieser größten Setzung des Zieles für den Menschen überhaupt, Freiheit, Persönlichkeit, Recht und Menschlichkeit auf der einen Seite und Gemeinschaft auf der anderen Seite, Unterordnung, Einordnung in die Gesamtheit, Zurücktreten der Persönlichkeit zugunsten des großen Zieles eines ewigen Glückes aller. Es sind zwei Sätze, die hier gegeneinander treten: „Höchstes Glück der Erdenkinder ist nur die Persönlichkeit", wie es Goethe ausdrückte als tiefstes und letztes Ergebnis seines Lebens im Faust — und auf der anderen Seite „Du bist nichts, dein Volk ist alles", oder „Du bist nichts, die Gemeinschaft ist alles."

Wie ist hier der Weg, wie hat der Mensch Europas und Amerikas, der noch immer der Träger aller aktiven und führenden Impulse auf dieser Erde ist, wie hat der Mensch Europas und Amerikas, sich einzuordnen in diesen unerhörten Kampf, der das Tiefste des Menschseins betrifft, und der unser ganzes Dasein anrührt an seinen letzten Grundlagen, an seinen tragenden Säulen, an seinen entscheidenden Wurzeln.

Keine Frage und kein Problem greift tiefer als dieses, weil es das umfassendste ist, weil von der Umspannung der Vorstellung des Lebens und des Seins des Menschen diese letzte Frage abhängt, weil in ihr die tiefste Entscheidung ruht, die Entscheidung nach dem Sinn des Lebens, nach dem Sinn des Menschen, nach seinem Ursprung und nach seinem erhabensten Ziel.

Die leitende Seins-Idee des Mittelalters, die tragende Mitte, war der Gedanke an das Ruhen des Menschen in Gott, war die Sicherheit von der Gehaltenheit des Menschen in der göttlichen Ordnung. Am Anfang steht der Abfall des Menschen von Gott, seine Sünde, seine Verworfenheit, am Ende steht, wie bei Augustin und bei Thomas von Aquin, die Erfüllung des Gottesstaates, das messianische Ziel. In dieser Haltung lag eine Harmonie, lag ein innerer Ausgleich, der das Schwere dieses Daseins verlegen konnte in eine chiliastische Zukunft, in das Paradies, in das Himmelreich. Damit war eine Stellung gegeben, die den Menschen trug, die ihm Halt gab und Sicherheit, auch in den Schwierigkeiten des Daseins.

Mit der Reformation und der Renaissance, mit den Gedanken von Galilei, Kepler und Kopernikus, mit den philosophischen Vorstellungen von Baco von Verulam (1561—1626) und von Descartes (1596—1650) eroberte der Mensch seine Stellung in dieser Welt, und sein Zentrum verlagerte sich vom Jenseits ins Diesseits. An die Stelle des messianischen Zieles trat der Gedanke der Vernunft. Und dieser Gedanke der Ratio hat den Menschen getragen bis in die Zeit um 1900. Er wurde besonders entwickelt in der Vorstellung des Fortschrittes, die von Hegel stammt und die bei ihm seine tiefste Begründung findet. Seine wirtschaftliche Ausprägung erfährt er in den Gedanken von Marx. Bei Hegel war die Welt ein Reich des Geistes geworden, bei Marx wird die Welt die Herrschaft der politischen Ökonomie. Die Diktatur des Proletariates leitet aus dem Reich der Notwendigkeit in das der Freiheit über, so ist die Vorstellung von Marx. Und in diesem Gedanken liegt eine messianische Idee, die vom Himmel auf die Erde getragen ist. Auf dieser Erde soll sich das Himmelreich verwirklichen, soll die Gemeinschaft der Menschen entstehen, sollen die Klassengegensätze aufhören, soll das Paradies erwachsen. Die kapitalistische Klasse wird die letzte Klasse sein, die regiert, die Herrschaft wird übergehen an das Proletariat, das Proletariat wird der Messias sein, der die Welt erlöst, der sie herausführt aus den Spannungen, und durch das Proletariat wird das Reich der Freiheit kommunistischer Prägung, ein Reich Gottes ohne Gott, geschaffen werden. Es ist der Glaube, der in dieser Lehre steckt, der die Menschen so ergriffen hat. Sie glauben an die Notwendigkeit des Sozialismus, sie glauben an die Erfüllung dieses Zieles, sie ertragen das Elend, um die höchste Hoffnung zu erreichen, die friedliche Gemeinschaft der Menschen. So spricht der marxistische Messianismus von einem Materialismus, denn er richtet den Blick auf das Himmelreich auf Erden, und hier liegt seine Ideologie, hier liegt das „Eins und Alles“ des ewigen Reiches, das das Proletariat errichten wird auf dieser Erde, und das die Freiheit des Menschen begründen soll.

Demgegenüber steht ein ganz anderes Bild des Menschen. Es ist getragen von den Ideen, die sich besonders entfalten im vorigen

Jahrhundert, den Ideen der Freiheit. Der Gedanke der Bewegung der Freiheit zu immer höheren Formen, der Gedanke der Dynamik der Freiheit, ihrer Entfaltungsmöglichkeit, das ist die Tat von Hegel. Bei Hegel ist alle Selbstoffenbarung des Geistes auf eine ständige Bewegung gestellt, auf eine fortdauernde Verpflichtung, auf eine Verantwortung. Das Denken gerade ist es, das dem Gedanken der geistigen Freiheit die Aktivität und das Vorwärtsschreiten verleiht. Bei Hegel verlegt sich der Schwerpunkt auf das Individuum, aber immer wird dieses Individuum gesehen in der Beziehung der Größen, die ihm gegenüberstehen: Familie, Gesellschaft und Staat. Der Einzelne ist bei Hegel ein Glied der Gemeinschaft, ein Akzidenz der allgemeinen Substanz, die äußerlich erscheinende Weise, in welcher das Sittliche existiert (Rechtsphilosophie § 141). Immer wieder verlangt er die Erziehung zur Selbständigkeit und freien Persönlichkeit (Rechtsphilosophie § 173). Naturgemäß muß das Individuum in der Gemeinschaft stehen, denn, so sagt er „meinen Zweck befördernd, befördere ich das Allgemeine, und dieses wieder befördert meinen Zweck". (Rechtsphilosophie § 182.) Nach Hegel gewährt die Gemeinschaft den Schutz des persönlichen Eigentums und die Förderung der persönlichen Interessen, und so besteht an sich kein Gegensatz zwischen Persönlichkeit und Gemeinschaft, ja der Staat entfaltet sich als die höchste Form des geordneten Lebens, als „die Wirklichkeit der sittlichen Idee", „die Verwirklichung der Freiheit", und er sagt vom Staat: „Es ist der Gang Gottes in der Welt, daß der Staat ist" (Rechtsphilosophie § 269). Hier ist der Staat nicht als eine Organisation der Macht gefaßt, die das Individuum unterwirft, sondern als der Schutz des Individuums, als die Sicherung von Eigentum und Leben.

Im Grunde war dieser Gedanke immer der tragende Gedanke des europäischen Menschen, des Menschen, der seit den Griechen gehalten ist in der Freiheit. Die Griechen waren die ersten, die ein Parlament erschufen 596, als Solon seine Verfassung gab. An der Spitze des Staates standen die beiden Archonten, so wie seit 510 in Rom die beiden Konsuln, gewählt vom Volk. Neben dieser Regierung stand das Parlament. In dieser Verfassung liegt der Gedanke der Freiheit des Einzelnen begründet. Es ist das große Ereignis der europäischen Geschichte, daß die germanischen Völker, die später die Herrschaft Roms übernahmen, auch getragen waren von der Freiheit. Tacitus berichtet, daß die Fürsten der Germanen gewählt werden, und das ganze Mittelalter hindurch ist das Königtum der Deutschen ein Wahlkönigtum, und auch der Kaiser des alten deutschen Reiches wird gewählt von den Kurfürsten.

Diese Idee der Freiheit bekommt ihre Festlegung in der Magna Carta Englands, die am 15. Juni 1215 in der Nähe von Windsor angenommen wurde. Danach durfte niemand an seinem Leben und an seinem Gut gehindert werden, wenn er nicht wirklich kriminelle Taten begangen hatte, und auch das war durch ein Gericht zu regeln. Karl I. von England mußte 1628 in der Petition of Rights die Freiheitsrechte des Individuums anerkennen. Sie bestehen in der Unverletzlichkeit des Eigentums und der Person, und am 28. Oktober 1647 wurden diese Freiheitsrechte erneut bestätigt in dem Agreement of the People. Noch stärker wird das Recht der persönlichen Freiheit in der Habeas Corpus-Akte festgelegt, und diese englischen Freiheitsrechte werden von den britischen Kolonisten nach Nordamerika mit hinüber genommen und schon der Pakt der Pilgerväter auf der Mayflower vom 11. November 1620 ist eine Erklärung in diesem Sinn. Ihre bestimmteste Festlegung haben die Freiheitsrechte in der Verfassung von Virginia vom 12. Juni 1776 gewonnen.

Der erste amerikanische Kongreß ist 1774 in Philadelphia zusammengetreten. Washington und Franklin gehören ihm an. Der zweite Kongreß tritt im Frühjahr 1776 zusammen, und er ist es, der die Erklärung der Menschenrechte ausspricht. Sie besteht in dem Satz, daß alle Menschen von Natur gleich, frei und unabhängig sind, und daß sie bestimmte und angeborene Rechte haben, von denen sie keine Gemeinschaft berauben kann. Der Mensch besitzt den Genuß von Leben und Freiheit, der Erwerb ist ihm eigen, und die Aufgabe des Staates ist die Erhaltung von Besitz und Eigentum. Das Wesen des Menschen ist das Streben nach Glück und seine Gewahrung in Sicherheit. Alle Gewalt liegt beim Volk, die Träger der Obrigkeit sind Treuhänder und Diener des Volkes und sind ihm zu allen Zeiten verantwortlich. Die Regierung ist eingerichtet für das Gemeinbeste, sie ist der Schutz und der Schirm des Volkes. Diejenige Regierung ist die vollendetste, welche fähig ist, den höchsten Grad von Glück und Sicherheit herbeizuführen. Sie hat die entscheidende Vorsorge zu treffen gegen Mißbrauch der Gewalt durch die Verwaltung.

In ähnlichem Sinn hat Jefferson die Unabhängigkeitserklärung vom 4. Juli 1776 entworfen. Und in ihr finden sich im zweiten Absatz die Worte, die immer wiederholt worden sind, und die zum Evangelium der Vereinigten Staaten wurden: Wir halten es für eine Wahrheit, die keines Beweises bedarf, daß alle Menschen vor ihrem Schöpfer gleich sind, daß er ihnen gewisse unveränderliche Rechte verliehen hat, und daß zu diesen Rechten Leben, Freiheit und das Streben nach Glück und Eigentum gehören.

In Frankreich sind es vor allem vier Männer, die die Freiheit vorbereiten, die den Gedanken entfalten und entwickeln. Es sind Voltaire, Montesquieu, Rousseau, Diderot. Bei allen ist der Grundgedanke die Idee der Freiheit. Nur in einem Rechtsstaat, nicht in einem Gewaltstaat, läßt sich die Freiheit des Menschen verwirklichen. Der Mensch kann wohl tatsächlich, aber niemals rechtlich seiner Freiheit beraubt werden. Wenn ein Mensch dem anderen gegenüber eine gesetzgebende Gewalt hat, dann ist das Sklaverei. Die Freiheit des Individuums ist nach Rousseau nur dann gewährleistet, wenn die Gesamtheit, und in ihr die Mehrheit entscheidet.

Bei Rousseau findet sich aber auch der Gedanke, daß der Mensch der Vorzeit gelebt habe ohne Eigentum. Und dieser Gedanke ist es, der so tief einwirkt auf Marx. Der Staat entsteht also erst in dem Augenblick, in dem die Ungleichheit der Menschen beginnt. Hier liegt ein Fehler vor, der zur Grundlage des ganzen sozialistischen Systems geworden ist.

So wie die mittelalterliche Vorstellung in der Idee lebte, daß der ursprüngliche Zustand der des Paradieses war, und daß dieses Paradies wieder folgen müsse, genau so ist es bei Marx, nur wird alles von dem Jenseits auf das Diesseits bezogen. Der Mensch hat nach der Auffassung von Marx ursprünglich ohne Staat gelebt, es hat kein Eigentum gegeben, keinen Neid, keinen Streit und keine Gegensätze der Klassen. Dieser Zustand muß wiederkehren. Der Mensch ist abgestürzt von seiner ersten Größe, die Umstände, in denen er lebt, müssen geändert werden, der erste Zustand, der ihm ureigen ist, muß wieder erreicht werden. An dieser Stelle liegt das Messianische des Sozialismus, und an dieser Stelle liegt seine größte Gefahr. Die Blickrichtung auf die verheißene Zukunft bekommt dadurch, daß die Zukunft der Vergangenheit entspricht, ihre Gewißheit. Es wird eine Sicherheit gegeben dadurch, daß dasselbe, was kommen wird, schon einmal da war, weil es dem Menschen urgegeben ist. Gerade an dieser Stelle liegt nun der Fehler, der Fehler, der bei Rousseau der entscheidende ist und ebenso bei Marx. Marx und Engels haben sich später zur Bekräftigung dieses Gedankens auf die Arbeiten eines Ethnologen, Morgan, gestützt, der in einem Buch „Ancient Society", London 1877, erklärt hatte, daß der frühe Mensch in einem kommunistischen, gemeinwirtschaftlichen Stadium gelebt habe.

In den letzten Jahrzehnten ist die Forschung der Vorgeschichte besonders stark entwickelt worden. Die Kultur der Eiszeit ist als die erste Kultur des Menschen aus der Erde getreten und hat dem Menschen der Gegenwart die früheste Form des Lebens auf der Erde auf das Erstaunlichste nahe gebracht, und das Ergebnis ist, daß auch hier der Mensch ein Eigentum hat, das ihm im Tode mitgegeben wird, und das ist bei allen Bestattungen der Fall. Ferner, daß es auch Kampf und Streit gibt, und daß die Jagdgründe gegliedert sind für die einzelnen Horden. Auch hier ist also eine Art Staat vorhanden, ein Staat, der geleitet wird von den Zauberern, den Priestern, ein Staat, der die Ordnung des Menschen innerhalb der Gesamtheit der Horde setzt. Wir kennen auch die heute lebenden Naturvölker durch eine Fülle ethnologischer Untersuchungen sehr genau. Völker, die in einem gleichen Wirtschaftsstadium leben, wie die Menschen der Eiszeit, nämlich nur von der Jagd und von dem Sammeln der wildwachsenden Pflanzen. Auch hier, etwa bei den Polarvölkern, bei den Buschmännern Afrikas, bei den Australiern, den Feuerländern, den Vedda auf Ceylon, überall gibt es die Horde, die ihre Jagdgründe hat, die Horde, die einen kleinen Staat bildet, die Horde, die die Ordnung der Gesamtheit im Interesse des Einzelnen durchbildet und durchführt. Die Bibel hat vermutlich in Urerinnerung der Menschheit gerade diesen Zustand als den des Paradieses bezeichnet. Noch bedrängen und bedrücken die Dämonen und die Geister, die Vorstellung der Ahnen und ihrer Reiche den Menschen nicht. Seine Welt ist diesseitig, so wie seine Kunst diesseitig ist. Der Gedanke an Schuld und Sühne, an Gut und Böse, wie es in der Genesis heißt, ist noch nicht erwacht. Ganz anders ist also diese Darstellung des Urzustandes der Menschheit in der Bibel gemeint, als es Marx aufgefaßt hat. Marx sieht das Paradies nur in wirtschaftlichen Bedingungen, und so erhofft er das Paradies auch für die Zukunft durch die Wirtschaft. Und mit ihm hat ein ganzes Jahrhundert dieses Paradies erhofft. Mit den roten Fahnen hat es Tausende von Zügen durch die Straßen Europas gegeben, und der Mensch hat geglaubt, daß er mit dieser Fahne des Sozialismus ein Paradies erkämpfen könne. Das wirtschaftliche Paradies war niemals da, und so ist es auch nicht wiedergekommen, als die sozialistische Idee in Rußland die Herrschaft errungen hatte. Im Gegenteil, die Menschen Rußlands sind nicht frei und nicht glücklicher als andere Menschen geworden: das Paradies ist nicht gekommen. Die Enttäuschung des Menschen ist groß. Es war eine Illusion, der sie nachgelaufen waren, eine Illusion, die das Menschengeschlecht seit Plato bewegt hat. Da diese Illusion aber auf der Erde lag, da sie sich auf den Besitz bezog, auf das Eigentum, ist die Fesselung des Einzelnen, die durch die Wirtschaft bedingt ist, ist die Knechtschaft, die durch die Absperrung des Staates notwendig ist, ist die Sklaverei, die durch die Alleinherrschaft des Staates entsteht, viel fürchterlicher als es sich je die Menschen, die dieses Schicksal erwünschten, denken konnten.

Denn die Freiheit ist hier auf das tiefste getroffen. Die Freiheit ist aber eines der Menschenrechte, Menschenrechte, die wirklich mit dem Menschen gegeben sind, genauso wie das Eigentum. An dieser Stelle liegt die Tragik des Sozialismus. Er wollte die Freiheit schaffen und schuf die Knechtschaft, er wollte das Paradies begründen und schuf die Hölle, er wollte den Aufstieg des Menschen und schuf seinen Absturz.

Es sind Fehler des Denkens, die hier zugrunde liegen, Fehler des Denkens, die aus einer Romantik stammen, aus einer Phantasie, aus einem Wunschbild des Menschen, das anders ist als der Mensch selbst. Denn jedes Bild des Menschen, jedes Bild seiner Entwicklung, das eine Zielsetzung haben soll und eine Hoffnung, kann nur nach dem Menschen selber gebildet sein. Daß der Sozialismus von einem falschen Bild des Menschen ausging, das ist seine Tragik.

So bleibt eine letzte Frage: Wie ist es möglich, daß dieser sozialistische Staat sich von 1917 bis zur Gegenwart im Osten halten konnte? Wie ist es möglich, daß er nicht in sich selbst zerbrach, wie ist es möglich, daß die Menschen den Zwang ertragen, ohne sich gegen die Gewalt zu empören?

Mir scheint, daß hier historische Gründe vorliegen, die in der Andersartigkeit des Denkens in Europa und in Asien begründet sind.

Der europäische Mensch kam mit den Griechen zu dem Gedanken der Freiheit, des Rechtes, der Persönlichkeit. Der asiatische Mensch hat diese Gedanken niemals gedacht. Es mag sein, daß die geographische Situation der Ausgangspunkt für diesen Unterschied des Denkens ist. Europa ist aufgelöst in eine Fülle von Halbinseln und Inseln. Die Halbinseln sind abgetrennt durch hohe Gebirge von der Mitte des Kontinents. Asien ist eine einheitliche, große Masse, die von Peking bis zum Ural und darüber hinaus reicht. Auch Indien für sich ist eine große Halbinsel, so groß wie Europa selbst. Immer haben die weiten Flächen ohne Abtrennung, ohne Gliederung, und immer haben diese Flächen, die von Reitern beherrscht waren, die großen Herrschaften und Riesenreiche bilden müssen. Wegen der Größe der Räume hat der Mensch die Herrschaft ertragen können, denn Rußland ist groß, und der Zar ist weit. Auch China ist groß und der Kaiser ist weit.

Alle Philosophie Asiens hat ihre Mitte und ihr Zentrum in dem Gedanken der Einordnung des Menschen in das Gefüge der Welt. Niemals ist das Individuum, ist die Freiheit des Einzelnen ein Problem des Denkens gewesen. Niemals hat auch der Einzelne wirtschaftlich allein gestanden wie in Europa. In China wird er getragen durch die Familie, die eine ganz andere Bedeutung und einen ganz anderen inneren Halt hat als die Familie in Europa. In Indien wird er gehalten durch die Kaste, die seine Existenz sichert und trägt. In Europa aber steht der Mensch für sich allein. Nicht die Ahnen sind es, die ihn tragen, und die sein Schicksal in den Händen halten wie in China, er steht allein, über ihm einzig die Gottheit.

Europa ist gewachsen und geworden aus der Tradition der Antike, aus der Philosophie Griechenlands und aus der Rechtsanschauung Roms, es hat sich entfaltet im Christentum, das die Freiheit der Persönlichkeit und die persönliche Stellung des Menschen zur Gottheit im Bewußtsein des europäischen Menschen weitergefördert hat.

In der germanischen Welt des Mittelalters, die zu der Antike und der christlichen Tradition hinzugetreten ist, und die beides übernommen und fortgeführt hat, hat sich diese Haltung des europäischen Menschen für Freiheit und Recht, für Persönlichkeit und Würde des Menschen noch gesteigert. Das ist der Grund, daß Europa den Gedanken der Unterordnung zugunsten einer Gemeinschaft niemals zu seinem eigenen Gedanken machen konnte. Zwar kann Europa solche Gedanken philosophisch denken, wie es Plato getan hat, Campanella, Thomas Morus, Karl Marx. In der Praxis war dieser Weg nur kurze Zeit möglich in der französischen Revolution und in der Epoche Hitlers.

Der europäische Mensch hat sich entschieden. Er hat sich entschieden seit den Griechen für die Freiheit, gegen Plato für Aristoteles. Er hat sich auch jetzt in unserem Jahrhundert wieder entschieden, er hat sich so entschieden, wie sich die Väter entschieden haben: Der Geist Europas und damit auch Amerikas, ist der Geist der Freiheit, ist der Geist der Persönlichkeit, ist der Geist der Würde des Menschen. Das ist die Größe Europas, das ist sein Glanz und sein Leuchten, und wenn es leben will, darf es niemals dieses Ziel seines Lebens verlieren.

Um den Blick aber offen zu haben auf die Völker jenseits des Flusses, ist das Wissen um die Gefahren nötig und das Wissen um die Mühen, die Europa hatte, um die Tragik des Sozialismus zu begreifen und zu verstehen.

In diesem Sinne ist dieses Buch gemeint. Es soll ein Bild sein von den Illusionen, die Europa wohl denken, die es aber nie auf die Dauer verwirklichen konnte, es wäre sonst im Innersten erlegen. Denn diese Illusion steht gegen das Herz Europas, sie steht gegen den Sinn des europäischen Menschen, und so wird er die Gefahr erkennen müssen, er wird das Gefährliche dieses Weges überschauen müssen, um selbst sein Ziel wiederzufinden, das in der Freiheit liegt und in der Würde der Person.

Erster Teil:

Das Problem: Persönlichkeit und Gemeinschaft

Die Frage nach dem Menschen ist die Frage nach seinem wesenhaften, nach seinem ursprünglichen, nach seinem eigentlichen Sein. Diese Frage ist eine philosophische Frage und eine prähistorisch-anthropologische zugleich, und es ist nicht zufällig, daß sie in unserer Zeit wieder so stark in den Vordergrund tritt. Was ist die Existentialphilosophie anderes, als die Frage nach dem Wesen, nach dem Sein des Menschen in seiner Eigenart und der ihm eigenen Struktur? Was ist es anderes, wenn Max Scheler begann, eine philosophische Anthropologie zu begründen? Denn das größte Rätsel des Menschen ist der Mensch. Das Begreifen und das Verstehen des Wesens des Menschen, es ist die letzte und die tiefste Aufgabe alles Forschens und Ringens im Denken überhaupt.

Der Mensch ist so, wie er ist, die Grundzüge seines Wesens kann er nicht ändern, der Mensch ist ein Wesen, das seine Eigenart und sein Eigensein für sich entfalten muß, ein Wesen, das so blühen muß, wie es angelegt ist; der Mensch ist ein Sein, dessen Form und Charakter vorgegeben ist. Als soziales Wesen betrachtet, steht er zwischen zwei Polen: Ich und Gesamtheit. Der Mensch kann nicht alleine stehen, und diese Spannung zwischen Persönlichkeit und Gemeinschaft, die das Leben des Menschen durchzieht, sie gibt dem Dasein den Reichtum, die Bewegung, die Kraft. Ohne diese Spannung wäre der Mensch nichts, und es gibt keinen Zustand, in dem er ihr entfliehen könnte. Diese Spannung ist angelegt in seinem Leben, und sie gibt seinem Leben die fruchtbare Energie, das Vorwärtsstreben, die Aktivität.

Der asiatische Mensch hat die Spannung dadurch zu mildern versucht, daß er Organismen geschaffen hat, die den Einzelnen in seiner Besonderung tragen und erhalten. Die chinesische Kultur hat die Familie entwickelt, die Großfamilie. In sie ist der Einzelne eingebaut, sie erhält den Einzelnen, sie umgibt ihn und hüllt ihn ein. Die Familie sorgt für ihn und trägt sein Dasein. Dafür kann sich der Einzelne nicht in sich entfalten. Er ist zu unbedingtem Gehorsam verpflichtet, er darf nicht heraustreten aus der Familie, er darf der Familie keine Schande machen, er hat für die Familie zu sorgen, er hat ihre Größe zu begründen, er hat sich bedingungslos einzuordnen in die Familie.

Indien hat die Kaste geschaffen. Das, was für China die Familie ist, das ist für Indien die Kaste, sie trägt das Dasein des Einzelnen in ihren Händen, sie schützt ihn, sie unterstützt ihn, sie pflegt ihn, sie erhält ihn; aber der Einzelne hat sich einzuordnen in diese Kaste, die mit unerbitterlicher Strenge auf der Unterordnung des Einzelnen unter ihre Gesetze und Regeln besteht.

In diesen beiden Lebensformen hat der Einzelne seine Freiheit aufgeopfert, er hat dafür die Gemeinschaft gewonnen, die Sicherheit. Er hat ein umsorgtes und gehegtes Dasein errungen, aber er hat sein Eigensein aufgeben müssen, und das ist der Grund, warum der asiatische Mensch zur Passivität gekommen ist, das ist der Grund, warum er gelernt hat, sich selbst aufzugeben, um ein Ganzes zu gewinnen, ein Ganzes, das ihn erhält, das ihn sichert, das ihn in den Gefahren des Daseins bewahrt, ein Ganzes aber auch, das ihn in seinem Wesen unterdrückt, das ihm seine Freiheit nimmt, seine Besonderung, und das damit seine Aktivität vernichtet.

Der Sinn des asiatischen Menschen ruht somit in der Einordnung, in der Einbindung, und das ist der Grund, warum die asiatischen Religionen die Eingliederung des Menschen in das All verlangen, das ist der Grund, warum das Erkennen des tao, des Urgesetzes des Lebens, das Höchste ist, das ist der Grund, warum im indischen Menschen das Erkennen des Urprinzips des Daseins, das Erkennen des Leids, in den Vordergrund tritt. Das ist der Grund, warum das Aufheben der Persönlichkeit als das letzte Ziel erscheint, das Eingehen in das Nirwana, das ist der Grund, warum in Asien niemals der Gedanke der persönlichen Unsterblichkeit entscheidend werden konnte, und das ist der Grund, warum das Christentum in Asien nie Boden fassen konnte.

Das Christentum ist das Erleben des Daseins aus der Freiheit. Die freie Entscheidung des Einzelnen, die Anrufung Gottes an ihn, sein freier Entschluß, das ist der Grundgedanke des Christentums, und darum heißt es im 21. Vers des 8. Kapitels im Römerbrief, daß der Mensch frei wird zu der herrlichen Freiheit der Kinder Gottes, und im Galater Brief wird dieses uralte Problem von Persönlichkeit und Gemeinschaft ganz klar nach der Seite der Freiheit entwickelt: „Ihr aber, liebe Brüder, seid zur Freiheit berufen! Allein sehet zu, daß Ihr durch die Freiheit dem Fleisch nicht Raum gebet; sondern durch die Liebe diene einer dem anderen“.

Der europäische Mensch steht in der Freiheit, und deshalb entspricht das Christentum mit seinem Urgedanken der freien Entscheidung des Menschen, dem europäischen Gehaltensein im Dasein. Darum entspricht das Christentum zutiefst dem europäischen Erleben der Welt, und hierin berührt es sich in letzter Wurzel mit der Antike und mit der Welt der Germanen.

Die Renaissance, der Humanismus, die englische Philosophie des Liberalismus, die deutsche Klassik, Romantik, und der deutsche Idealismus, sie sind nur Varianten über das eine immer wiederkehrende und im Grunde immer gleiche Leitmotive: Die Freiheit der Persönlichkeit.

Diese Freiheit ist nicht nur ein Glück, sie ist ebenso eine Belastung und eine Aufgabe, denn sie zwingt ständig zur Stellungnahme, sie verlangt die Bewegung, sie verlangt die Klarheit des Denkens, sie verlangt die Entscheidung.

Der Mensch, der in der Freiheit steht, steht in der ewigen Spannung zwischen der Möglichkeit, sein Ich zu entfalten, und der Aufgabe, sich einzuordnen in die Bedingungen der Gesamtheit. Diese Spannung selbst aber ist die Bewegung, sie ist die Aktivität seines Lebens und seines Daseins. Diese Spannung hat ihm die Möglichkeit gegeben, sich der Gesamtheit gegenüberzustellen mit dem Ruf: „Hier stehe ich, ich kann nicht anders!" Diese Spannung hat ihm aber auch die Möglichkeit gegeben, die großartigen Bilder der Gemeinschaft zu entwerfen, in denen der Mensch in seinem Eigensein aufgehoben ist, in denen er sich unterzuordnen hat der Gesamtheit, und kein Wort faßt diese Haltung treffender als dieses: Du bist nichts, dein Volk ist alles.

So ist dem europäischen Denker die Möglichkeit zu doppelter Entfaltung gegeben, einmal zur Entwicklung der Freiheit, zur Durchbildung der Persönlichkeit, zum Individualismus. Zum anderen zur Ausbildung der Gesamtheit, zur Durchsetzung des gemeinschaftlichen Zieles.

Der erste Weg führt in letzter Konsequenz zur Anarchie, zum Chaos, der zweite Weg führt zum Zwang, zur Gewalt, zur Tyrannei.

Der Weg des Menschen liegt in dieser Spannung, und nichts gibt es, was diese Spannung endgültig lösen, endgültig beseitigen könnte. Ja, gerade diese Spannung selbst ist das Glück des Menschen, sie ist die Grundlage seiner Möglichkeit zur Bewegung und zur höchsten Entfaltung seiner Art, ist die Voraussetzung zu der stolzen Höhe des Menschseins überhaupt, ist die Höherwertung des Menschenlebens, ist die Anerkennung von Wert und Glanz des Menschen, ist die Steigerung des Strebens nach der Durchdringung des Ganzen und nach der tiefsten Erfassung des Daseins in seinem letzten und innersten Kern.

Die Entfaltung des Gedankens des Sozialismus

Der letzte und erhabenste Sinn im Leben und im Schaffen Goethes ist es, daß er die Welt nicht verändern, daß er sie nur begreifen will. In dieser Grundhaltung dem Dasein gegenüber liegt Goethes Zauber, seine Bedeutung und seine Wirkung. Die Welt begreifen, so wie sie ist, das ist der unausgesprochene Gedanke, der hinter all seinem Leben steht.

Hier liegt auch der Grund, warum er in den letzten Tiefen mit Schiller nie einig sein konnte, hier liegt der entscheidende Grund seiner Sicherheit im Leben, hier liegt die Voraussetzung seiner Klarheit und seiner Beruhigtheit, hier der Sinn des Ausgeglichenen und Harmonischen jedes Wortes bei Goethe, die Ruhe seiner Diktion, die Besonnenheit seiner Sprache, die Klarheit seiner Bilder, die Ausgewogenheit seiner Gedanken und das Abgeklärte seiner Empfindungen. Wenn man ihn den weisesten aller Menschen genannt hat, dann liegt das in diesem Wesenszug begründet.

Es gibt Menschen, die die Harmonie in sich tragen; und es gibt andere, die zerrissen sind, und deren Leben nach einer Hoffnung drängt, nach einer Hoffnung, die im Jenseits liegen kann oder in einem besseren schöneren Leben hier auf dieser Erde. Diese Menschen wollen die Welt verbessern, verändern, verschönern. Sie klagen über das Dasein in seiner gegebenen Form, sie leiden unter dem Dasein, unter seiner Ungerechtigkeit, unter seinem Zwang, unter seiner Unerbittlichkeit. Und Wege werden gesucht, dem abzuhelfen. Sie liegen immer in dem Gedanken, die Willkür des Einzelnen zu hemmen, seine Machtmöglichkeiten niederzuhalten, die Sphäre der Gesamtheit zu verstärken, um von hier aus das Triebhafte des Einzelnen einzuengen und ihn in feste Formen zu zwängen, die einen Wall bilden sollen gegen die Gefahren des Eigenwillens. So ist der Weg immer ein gleicher: er geht aus von berechtigten Klagen, die in dem Egoismus, die in der Schlechtigkeit, im Eigennutz des Menschen liegen, er führt zu einer stärkeren Bindung, die die Triebe des Einzelnen einengt, er führt zur Überbetonung der Gesamtheit, des Kollektiven, und damit leitet er zum Zwang, zur Unterdrückung, zur Despotie und zur Tyrannis. Und schrecklicher werden die Fehler, als sie am Anfang waren.

Das Problem liegt in der Frage des Wertes des Individualismus und des Kollektivismus. Ich und Gemeinschaft, beides ist dem Menschen eingepflanzt und ihm von Natur gegeben. Beides ist notwendig zu seinem Leben, und der Gedanke, das eine unterdrücken und das andere entfalten zu müssen, führt für den Menschen zu unerträglichem Zwang, zu einem Zwang, in dem er nicht leben und nicht atmen kann. Die ungehemmte Entfaltung des Individualismus im Staat führt zu der unbeschränkten Herrschaft Weniger und zur Entwicklung unerträglicher Gegensätze zwischen Reich und Arm. Die ungehemmte Durchbildung des Kollektivismus aber führt zu staatlichem Zwang, zur Einengung jeder persönlichen Regung, führt zur Unterdrückung aller naturgewachsenen gesunden Anlage, die die Durchbildung und Erhöhung des Eigenwertes zum Ziele hat, führt zum Polizeistaat, zur Unterordnung und zum Terror. In beiden Staatsarten kann der Mensch nicht leben, beide schaffen Klimaverhältnisse, die für den Menschen so wie er einmal ist, untauglich sind.

Zuerst aber ist der Mensch, und er ist so wie er ist, und jeder Gedanke, ihn verändern zu wollen, ist Utopie und muß zum Scheitern führen. „Der Mensch ist nicht Engel und nicht Teufel", so sagt Pascal, „aber, die ihn zum Engel machen wollen, die machen ihn zum Teufel." (Edition définitive 1923—31 Nr. 213). Und von Pico della Mirandola stammt jenes schöne Wort (gestorben 1494): „Gott schuf dich als ein Wesen, weder himmlisch noch irdisch, damit du dein eigener freier Bildner und Überwinder seist. Du kannst zum Tier entarten und zum gottähnlichen Wesen dich wieder gebären. Du allein hast ein Wachsen nach freiem Willen, du hast Keime eines allartigen Lebens in dir." (Oratio quaedam elegantissima de hominis dignitate, Bologna 1496. Übersetzung nach J. Burckhardt, Kultur der Renaissance II S. 74, 314, 1908.)

Der Mensch trägt alle Anlagen in sich, aber er kann nicht Werte setzen, wie es Nietzsche wollte. Die Werte sind gegeben, und er kann nichts anderes tun, als diese Gegebenheiten zur Entfaltung zu bringen. Sucht der Mensch aber aus irgendeinem Grund, — mag es ein religiöser oder ein irdisch-messianischer, wie der des sozialistischen Gedankens sein —, die eine Seite über das gesetzte Maß zu entfalten, dann entfernt er sich von dem ihm gegebenen Bilde seines Lebens, dann löst er sich von seinen naturgegebenen Bedingungen, dann trennt er sich von seinen Wurzeln, dann entfremdet er sich seiner Urform, an die er ewig gebunden ist, dann wird er zum Teufel, wo er doch ein Engel werden möchte.

Die Freiheit zu beiden Leben ist ihm gegeben, so wie es Pico della Mirandola so treffend sagt, aber der Mensch muß das Abweichen von der urgesetzten Form bezahlen und begleichen mit einem Meer von Tränen, mit dem Blut der Besten und mit dem Zerbrechen seines scheinbar hoch angelegten Planes in entsetzliche Trümmer der zerfallenen Städte und der verzweifelten Menschen. Und so groß die Hoffnung einst war, so groß ist später die Enttäuschung.

Das entscheidende Element jedes sozialistischen Gedankengefüges ist nämlich ein eschatologisches, es ist die Blickrichtung und die Hoffnung auf einen anderen besseren Zustand, und an dieser Stelle berührt sich die politische Ökonomie mit der Theologie. Da, wo die Theologie das Reich Gottes kennt, da kennt die politische Ökonomie den Zukunftsstaat, und dieser Staat der Zukunft wird das höchste Ziel des Lebens, wird von solcher Bedeutung, daß er die Unbilden der Gegenwart verdunkelt und überhöht. Für dieses Ziel sind Tausende von Menschen in den Tod gegangen, für das religiöse Ziel waren es die Märtyrer, für das sozialistische Ziel waren es in Rußland, aber auch in Deutschland und anderen Staaten Millionen, die in der Verfolgung ihr Leben ließen für diesen Gedanken.

Dieses eschatologische, dieses messianische Ziel ist der Schwerpunkt jeder sozialistischen Bewegung, und es ist nur ein Versuch von Marx und Engels, dieses Ziel als Ziel so fest zu fundieren wie möglich, wenn sie ihren Sozialismus im Gegensatz zu dem früheren, den wissenschaftlichen, und den älteren als den utopischen bezeichneten. Wissenschaftlich heißt hier nur, daß nach der Lehre von Marx —, die zuletzt auf Hegels Idee von Thesis und Antithesis beruht —, im Sinne der materialistischen Geschichtsauffassung auf den vollendeten Kapitalismus der Sozialismus folgen müsse. In Wirklichkeit ist dieser wissenschaftliche Sozialismus genauso utopisch, wie es seine Vorläufer waren, denn auch er hat sein Ziel in einem besseren, schöneren Leben, in einem vollendeteren Sein, eben im Eschatologischen. Dieser Sozialismus wird so großartig, daß nach seiner Einführung alle Unterdrückung überhaupt, alle Ausbeutung, aller Zwang aufhört, ja, daß der Staat selber abstirbt, wie es Marx ausdrückt. „Der Staat stirbt ab, denn es gibt keine Kapitalisten, keine Klassen mehr, und daher kann auch keine Klasse mehr die andere unterdrücken.“ (Marx, „Das Elend der Philosophie“ und „Das Kommunistische Manifest“). Und deshalb sagt auch Lenin: „Schließlich macht allein der Kommunismus den Staat völlig überflüssig, denn es ist niemand niederzuhalten, niemand im Sinne einer Klasse, im Sinne des systematischen Kampfes gegen einen bestimmten Teil der Bevölkerung.“ (Lenin, Staat und Revolution, 5. Kap.)

Dies in die Zukunft weisende Element, dieser Gedanke eines Himmelreiches auf Erden, diese Hoffnung auf einen Staat, der kein Staat mehr ist, auf ein Zusammenleben der Menschen ohne Zwang, ohne Neid und ohne Streit, diese Hoffnung ist es, die dem Sozialismus überhaupt seine metaphysische Gewalt, seine Kraft und seine Stärke gibt. In ihr liegt der Schwerpunkt alles Sozialismus und Kommunismus, und beides ist in der Idee das gleiche.

Schon bei *Plato* war das nicht anders. In seinem idealen Staate gibt es unter den führenden Schichten, unter den Regenten und unter den Kriegern, und daher auch hineinwirkend in das ganze Volk, keine Klagen und Rechtsstreitigkeiten, keine Gewalttätigkeiten und keine Beschimpfungen. Plato selber sagt, daß „solch ein Leben glückseliger ist, denn selbst jenes glückseligste, das die olympischen Sieger führen". (Plato, Staat, 5. Buch). Überall herrscht vollkommene Harmonie, sein Staat ist der Staat der Weisheit, denn er wird geleitet von den Philosophen. Er ist der wohlberatenste; er wird geführt durch die Tapferkeit. Seine Krieger bilden ein Heer, in dem es keinen Streit gibt, weil es keinen Besitz gibt. Sein Staat ist aber auch der Staat der Besonnenheit, denn die Herrschenden sind die Herren ihrer Lüste und Begierden, und die Untertanen sind ihnen unbedingt gehorsam. Und so ist sein Staat der Triumph der Gerechtigkeit, denn jeder tut das, wozu er seiner Natur nach am geschicktesten ist. Und deshalb sagt Plato: „Einer, der einen solchen Staat findet, ist genug, um alles ins Werk zu setzen, was jetzt so unglaublich befunden wird."

Das Eschatologische, das Messianische ist also der Schwerpunkt, und selten ist die Idee des Kollektiven von dieser Seite her betrachtet worden. Im Messianischen finden sich alle gedanklichen Systeme des Sozialismus zusammen, im Messianischen finden sie ihren Gedanken der Erlösung, finden sie ihre Befreiung von dem Übel, ihre Erfüllung und ihr Ziel.

Es ist sicher nicht zufällig, daß im Mittelalter die politisch sozialistischen Zielsetzungen fehlen, die Welt lebt ganz in der geistigen Wendung zum Messianismus des Himmelreiches, die Hoffnung liegt im Jenseits, nicht im Diesseits. Alles Diesseitige ist Abfall von Gott, und der Gedanke des Himmelreiches und der himmlischen Freuden in einem jenseitigen Leben nimmt die Vorstellung so gefangen, daß sich die Hoffnung auf eine Verbesserung des Daseins im Diesseits gar nicht entwickeln kann.

Erst mit dem Beginn der Renaissance wird das anders, und jetzt erst erscheinen die politischen Systeme von Thomas Morus und Campanella. Nur eine Welt, die sich von dem Gedanken des Jenseits gelöst hat, nur eine Welt, die den Schwerpunkt des Daseins im Diesseits erlebt, kann auch allein den immer lebendigen Erlösungsgedanken, den messianischen Gedanken verlegen in die Welt der Dinge und der Wirklichkeit.

Dem Humanismus ist das Griechentum wesensverwandt. Es ist bekannt, daß Thomas Morus zurückgegriffen hat auf Plato. Schon, daß er seiner Staatsverfassung den griechischen Namen Utopia, Nirgendland, gab, deutet auf die Beziehung zu Plato, der dieses Wort verwendet. Erasmus von Rotterdam berichtet, daß Morus in seiner Jugend einen Dialog zur Verteidigung von Platos Kommunismus geschrieben habe. Alle großen sozialistischen Gedankengebäude gehen zuletzt zurück auf Plato, sie finden hier ihre Wurzeln und ihre Grundlagen.

Dabei ist *Aristoteles* dem Plato damals schon scharf entgegengetreten. Er hat alle Argumente Platos so bestimmt und sicher entkräftet, er hat in langen Abhandlungen über Platos Staat gesprochen und über die Unmöglichkeit seiner Durchführung, und zwar mit der einzig richtigen Begründung, daß dieses Staatsgefüge nur ein Gebilde der Konstruktion und nicht des wahren Menschen sei, so wie er von Natur aus gegeben ist.

Und immer wieder bezieht er sich dabei auf die Uranlage des Menschen überhaupt und auf die ersten Menschen, die schon genauso gewesen sind wie die Menschen der Gegenwart. Und wenn Aristoteles sagt: „Man darf annehmen, daß die ersten Menschen den jetzigen gewöhnlichen und einfältigen Menschen gleich gewesen sind“ (Aristoteles, Politik, 2. Buch, 8. Kap.), dann faßt er damit das Entscheidende alles Denkens über den Menschen und die Gemeinschaft. Es ist der Grundgedanke, der auch das vorliegende Buch durchzieht. Der Mensch ist so, wie er ist, er kann nicht geändert werden durch Gesetze und Verordnungen, auch nicht durch Erziehung und nicht durch Ideale, die immer wieder aufgestellt, am Menschenbilde selbst zerschellen. Der Mensch ist so, wie er ist, von Urzeiten her, und will man den Menschen erkennen in seiner Wesensart, in seiner Grundlage, seiner Anlage und seinem eigentlichen Sein, dann hat man zu fragen nach dem natürlichen Menschen, dem Urmenschen der frühesten Zeit. Das ist das, was Goethe in immer wieder anderen Formen aussprach: Der Mensch ist so wie er ist, und es gibt keine Möglichkeiten, ihn zu verändern. Alle Ziele, die er sich setzt, können nur dann erfüllt werden und zu seinem Glücke ausschlagen, wenn sie dem Menschen in seinem eigentlichen Sein entsprechen.

So entsteht am Anfang des Denkens über den Staat, so entsteht schon bei Plato und Aristoteles jene Gegensätzlichkeit, die noch durch Jahrtausende hindurch bis zur Gegenwart das Denken um den Staat durchzieht. Dabei ist Aristoteles der Schüler des Plato, er ist aus seinen Händen hervorgegangen, er hat seine Lehren über den Staat gehört, und er ist seinem Lehrer nicht gefolgt. Sein Staat hat ein anderes Gesicht als der Staat des Plato.

Plato ist der Denker, der die Welt verändern und verbessern will. Er glaubt, mit seinen Veränderungsvorschlägen den Menschen das Glück bringen zu können. Plato ist der Theoretiker, der ein Gefüge aufbaut, das dem Menschen in seinem wesenhaften Sein gar nicht entspricht. Zugunsten seiner Theorie, seines Gedankenbildes, seiner Schimäre will er das Wesen des Menschen gewaltsam verändern, weil er es besser findet, den Menschen anders zu haben als er ist. Es ist ein Ideal, das er aufstellt, aber es ist sein Ideal, es kann nicht das Ideal aller Menschen sein, weil es dem einfachen Menschsein widerspricht. Und es ist bezeichnend, daß er der Meinung ist, den Menschen ändern zu können in seinem Sinn durch die Erziehung, wie er sie sich denkt.

Wir erinnern uns noch gut dieser Schulungslager, dieser Schulungsabende und Schulungsstunden, in denen der Mensch unserer Tage verändert werden sollte, im Hinblick auf das Kollektiv. Er sollte die Gesamtheit vor das Ich stellen. „Du bist nichts, dein Volk ist alles." Dieser Gedanke, falsch in der Grundhaltung, falsch in der Folgerung, furchtbar in seinen Konsequenzen, dieser Gedanke war das Ideal. Ein falsches Ideal, weil es sich von dem Menschen entfernte, weil es sich löste von der Grundlage des Menschseins überhaupt, der Grundlage, die gerade das Eigeninteresse als Urtriebskraft kennt, als Urtriebskraft, aus der eine Fülle großer und gewaltiger Schöpfungen des menschlichen Geistes hervorgegangen ist. Aristoteles sagt einmal: „Denn zwei Dinge sind es, die vor allem die Sorge und Teilnahme des Menschen für sich gewinnen: Das Eigene und das Geliebte, und beides ist bei Bürgern eines solchen Staates (wie bei Plato) nicht zu finden." (Politik, 2. Buch, 4. Kap.)

Das Eigene und das Geliebte, der Mensch in seinem Eigenwesen, der Mensch, mit dem, was er besitzt, der Mensch mit seinem Bedürfnis nach Eigentum und nach Erhaltung seines Daseins, und der Mensch mit dem Lebenspartner, der ihm das Geliebte ist, mit der Familie, er ist so geschaffen, daß er dieses Bedürfnis, diese Forderung nach Wert und Würde des Menschen, nach Eigentum und Schutz des Eigentums in sich trägt, daß alles, was gegen diese Anlage steht, in sich zerfallen muß.

„Der Staat ist eine Gemeinschaft freier Leute", so sagt Aristoteles im 3. Buch, Kap. 7 der „Politik", und das Staatsgefüge, wie es Plato sich denkt, nennt er an derselben Stelle eine fehlerhafte Verfassung und eine Entartung. „Man soll nicht eine Verfassung entwerfen", so erklärt er

(11. Kap. des 4. Buches), „die man sich nach seinen Wünschen ausmalt, sondern man hat zum Maßstab ein Leben zu nehmen, das den meisten erreichbar ist, und eine Verfassung, die für die meisten Staaten anwendbar ist". Und sein Ausgangspunkt, der vom Menschen hergenommen ist, wird ganz offenbar in einem bezeichnenden Satz (5. Kap., 2. Buch): „Wenn jeder für das Seine sorgt, werden die gegenseitigen Beschwerden wegfallen, und man wird auch mehr vor sich bringen, da jeder für seinen eigenen Vorteil arbeitet."

So stehen Plato und Aristoteles auf das schärfste gegeneinander in der Frage von Persönlichkeit und Gemeinschaft. Platos Gedanken führen zur Gemeinschaft, die Gedanken des Aristoteles führen zum Individuum, zu einem Individuum, das von Natur aus in der Gemeinschaft lebt, das die Gemeinschaft braucht, das ihr aber doch übergeordnet ist. Zuerst war der Mensch, der Mensch selber in seinem Wesen, in seinem ihm eigentlichen Sein, in seinem So-Sein, er ist der Ursprung des Denkens über Individuum und Gemeinschaft. „Der Staat ist um des Lebens willen entstanden", so sagt Aristoteles (1. Buch, 2. Kap.), „und er besteht um des vollkommenen Lebens willen". Und so wie er alles vom Anfang her denkt, aus der Entstehung und aus der Entwicklung heraus (2. Buch, 2. Kap.), so denkt er auch den Begriff des Staates in seinem Wesen vom Menschen her.

Plato dagegen faßt den Begriff des Staates von der Gemeinschaft aus, und die vollendete Gemeinschaft und die Erfüllung dieser Gemeinschaft in ihrem einheitlichen und geordneten Sein ist ihm wichtiger als die Erfüllung des menschlichen Daseins in seiner naturgegebenen Form.

Da gibt es eine Stelle bei Aristoteles, die diesem Gedanken zu widersprechen scheint. Ich meine die Stelle, wo er davon spricht, daß der Staat der Natur nach früher ist als die Familie und als der einzelne Mensch, weil das Ganze früher sein muß als der Teil (1. Buch, 2. Kap.). Liest man jedoch diese Stelle im Zusammenhang, dann versteht man ihren Sinn. Aristoteles bezeichnet hier nicht seinen logischen Ausgangspunkt, sondern er spricht von dem Werden. Kurz vorher entwickelt er den Gedanken, daß auch die Tiere in Schwärmen und Herden leben, und er spricht von den Bienen. Es ist gemeint, daß der Staat der Entwicklung nach früher ist als der Einzelne, der Staat ist schon bei den Tieren gegeben, wie etwa bei den Bienen, und in der Tat hat die neueste Forschung gezeigt, daß unter den Menschenaffen Gorilla und Orang Utan als Einzelne leben; dagegen lebt der Schimpanse, der dem Menschen am nächsten verwandt ist, in der Gemeinschaft, in der Horde. Ohne diese Veranlagung zum Gemeinschaftsleben hätte der Mensch als geistiges Wesen sich nicht entwickeln können, die Entdeckungen und Erfindungen der Urzeit mußten von den Gliedern der Horde aufgenommen und weitergeleitet werden. Und so ist tatsächlich in historischem Sinne der Staat eher da als der Mensch.

In logischem Sinne aber ist der Mensch das Ursprüngliche, er steht im Vordergrund, für ihn ist der Staat da, zu seinem Schutz und Nutzen hat sich der Staat entfaltet und wird er sich immer wieder entwickeln, da, wo Menschen sind. Wird dieser Staat aber allbeherrschend, erdrückt er das Individuum in seinem Leben, das Individuum, das seinen Eigenstand und seine Selbständigkeit in sich selber trägt, dann verliert der Staat seinen Sinn, dann löst er sich selber auf, dann wird er Zwang, der nur mit Gewalt erhalten bleiben kann, dann löst er sich von dem Wesen des Menschen, dann wird er sinnlos, er überschreitet seine Befugnisse und sein Wesen, und der Mensch kann nicht leben in einem solchen Staat.

Es ist verständlich, daß der scharfe Geist des Aristoteles diesen Weg sofort erkannt hat, und daß Aristoteles sich aus diesem Grund auf das entschiedenste wendet gegen die platonische Konzeption. Er sagt wörtlich, „daß es ganz unmöglich erscheint, unter solchen Einrichtungen zu leben". (2. Buch, 5. Kap.)

Seltsam, wie Aristoteles hier vor 2500 Jahren ohne praktische Erfahrung, lediglich aus dem Gedanken heraus, das ausspricht, was wir Menschen der Gegenwart in dem nationalsozialistischen Staat mit Schrecken und Entsetzen erlebt und gefühlt haben. Der sozialistische Gedanke, der kollektive Gedanke, der gemeinschaftliche Gedanke, war so stark geworden, daß er das Individuum in seinem Wesen zerbrach, daß das Individuum nicht mehr atmen und leben konnte, weil der Staat alle Funktionen des täglichen Lebens von sich aus zu bestimmen trachtete. Nicht nur die Produktion ordnete der Staat, nicht nur die Konsumtion, auch das private Leben regelte er und verbot den Umgang mit denen, die ihm von seinem Gesichtspunkt aus nicht geeignet erschienen. Wie viele Menschen haben dafür die Konzentrationslager und die Gefängnisse gefüllt. Dieses Eingreifen des Staates in die intimen und intimsten Sphären, das ist es, was das Leben in ihm unmöglich machte. Und es ist nicht nur das, es ist die Zensur, die Festlegung der Meinung, die Festlegung dessen, was zu glauben ist, es ist die Bestimmung in Universitäten und Schulen, es ist die Bestimmung im Handel, in der Wirtschaft, im Finanzwesen, es ist das Aufheben jeder Kritik, es ist die Allgewalt des Staates, die das Leben des Einzelnen zerstört, die ständigen Zwang erfordert, die

Korruption herbeiführt und Denunziation, es ist die GPU, die Gestapo, die Geheime Staatspolizei. Solch ein Staat der Vereinheitlichung, solch ein Staat der Totalität, kann nur noch mit Gefängnissen und Konzentrationslagern bestehen und wird damit selber sinnlos.

Es ist, als wenn Aristoteles einen solchen Staat, wie ihn Deutschland darstellte, in seinem sozialistischen Gefüge selber erlebt hätte, wenn man einen Satz wie diesen liest: „Es gibt einen Grad der Einheit, bei dem der Staat nicht mehr bestehen würde, es gibt einen Grad, bei dem er zwar noch Staat bliebe, aber nahe daran wäre, es nicht mehr zu sein, wo er dann ein schlechter Staat würde, genauso wie wenn man die Symphonie zur Monotonie oder den Rhythmus zum Einzeltakt machte." (2. Buch, 5. Kap.)

Wir, die wir den Sozialismus nicht nur in Deutschland, sondern auch in Rußland erlebt haben, wir haben gesehen, wie der Staat künstlich zu einer Einheit gemacht worden ist, wie aus einer Symphonie eine Monotonie entstand, wie der Rhythmus zum Einzeltakt wurde. Wir, die wir das alles mit Bewußtsein erlebten, wir wissen, daß der menschliche Geist in seinem Streben zur Einheitlichkeit hier auf Irrwege geraten ist, daß er die Vielfalt des individuellen Erlebens tötete zugunsten einer schemenhaften Einheit, zugunsten einer Einheit, die den Menschen in seiner immer anderen Art einheitlich zu fassen suchte, die ihn gleichschaltete, und die damit das persönliche Leben vernichtete.

„Überhaupt ist das Zusammenleben und die Gemeinschaft in allen menschlichen Dingen schwer, besonders aber in solchen (in den Angelegenheiten des Staates [2. Buch, 5. Kap.]). Aristoteles führt hier als Beispiel die Reisegesellschaften an und sagt, daß sich fast die meisten auf ihnen über Kleinigkeiten entzweien, der Staat besteht eben nicht nur aus einer Mehrheit von Menschen (2. Buch, 2. Kap.), sondern aus solchen, die auch der Art nach verschieden sind. Aus ganz gleichen Menschen kann nie ein Staat bestehen. Natürlich gibt es im Staat Streitigkeiten, es gibt Rechtshändel über Verträge, es gibt gerichtliche Erhebungen wegen falschen Zeugnisses, es gibt die Umschmeichlung der Reichen." „Allein", so sagt er (2. Buch, 5. Kap.), „alle diese Dinge kommen nicht von der fehlenden Gütergemeinschaft, sondern von der menschlichen Schlechtigkeit, und erfahrungsgemäß haben diejenigen, die etwas gemeinsam haben und nutzen, viel mehr Streit miteinander als die Inhaber von Privateigentum."

Hier liegt eines der Haupterkenntnisse des Aristoteles. Frühere Betrachter seiner Arbeiten haben das nicht erkennen können, sie kannten ja gar nicht die Folgen der gemeinschaftlichen Wirtschaft, die Folgen des sozialistischen Denkens, die Folgen der Allmächtigkeit des Staates.

Wir Menschen der Gegenwart, die wir das Kartensystem erlebt haben, das heißt, die staatliche Leitung des Konsums, wir, die wir in Deutschland selbst, im Osten, die Überführung der Produktionsmittel in den Staat mit ansahen, die Sozialisierung oder Nationalisierung der Fabriken, die Aufteilung der Güter, wir wissen, daß dieser Gedanke der Gemeinschaft des Besitzes viel mehr Streitigkeiten geschaffen hat, als es vorher je im Stadium des Privatbesitzes möglich war. Jeder fühlt sich benachteiligt, jeder ist unzufrieden, der, der seinen Besitz verliert, und der, der ihn bekommt, denn sofort werden Vergleiche mit anderen gezogen, der Staat muß ständig die Korruption bekämpfen, der Staat braucht die Denunziation und braucht die großen Gefängnisse, die Konzentrationslager, weil ständig wieder Einzelne danach trachten, das Gut, das der Gesamtheit anheimgefallen ist, für sich auszunutzen.

Der Eigentumsbegriff wird vernichtet, Diebstahl tritt an die Stelle des vorher unbestrittenen Besitzes, und die Lockerung aller Begriffe von Recht und Gerechtigkeit ist das Ende. Ein solcher Staat kann nur auf Gewalt beruhen. Deshalb hat Lenin völlig recht, wenn er in „Staat und Revolution" (5. Kap., 2) sagt: „Die Diktatur des Proletariats bringt eine Reihe von Freiheitsbeschränkungen für die Unterdrücker, die Ausbeuter, die Kapitalisten. Diese müssen wir niederhalten, um die Menschheit von der Lohnsklaverei zu befreien, ihr Widerstand muß mit Gewalt gebrochen werden. Es ist klar, daß es dort, wo es Unterdrückung, wo es Gewalt gibt, keine Freiheit, keine Demokratie gibt." Engels hat dasselbe in einem Brief an Bebel zum Ausdruck gebracht, in dem er sagt: „Solange das Proletariat den Staat noch gebraucht, gebraucht es ihn nicht im Interesse der Freiheit, sondern der Niederhaltung seiner Gegner." (18./28. März 1875, Bebel, Aus meinem Leben, 2. Teil.)

Das, was hier Lenin und Engels aussprechen, das, was wir erlebten und gesehen haben, das alles erkennt schon Aristoteles als den Fehler in dem System von Plato. „Es sind so viele Nachteile", so sagt Aristoteles, „daß es ganz unmöglich erscheint, unter solchen Einrichtungen zu leben."

Die Bewegungsgesetze aller sozialistischen Theorien haben eine dreifache Stufung. Sie beginnen mit einem ethischen Gedanken, mit der Idee der Gerechtigkeit wie bei Plato, mit dem Gedanken der Ungleichheit der Güter, wie bei Thomas Morus, mit der Vorstellung der Ausbeutung und Unterdrückung der Arbeiter wie bei Karl Marx.

Sie wenden sich weiter im Fortgang zu einer Vereinheitlichung, zu einer konstruktiven Totalität und damit zur Loslösung von allem

Menschlichen, und sie führen weiter als dritte Stufe zu Zwang, Gewalt und Vernichtung der Würde und des Wertes des Menschen.

Sowohl Plato wie Thomas Morus, Campanella, wie Fourier und Owen, Babeuf, wie Karl Marx, Lenin und Stalin, sie alle sprechen gegen die Freiheit, sie sprechen für die Gewalt und den Zwang zugunsten einer Idee, zugunsten irgendeines Kollektiven, zugunsten eines Schemenhaften, das sich entfernt von der Wirklichkeit des Menschen, zugunsten eines Gedankens der Vereinheitlichung und der Normierung, eines Gedankens, der nur durchgesetzt werden kann mit Gewalt, mit Zwang und mit neuer Unterdrückung. Das ist die Stelle, an der der Mensch, ausgehend von seinem Wesen, seiner Natur, seiner Art und seinem Sein, sich immer wieder empören wird gegen jedes System des Zwanges, gegen jedes System der Gewalt und der Unterdrückung.

Im russischen Staat, der vollendetsten Verwirklichung des sozialistischen Gedankens auf der Welt bisher, ist an die Stelle einer Unterdrükkung der Arbeiter in der Landwirtschaft durch die Grundbesitzer der Staat selber mit einer Gruppe von Kommissaren getreten. Das priviligierte Eigentum einer gewissen Zahl von Einzelpersonen ist durch das priviligierte Eigentum einer Gruppe ersetzt worden. An die Stelle des individuellen kapitalistischen Eigentums ist kollektives kapitalistisches Eigentum getreten, das für den Arbeiter viel gefährlicher ist, weil es ihm keinen Wechsel des Arbeitsplatzes mehr ermöglicht, so daß er nun vollständig in die Hand der herrschenden Klasse, der Kommissare und Direktoren des Staates selbst, gekommen ist, und aus dieser Hand gibt es kein Entweichen (James Burnham, Managerial Revolution, 1940).

Die Zentralfrage alles sozialistischen und kommunistischen Denkens liegt in der Frage des Eigentums. Deshalb heißt es bei Marx im Kommunistischen Manifest von 1848: „In diesem Sinne können die Kommunisten ihre Theorie in dem einen Ausdruck: Aufhebung des Privateigentums zusammenfassen." Und bald danach: „Ihr werft uns mit einem Worte vor, daß wir euer Eigentum aufheben wollen. Allerdings, das wollen wir."

Der erste Punkt des Aktionsprogramms im Kommunistischen Manifest ist also „Expropriation des Grundeigentums und Verwendung der Grundrente zu Staatsausgaben".

Genau dem entsprechen die Vorstellungen bei Plato. Der Zentralgedanke, um den alle anderen herumgeordnet sind, ist die Aufhebung des Eigentums. Und genau wie im Kommunismus der Gegenwart, wird diese Maßnahme gefordert aus dem Gedanken der Ethik. Bei Plato sollen die Menschen frei gehalten werden von allen Anfechtungen des Besitzes, von allem Streben nach Erwerb, von allem Eigennutz, von allem Egoismus; bei Marx soll die Arbeiterklasse befreit werden von der Unterdrückung durch den Kapitalismus, und deshalb soll das Privatkapital überhaupt aufhören zu existieren. Der Sinn ist beide Male, den glückseligen, den zufriedenen, den ehrlichen und gerechten Menschen zu schaffen, aber beide Male wird bei diesem Denken nicht von dem Menschen ausgegangen, so wie er ist, und wie die Natur ihn geschaffen hat, sondern von einem Menschen, den die Denker erträumen, von einem Menschen, der erst geschaffen werden muß, von einem Menschen, der verändert werden soll, daher überhaupt nicht vom Menschen selbst, sondern von der Idee der Gleichheit, von der Idee der Ordnung, der Gruppierung, der Einheitlichkeit, und damit von der Idee des Zwanges.

In dem normalen Staat steht der Mensch voran, im sozialistischen Staat steht die Idee des Staates voran. Im normalen Staat Europas ist das erste die Freiheit, im sozialistischen Staat ist das erste die Gleichheit.

Freiheit und Gleichheit schließen sich aus, und wenn die französische Revolution von Freiheit und Gleichheit sprach, dann war die Gleichheit vor dem Gesetz gemeint, nicht aber die wirtschaftliche Gleichheit. Die wirtschaftliche Gleichheit, die der Sozialismus meint, ist durchführbar nur mit Gewalt. Die Freiheit des Menschen und die wirtschaftliche Gleichheit sind Dinge, die unvereinbar sind. Und wenn Bebel einmal sagte, wir Sozialisten sind stolz darauf, nicht nur abzustammen von Fourier und Saint Simon, sondern auch von Kant und Hegel, dann liegt in diesem Worte schon die ganze Tragik der Sozialdemokratie, die seit ihrem Bestehen unausgesetzt und immer vergeblich sich bemüht hat, die Prinzipien der Freiheit im humanistischen Sinne, der Freiheit nach den Menschenrechten, mit der wirtschaftlichen Gleichheit zu vereinen. Das ist unmöglich, und hier liegt das Schicksal dieser Bewegung, die bei ihren gläubigen Vertretern zur Enttäuschung und zur Verzweiflung führen muß.

Der Schwerpunkt jeder wirklich sozialistischen Bewegung — nicht sozialen Bewegung — muß wegen des Prinzips der Gleichheit die Frage des Eigentums sein, und deshalb steht sie auch bei Plato im Zentrum. „Es darf keiner über eigenes Vermögen verfügen“ (3. Buch), so heißt es bei Plato, und weiter, „sobald sie dagegen eigenes Land, eigenes Haus und Geld besitzen, werden sich die Wächter in Hausbesitzer und Bauern verwandeln und keine Bundesgenossen, nein! erbitterte Tyrannen ihrer Mitbürger sein. Dann hassen sie und werden gehaßt, sinnen Böses und werden mit Bösem bedacht...“ „Nein! Ihnen ist es im Staate nicht erlaubt, Gold und Silber in die Hand zu nehmen und zu berühren oder unter einem Dache mit Gold und Silber zu sein, gar es anzuhängen oder aus Silber- und Goldgeschirr zu trinken." So wird der Eigentumsbegriff aufgehoben im platonischen Staat.

Es ist von großem Reiz zu sehen, wie Aristoteles darauf geantwortet hat, er sagt (2. Buch, 5. Kap.): „Es ist nicht mit Worten zu sagen, welche eigenartige Befriedigung es gewährt, wenn man etwas sein Eigen nennen kann. Sicherlich nicht umsonst hat jeder die Liebe zu sich selbst, sondern es ist uns von der Natur so eingepflanzt, und nur die Eigenliebe (in der Übertreibung) erfährt gerechten Tadel. Aber auch das bereitet hohe Lust, den Freunden oder Gästen oder Gefährten Gunst und Hilfe zu erweisen, was nur geschehen kann, wenn es ein Eigentum gibt."

Die Gesamthaltung des Aristoteles ist bei diesen Worten deutlich sichtbar. Er fragt danach, wie der Mensch von seiner Natur aus sich zum Problem des Eigentums verhalte, eine Frage, die bei Plato nie auftaucht. Plato sieht zuerst seine Idee, den vollkommenen Staat, wie er ihn sich denkt, der Staat ist ihm eine große Erziehungsanstalt. Alles Individuelle wird an das Allgemeine dahingegeben, das Staatsleben ist der entscheidende Faktor, nicht das Leben des Menschen, so wie er von Natur aus ist. Daher die Härten der platonischen Republik, daher die vielen Eingriffe in die individuelle und private Sphäre, und daher der Widerstand des Aristoteles, der ein Widerstand gegen die Grundhaltung ist.

Nach der Idee Platos ist der Staat nicht die Vereinigung der Individuen zu einem gemeinschaftlichen Leben und zum Schutze von Eigentum und Leben, er ist nicht eine Gemeinschaft freier Leute, wie es Aristoteles einmal ausgedrückt hatte (3. Buch, 7. Kap.), sondern der Staat ist die Realisierung der Idee des Guten, er ist die Verwirklichung des sittlichen Prinzips in der Menschheit, er ist die Ethisierung der Gesellschaft. Seine Aufgabe ist es, die Bürger zur Idee der Gerechtigkeit zu führen, durch ihn soll die Tugend eine allgemeine und bleibende Macht werden. Unter solchem Gesichtspunkt verschwindet die Bedeutung des Einzelnen, sie wird wertlos und nichtig, das Leben in seiner Realität verliert seine Bedeutung, die Idee tritt in den Vordergrund, die Idee der Gerechtigkeit, der Tugend und der Wahrhaftigkeit. Es stehen also bei Plato und Aristoteles zwei verschiedene Anschauungen vom Staat einander gegenüber, und genau dieselbe Gegensätzlichkeit wie bei diesen beiden Denkern besteht etwa in der Neuzeit zwischen der Staatsauffassung von Marx und der eines liberalen und individualistischen Staatsdenkers wie Shaftesbury.

Nach Plato ist der einzelne Mensch nur in organisch gegliederter Gesellschaft bedeutungsvoll, nur im Staat entfaltet sich das Seelenleben der Gattung Mensch vollständig. Und darum muß Sinn und Ziel des Einzellebens dem Willen und dem Zwecke des Staates untergeordnet sein. Aus diesem Grunde soll im vollkommenen Staat alles gemeinsam sein, Freude und Leid, selbst Augen und Ohren und Hände. Der Mensch soll nur als ein allgemeiner Mensch gelten, als Idee Mensch, als Gattung Mensch. Alles Einzelne soll daher von ihm abfallen; alle Besonderheit, alle Partikularität, alle Freiheit hat aufzuhören. Und Plato sieht nicht, daß das ein unerträglicher Zwang ist, genausowenig wie es Marx sieht.

Er gliedert den Staat in Lehrstand und Wehrstand einerseits und den Nährstand andererseits. Lehrstand und Wehrstand, sie bilden den herrschenden Teil, der allein und völlig unumschränkt regiert, der Nährstand ernährt diesen herrschenden Teil. Der herrschende Teil wieder hat auf alles Individuelle zu verzichten. Für die Regenten und Wächter, den Lehrstand und für die Krieger, den Wehrstand, gibt es kein Privateigentum, gibt es kein Silber und Gold, gibt es keinen Vorrat, gibt es auch kein privates Liebesleben. Die Frauen sind allen gemeinsam, und die Krieger, die erfolgreich waren, dürfen die schönsten und besten Frauen umarmen. „Die Frauen sollen alle insgesamt allen Männern der gleichen Art gemeinsam sein, nicht eine darf mit einem Manne einzeln zusammenhausen. Auch die Kinder müssen dementsprechend Gemeingut sein: so daß der Vater sein Kind, das Kind seinen Vater nicht kennt." (5. Buch, 458.)

Um die besten und schönsten Männer zu gewinnen, wird auch bei Plato das Liebesleben genau geordnet. Es heißt bei ihm (5. Buch, 460): „Die besten Männer sollen den besten Frauen beiwohnen, möglichst oft; doch die schlechtesten wieder den schlechtesten, möglichst selten; die Kinder der besten muß man aufziehen, die der schlechten nicht — wenn anders die Schar möglichst vollkommen sein soll. Und all das muß vor sich gehen in aller Stille, so daß nur die Regenten davon wissen —, wenn anders die Schar der Wächter ohne inneren Zwist bleiben soll."

Es ist unserer Zeit vorbehalten gewesen, diesen Gedanken in die Tat umzusetzen. Der SS-Staat, der Staat der Wächter, hat diese Zwangszeugung durchgeführt im Gedanken an Nietzsche, der, von Plato beeinflußt, den Übermenschen schaffen wollte in Erinnerung an das Wort Nietzsches im Zarathustra, in dem es heißt: „Nicht fortpflanzen sollt ihr euch, sondern hinauf. Der Mensch ist etwas, das überwunden werden muß." Lebensborn hieß die Einrichtung zur Erzielung einer bewußten Auslese in der Nachkommenschaft.

Dieser Gedanke liegt allem sozialistischen Denken zugrunde, der Mensch muß überwunden werden, der Mensch muß verändert werden, der Mensch muß verbessert werden, und jede Zeit will etwas anderes als Verbesserung, Erziehung. Bald ist es der starke Mensch, bald ist es der kluge Mensch, bald ist es der gütige, bald der rücksichtslose, bald der Mensch, unabhängig von Trieben, bald der Mensch in Brutalität.

Der Mensch aber ist, so wie er ist, und alle diese furchtbaren Theorien zu seiner Vergewaltigung und zu seiner Veränderung, aufgestellt jetzt oder vor Tausenden von Jahren, werden immer wieder zerbrechen an dem wirklichen Menschen, wie die Natur ihn geschaffen hat. Aber immer werden diese qualvollen Versuche, entsprossen aus dem Geist der Menschen, die den Menschen verändern wollen, bezahlt werden müssen mit Strömen von Blut.

Wenn die Philosophie nur Philosophie wäre, wen ginge das an? Aber jeder Gedanke, der in der Philosophie geäußert wird, er wird eines Tages Wirklichkeit, er findet Fanatiker, die ihn durchsetzen wollen, die ihn mit Gewalt durchsetzen, mit Rücksichtslosigkeit und Brutalität, und plötzlich ist die Philosophie, in der Gelehrtenstube geschrieben, wie bei Plato, bei Thomas Morus, bei Fourier, bei Karl Marx und Nietzsche — plötzlich ist diese Philosophie mit Blut geschrieben, und das Leben von Tausenden hängt von den Worten ab, die die Denker dachten in ihrer Einsamkeit und Stille.

Im platonischen Staat sollen auch die Kinder Gemeingut sein, „so daß der Vater sein Kind, das Kind seinen Vater nicht kennt" (5. Buch, 458). Plato will heilige Hochzeiten einführen, so sehr es nur möglich ist, und diese heiligen Ehen wären die nützlichsten. Es sollen Opfer und Gesänge für bestimmte Feste gedichtet werden, und dabei soll bestimmt werden, wie viele Kinder geboren werden, damit der Staat nach Möglichkeit weder größer noch kleiner wird. Die Frauen sollen nackt mit den Männern in der Palästra gemeinsam gymnastische Übungen machen, und zwar nicht nur die jungen, sondern auch die älteren, auch dann, wenn sie rundlich und häßlich sind, damit sich Männer und Frauen aneinander gewöhnen und damit die Frauen auch vorbereitet werden für die Berufe der Männer. Um die Krieger und die Regenten im Sinne der Gemeinschaft zu erziehen, darf Homer und Hesiod nicht mehr gelesen werden, denn die Dichter erzählen von der Unvollkommenheit, den Kämpfen und Tücken der Götter, aber die Götter sollen den Menschen als vollkommen und allgütig und in steter Harmonie lebend dargestellt werden, damit die Kinder zu den Göttern aufblicken in wahrer Ehrfurcht, genauso wie zu den Regenten selbst. Die Erzählungen von Unterwelt und Schattenreich müssen korrigiert werden, damit der Tod für niemanden etwas Schreckliches mehr hat. Alle dichterischen Werke und alles, was geschrieben wurde, muß einer strengen staatlichen Zensur unterworfen werden, es gibt keine Freiheit der Meinungsäußerung, keine Freiheit der Schrift, keine Freiheit der Lehre. Alles ist nur einem Gedanken untergeordnet, dem Gedanken: Staat.

Wir haben diesen Zustand der staatlichen Zensur erlebt, wir haben gesehen, wie furchtbar er wirkt auf Gemüt und Bewußtsein, wie hemmend er Entfaltung und Erhebung des Daseins beeinflußt. Das, was Plato hier fordert, im Staate Hitlers wurde es durchgeführt, in unserem östlichen Nachbarreich besteht es seit 1917.

Die Erziehung hat die Aufgabe, Körper, Verstand und Moral der jungen Leute gleichmäßig und harmonisch auszubilden. Sie müssen einfach und mäßig leben, ganz wie im Felde, nur Sport und Musik sind die Mittel ihrer Erziehung. Männer und Frauen werden gemeinsam erzogen, und mehrfach sagt Plato: „Man lasse immerhin die Frauen bei den gymnastischen Übungen sich entkleiden — werden sie doch Tugend statt des Gewandes überwerfen.“ (5. Buch.)

Die Frauen sollen auch am Kriege teilnehmen, und sie sollen auch den Staat zu leiten berufen sein.

Aus dieser männlichen und weiblichen Elite wird der Kreis der Herrschenden ausgewählt. Das geschieht durch klug ersonnene Prüfungen, wobei der Einzelne nicht bemerkt, wie er beobachtet wird. Am höchsten wird dabei der geachtet, der das Wohl des Vaterlandes über das eigene Wohl stellt — „Du bist nichts, dein Volk ist alles.“ Die besten Prüfungen werden die philosophischen Köpfe bestehen, ihnen ist das Regiment anzuvertrauen, jedoch erst wenn sie mindestens 50 Jahre alt geworden sind, und, auf die Kriegergruppe gestützt, führen sie dieses Regiment mit unumschränkter Machtvollkommenheit.

Die Ordensburgen der Hitlerzeit waren die genauen Verwirklichungen dieser Gedanken, und ihre Maxime ist die Maxime von Plato.

In einem Punkt unterscheidet sich Plato scheinbar von der modernen Durchsetzung der Staatsidee, das ist der Gedanke, daß die Philosophen den Staat leiten sollten. Plato sagt (5. Buch, 474): „Solange nicht entweder die Philosophen in den Staaten selber die Krone tragen oder die sogenannten Könige und Herrscher von heute lautere und gründliche Philosophen sind, solange nicht beides, politische Macht und Philosophie, zusammenfällt und den zahlreichen Kreaturen, die sich in unseren Tagen gesondert um eines von ihnen bemühen, der Weg dazu mit Gewalt abgeschnitten wird, solange können auch die Staaten keine Erlösung von ihren Leiden finden, lieber Glaukon, und wohl auch das ganze Menschengeschlecht nicht."

Im russischen Staat ist ein Philosoph an die Spitze getreten, es ist Lenin. Ein Philosoph im Sinne Platos, ein Philosoph im Sinne von Marx. Von Hegel ausgehend, genau wie Marx, hat er eine Fülle philosophischer Bücher veröffentlicht, besonders über den Empiriokritizismus, und seine philosophischen Bemerkungen und Gedanken über den Staat und über den Begriff des Staates werden noch heute in Rußland auf das höchste verehrt und geachtet. Gerade aus der Philosophie heraus kommt Lenin, genauso wie Plato, Morus, Fichte, Marx, zu dem Gedanken des Kommunismus, zu dem Gedanken der Vereinheitlichung, zu dem Gedanken der allgewaltigen Staatsmacht, zu dem Gedanken der Aufhebung der Freiheit, zu dem Gedanken der rücksichtslosen Durchführung seiner Idee der Einheit und der Totalität des Staates und damit zur großartigen Verwirklichung seines philosophischen Gedankens vom Staat.

Plato hat das auch für sich selbst versucht, dreimal ist er nach Syrakus gereist, auf dessen Königsthron damals als unumschränkte Herrscher die Tyrannen Dionysios I. und II. saßen, dreimal hat er versucht, Dionys zu seinem Kommunismus zu überreden. Zuerst im Jahre 388 v. Chr. Der König war der platonischen Philosophie sehr zugeneigt, aber er war nicht gesonnen, auf die Ratschläge des Gastes einzugehen, der immer lästiger wurde. Und so mußte Plato eines Tages eiligst abreisen, nur um das nackte Leben zu retten. Er hätte geheilt sein sollen, aber noch zweimal hat er sich in die Löwenhöhle des sizilianischen Palastes begeben, beide Male mit unmittelbarer Gefahr seines Lebens, und beide Male ohne den geringsten Erfolg für die Durchführung seines Programmes. Und so kommt er gegen Ende seines Lebens, in dem zweiten Teile seines Buches über den Staat, der anscheinend später geschrieben ist, zu dem Ergebnis, daß seine Konzeption des Staates doch nur eine Idee, nur ein Urbild im Himmel ist. Er sagt (9. Buch, 592): „Doch liegt vielleicht das Urbild des Staates, den wir begründet und besprochen haben, in Gedanken, auf Erden aber ist er wohl nirgendwo zu finden. Jedoch vielleicht liegt sein Urbild im Himmel für jeden, der dieses Bild nach dieser Schau für sich verwirklichen will. Doch ist es einerlei für ihn (den vernünftigen Menschen), ob der Staat irgendwo schon besteht oder noch bestehen wird; denn nur um die Zustände in ihm und sonst in keinem anderen kann er sich bekümmern."

Die Entfaltung der unumschränkten Gewalt für die Philosophen im platonischen Staat ist es, die Nietzsche veranlaßt, für diesen Staat anerkennende Worte auszusprechen. Er nennt ihn „die wunderbar große Hieroglyphe einer tiefsinnigen und ewig zu deutenden Geheimlehre vom Zusammenhange zwischen Staat und Genius."

Es ist verständlich, daß der platonische Staat sofort die Kritik herausfordern mußte, und zwar war es besonders der Gedanke der Gemeinschaft der Frauen, der von Aristophanes in einer Komödie, die im Jahre 392 geschrieben worden ist, den Staat Platos zum Gegenstand des Witzes machte. Das Stück heißt „Ekklesiazusen, Frauenvolksversammlung".

In der Volksversammlung wird eines Tages auf Beschluß der kommunistische Staat eingeführt, und nun werden durch den Dichter dem souveränen Volk alle seine niederen Triebe und sein brutaler Egoismus vor Augen gehalten mit einer Fülle von Seitenhieben auf den kommunistischen Gedanken. Nichts ist mehr ernsthaft, niemand will mehr arbeiten, jeder will den anderen betrügen und will nur Nutzen ziehen aus der gemeinsamen Wirtschaft, die schließlich zum Untergange aller führt. Den Höhepunkt erreicht das Stück, als eines Tages die Frauen auf den Gedanken kommen, die Gewalt des Staates an sich zu reißen. Sie verkleiden sich als Männer und sind in der Volksversammlung zuerst zur Stelle und setzen den Beschluß durch, daß künftig die Frauen das unumschränkte Regiment zu übernehmen haben. Die Frauen beginnen sofort damit, volle Gemeinschaft beim Mahl, im Gewerbe und vor allem auf dem erotischen Gebiete durchzuführen. Die neue Archontin, Praxagora, sagt:

„Wie mir scheint, muß alles Gemeingut sein.
Teilnehmend ein jeder an allem,
Vom Gemeingut jeglicher leben
Und nicht Der reich sein, Jener ein Bettler,
Nicht Der viel Felder besitzen
Indes für ein Grab selbst Jenem der Platz fehlt,
Noch von Sklaven ein Heer Dem dienen,
Indes nicht ein Knecht Jenem gehört;
Nein, jeglichem werde ich dasselbe Geschick
Und Gemeinschaft Allen bereiten."

In dieser Gemeinschaft speisen alle zusammen. Braucht irgend jemand ein Gut, so holt er es aus dem Magazin, wo alles vorhanden ist und alles jederzeit jedem zur Verfügung steht. Die Arbeit leisten die Sklaven. Dem Bürger bleibt nur das eine Geschäft, wenn die Schatten länger werden, sich zu schmücken und sich zum Gelage zu begeben. Dieses Gelage nun ist prächtig. Auf dem Heimweg begibt sich jeder zu irgendeinem Mädchen.

Praxagora malt das folgendermaßen aus:

„Wir setzen einem jedem von allem, was er will, so reichlich vor,
daß er in gehobener Stimmung, mit dem Kranze auf dem Ohr,
nach Hause wandelt.
Und die Frauen stürmen in Gassen und Gäßchen mit Schrein
auf jeden der Kommenden liebreich ein,
sie liebkosen und betteln: Bei uns kehre ein,
bei uns wartet ein liebreizendes Mägdelein dein."

Der Gedanke der Frauengemeinschaft wir nun dadurch als unmöglich erwiesen, daß sich die schönen Mädchen die schönen und jungen Männer aussuchen. Dadurch entsteht wieder die Frage des Eigentums und des Eigenbesitzes, und die Volksversammlung der Frauen beschließt nun, daß zur Durchführung der Gleichheit zunächst häßliche alte Frauen Anrecht auf hübsche junge Männer haben, und daß hübsche junge Mädchen zuerst mit Krüppeln und Alten sich abzugeben haben.

Der letzte Akt führt mit großem Humor und mit einer Freiheit, die heute auf dem Theater nicht mehr gestattet wäre, einen Abend aus dem Leben eines Jünglings vor, der zu einem schönen jungen Mädchen will, der aber zuerst die Abenteuer mehrerer alter Frauen — eine immer älter als die andere — bestehen muß, und der schließlich durch die Inanspruchnahme daran gehindert wird, die Wünsche der von ihm ausgewählten Partnerin erfüllen zu können.

Damit endet das Drama, es hat nun seinen Höhepunkt erreicht, die Idee des Kommunismus hat sich als undurchführbar erwiesen, und in dem großen Gelächter über dieses Ideal Platos gehen die Zuschauer auseinander.

So hat von Anfang an seit dem Beginn des Denkens über den Staat auf der einen Seite die Gruppe gestanden, die von dem Menschen ausgeht, die das Naturrecht des Menschen, die die Menschenrechte in den Vordergrund stellt, die Gruppe, die den Staat als den besten empfindet, der am wenigsten regiert, der am wenigsten sichtbar wird, der seine Macht nur da in die Erscheinung treten läßt, wo es zum Bestande des Ganzen unumgänglich nötig ist. Ein solcher Staat ist der liberale. Auf der anderen Seite stehen die Gedanken um den kommunistischen, den sozialistischen Staat. Hier steht der Staat im Vordergrund. Die Freiheit des Menschen ist bedeutungslos, die Gattung Mensch soll erhalten werden, und so ist das Wichtigste die Macht des Staates, die als eine unumschränkte gefordert wird zur Niederhaltung aller freiheitlichen Tendenzen, zur Beseitigung alles Selbstgewachsenen, alles Eigenen und Selbständigen.

Die beiden entscheidenden Punkte werden so die Frage des Eigentums, als die Problematik vom Einzelnen her gesehen, und die Frage der Allgewalt der Staates, von der Seite des Staates her betrachtet.

Sowohl Plato wie Marx betonen als den entscheidenden Faktor die Macht, die Gewalt, und beide leiden an der gleichen Illusion. Die Diktatur der Wächter im platonischen Staat und die Diktatur des Proletariats im marxistischen Staat, beide Formen der Diktatur sollen dazu führen, daß die Gerechtigkeit überhaupt beginnt. In traumhaften, utopischen und paradiesischen Farben malen sowohl Plato wie auch Marx diesen Zustand der Gerechtigkeit, der dann eintritt, wenn die Diktatur Wirklichkeit geworden ist.

Bei Plato vollendet sich die Idee der Gerechtigkeit, der Tugend und der Wahrheit.

Bei Marx steht das Wort von der revolutionären Diktatur des Proletariats in seiner Kritik des Gothaer Programms von 1875, und die vielgenannte Stelle heißt dort: „Zwischen der kapitalistischen und der kommunistischen Gesellschaft liegt die Periode der revolutionären Umwandlung der einen in die andere. Der entspricht auch eine politische Übergangsperiode, deren Staat nichts anderes sein kann als die revolutionäre Diktatur des Proletariats." (Marx, Kritik des Gothaer Programms, IV.) Dieser Punkt ist es, der bei Lenin zum entscheidenden Faktor wurde. Lenin sagt: „Marxist kann nur sein, wer die Anerkennung des Klassenkampfes bis auf die Anerkennung der Diktatur des Proletariats erstreckt. Hierin besteht der tiefste Unterschied des Marxisten gegenüber dem durchschnittlichen Klein- und auch Groß-Bourgeois. Das muß der Prüfstein für das wirkliche Verstehen und Anerkennen des Marxismus sein." (Lenin, Die proletarische Revolution und der Renegat Kautsky, in: Ausgewählte Werke, Moskau 1925.)

Lenin hat durchaus recht im Sinne des Marxismus. Die Überführung der Produktionsmittel in den Staat kann nur mit Gewalt geschehen, nur mit der Diktatur, denn die Enteignung selbst bedeutet ja Gewalt und bedeutet die Entfernung von dem naturrechtlichen Gedanken des Eigentums durch den Staat selbst. Während der Sinn des Staates in der Erhaltung von Eigentum und Leben besteht, soll der Staat hier soviel Macht bekommen, daß er das Eigentum jederzeit zu nehmen berechtigt ist. Das kann nur geschehen, wenn der Staat mit der äußersten Gewalt versehen ist, das kann nur geschehen in einer Diktatur, in einer Tyrannis.

Marx hat das sehr deutlich gesehen, und ebenso Lenin, und gerade die russische Geschichte mit ihrer Unterordnung, mit ihrer alten Wirtschaftsform der gemeinschaftlichen Bodenbestellung, des Mir, kam diesem Gedanken durchaus entgegen, und so ist es sicherlich nicht zufällig, daß gerade im Osten, in einem Land, das an Humanismus und Renaissance nicht teilgenommen hat, das geistig noch weiter unter den Formen der byzantinischen östlichen Unterordnung lebte, die Idee der Diktatur, die Idee der Gewalt, so fest und so tief Boden fassen konnte.

Aber so scharf Marx sonst gesehen hat, und so klar sein Denken war, er war eben doch ein westlicher Denker, er war ein Kind Hegels und Kants, er war ein Sohn der Romantik, und so beginnt nach der Diktatur des Proletariats in utopischer Vorstellung für ihn das Paradies, das er erträumt.

Seltsamerweise glaubt Marx, daß diese Gewalt die letzte sei, daß mit der Überführung der Produktionsmittel in den Staat die Gegensätze der Klassen überhaupt aufgehoben seien, daß auch das Proletariat keine neue herrschende Klasse begründe und daß dann der Staat überhaupt absterben müsse. Engels sagt deshalb: „Das Eingreifen einer Staatsgewalt in gesellschaftliche Verhältnisse wird auf einem Gebiet nach dem anderen überflüssig und schläft dann von selbst ein. An die Stelle der Regierung über Personen tritt die Verwaltung von Sachen und die Leitung von Produktionsprozessen. Der Staat wird nicht abgeschafft, er stirbt ab." (Engels, Herrn Eugen Dührings Umwälzung der Wissenschaft, Stuttgart 1894, 3. Aufl. S. 303.) Und darum wird in dem Programm der Sozialdemokratie, beschlossen in Erfurt 1891, verfaßt von Kautsky, dieser Satz gesagt: „Diese gesellschaftliche Umwandlung bedeutet die Befreiung nicht bloß des Proletariats, sondern des gesamten Menschengeschlechtes, das unter den heutigen Zuständen leidet."

Hier liegt das Messianische, hier liegt der Gedanke der Hoffnung, der Gedanke des paradiesischen Zustandes, der nach der Einführung des Sozialismus kommen muß, genauso wie er nach Platos Vorstellungen eintreten muß im platonischen Staat.

Es ist anscheinend schwer zu sehen, wo hier der Gedankenfehler liegt. Er beruht auf einer romantischen Vorstellung vom Wesen des Menschen, auf einer Vorstellung, die nicht von dem wahren Sein des Menschen ausgeht, sondern von einer Idee. Es ist der Gedanke, daß der Egoismus des Menschen eine Entartung ist, eine Entartung, die mit der Begründung des Eigentums in die Welt kam. Bei Marx liegen Rousseausche Vorstellungen zugrunde. Ursprünglich haben die Menschen in Freude und Liebe gelebt. Erst das Eigentum hat die Zerstörung dieser Harmonie gebracht. Man muß deshalb das Eigentum vernichten, um die Harmonie wieder herzustellen.

Ein falscher Gedanke. Aus der Vorgeschichte ist zu erkennen, daß diese Grundidee, die allem sozialistischen Denken zugrunde liegt, unrichtig ist.

Hier liegt der eine Fehlgedanke des Sozialismus sowohl bei Plato wie bei Marx.

Es ist noch ein zweiter Fehlgedanke da, vielleicht noch schwerer zu durchschauen, es ist der irrtümliche Gedanke, daß die Machtentfaltung überhaupt ausschließlich im Eigentum begründet sei. Die Beseitigung des Eigentums müsse also auch die Beseitigung der Macht überhaupt sein. Dieser Gedanke ist falsch, nicht nur Privateigentum ist Macht, Staatseigentum ist viel mehr Macht, weil es konzentrierter, weil es einheitlicher organisiert, weil es verbunden mit Truppen ist. So wird gerade durch die Einführung des gemeinschaftlichen Eigentums und den Sieg des Kommunismus eine politische Macht geschaffen, wie sie vorher niemals in den Händen irgendeines Königs oder Kaisers war. Ein Zwang entsteht, der so groß wird, daß der Herrscher von sich aus unumschränkt gebieten kann über Besitz und Leben jedes Einzelnen im Staate.

Die Theorie von Marx kommt aus der Romantik, sie bleibt in der Romantik, und sie erkennt gar nicht die Gefahr, die sie im Leben der Völker und der Staaten schafft. Es sind Gedanken, die nicht zu Ende gedacht worden sind in ihrer Konsequenz und in ihrem Ergebnis. Wie wenig auch ein Mann wie Lenin das Utopische des Marxismus übersah, erkennt man immer wieder aus seinem Werk. Es mag ein Satz genügen: „Die Notwendigkeit der Gewaltanwendung wird (nach der Durchführung der Diktatur des Proletariats) verschwinden, weil die Menschen sich daran gewöhnen werden, ohne zwangsmäßige Unterwerfung die elementaren Erfordernisse ihrer Existenz innerhalb der Gesellschaft zu beachten." (Lenin, Der Machtergreifung entgegen, Moskau 1924—27, Bd. 2, S. 214.) Dieser logische Kopf, der den Marxismus bis zur letzten Konsequenz durchdacht hat, glaubt wirklich, daß nach Aufhebung des privaten Eigentums, „die Arbeit ohne Zwang das erste Lebensbedürfnis wird, daß die Produktivkräfte sich mächtig entwickeln werden, und daß auf dieser Stufe das völlige Absterben des Staates erfolgt." (Lenin, Moskau 1925, Über die Kritik des Gothaer Programms.)

Es ergibt sich so, daß schon zwischen Plato — Marx — Lenin einerseits und Aristoteles andererseits als Wurzel des Unterschieds eine gegensätzliche Auffassung von Mensch und Staat zu erkennen ist. Plato geht aus vom Staat und stellt den Menschen zurück; Aristoteles geht aus vom Menschen und stellt den Staat zurück. Aus dieser gegensätzlichen Haltung folgen die beiden entgegengesetzten Stellungen zu den Grundbegriffen, zu Eigentum und Macht von selbst.

Aristoteles hält das Eigentum für naturgegeben, mit dem Menschen selbst geworden, Plato hält das Eigentum für die Quelle alles Übels, für das, was beseitigt werden muß.

Aristoteles hält die Macht für eine Ausdrucksform des Staates, für gegeben mit dem Staat und mit dem Menschen, der den Staat braucht zur Sicherung von Eigentum und Leben und zur Formung der Freiheit. Plato hält die Macht für das Wesentliche des Staates, sie ist unumschränkt und kann jederzeit verwendet werden, wie es dem Herrscher des Staates beliebt. Die Macht selbst wird dabei durch nichts geordnet und gehalten, und weder ihm noch später Marx kommt der Gedanke, daß die Macht in den Händen des Staates unumschränkt und ohne Kontrolle ungleich gefährlicher ist als die geringe Macht der vielen Einzelnen, die ein privates Eigentum besitzen.

Der letzte Grund der Gegensätzlichkeit liegt also in dem Bilde vom Menschen. Aristoteles hat das Bild eines Menschen, so wie er ist, mit seinen Stärken und seinen Schwächen, mit seinen Vorteilen und seinen Fehlern; Plato dagegen und ebenso Marx haben ein Bild vom Menschen, das der Realität nicht entspricht, das aus der Idee genommen ist, das den Menschen anders haben möchte als er ist, und sie sehen den Fehler alles menschlichen Daseins an einer Stelle, an der er gar nicht liegt, nämlich äußerlich im Eigentum, während er in Wirklichkeit begründet ist in der menschlichen Veranlagung selbst.

So liegt alles Entscheidende in dem Bild vom Menschen und seiner Stellung im Kosmos. Diese Frage nach dem Bild vom Menschen wird in dem großen Gefüge eines Denkers, wird in der Grundanschauung einer Epoche nie gestellt. Sie tritt nie in Erscheinung, sie lebt gleichsam hinter den Worten und hinter den Gedanken, sie ist das Letzte und Tiefste, von dem deshalb nicht gesprochen wird, weil es eben die Grundvoraussetzung ist. So hat jede Epoche ihre Grundhaltung zum Menschen, und das ist genau das, was Ranke einmal meinte, als er sagte: jede Epoche ist unmittelbar zu Gott. Es ist genau dasselbe, wenn Ortega y Gasset von der Glaubenshaltung einer Zeit sprechen zu müssen glaubt.

Das 17. und 18. Jahrhundert hatte bei aller Verschiedenheit im Einzelnen einen Grundgedanken, den Gedanken der prästabilierten Harmonie, wie ihn Leibniz begründet hat. Daß der Mensch von Natur aus gut sei, ist der Grundgedanke dieser ganzen Epoche, und da das Übel nicht erklärt werden kann, müssen es also äußere Gründe sein, die es geschaffen haben. Sie werden seit Rousseau im Eigentum gesehen. Man braucht also nur das Eigentum zu beseitigen, und der Mensch ist wieder so in Harmonie, wie er es vorher war.

Das Mittelalter hatte viel tiefer gesehen. Es wußte um angeborene Untergründe und Gebrochenheiten des Menschen und erklärte sie aus der Erbsünde, aus dem Abfall von Gott. Mit der Renaissance und dem Humanismus verlor dieser Gedanke an Kraft. Nun gab es aber keine Möglichkeit mehr, die Spannung, den Konflikt, die Verworfenheit des Menschen vom Menschen selbst her zu erklären. Der Humanismus konnte immer nur auf die in dem Menschen ruhende, den Grund seines Seins ausmachende Getragenheit verweisen. Für die Gebrochenheit gibt es bei ihm keine Erklärung. Alle die Denker der letzten Jahrhunderte stehen dem zersetzenden Einfluß des menschlichen Egoismus gegenüber und können diese Tatsache in ihr Weltgefüge nicht einordnen. Hier liegt die durchgängige Schwäche, und zwar sowohl der liberalen wie der sozialistischen Theoretiker.

Die liberalen Theoretiker verlangen die Entfaltung des Egoismus, weil gerade durch die Betonung der Werke, die aus Eigenliebe geschaffen sind, der Gesamtheit am meisten genützt ist. Die sozialistischen Theoretiker erkennen den Egoismus auch, aber sie erklären ihn aus einer falschen politischen Institution, aus der Unwissenheit oder aus der fehlerhaften Wirtschaftsorganisation, aus dem Bestehen des Eigentums. Beseitigt man diese Fehler, dann hört der Egoismus auf, dann beginnt die allgemeine, ursprünglich gegebene Liebe wieder sich voll zu entfalten.

Es hat sich gezeigt — und es hätte sich auch gedanklich und logisch notwendig ergeben müssen, wenn nicht die ganze Zeit in einer seltsamen Grundhaltung dem Menschen gegenüber befangen gewesen wäre —, daß bei beiden Theorien das Bild des Menschen von Grund auf falsch gesehen ist.

Beide Theorien nämlich gehen von dem Gedanken aus, daß der Mensch gehalten sei von einem harmlosen Egoismus, in dem er die Selbstverwirklichung seiner Existenz erstrebe. Dieses Streben aber ist berechtigt und ist nach liberaler Theorie durchaus in Einklang zu bringen mit dem Gemeinwohl.

Auch nach sozialistischer Theorie ist dieses Streben zur Erhaltung der Existenz des Einzelnen durchaus anerkannt, und dieses Bedürfnis wird am besten erfüllt durch eine planende Ordnung, die der Staat vornimmt. Dann tritt ein Ausgleich ein zwischen der ordnenden Hand des Staates, die am besten weiß, was jedem nutzt und frommt, und dem Bedürfnis des Individuums, das ja nur auf Erhaltung seines Lebens bedacht ist.

Unser Jahrhundert ist von dieser Sicht des Menschen abgekommen. Es glaubt nicht mehr an die ursprüngliche Güte des Menschen, es hat die menschliche Roheit gesehen, die Brutalität, die Grausamkeit. Es hat erkannt, daß der Egoismus des Kollektiven viel rücksichtsloser ist, daß die menschlichen Begierden in kollektiver Form viel stärker zum Ausdruck kommen, daß die Hemmungslosigkeit, die die Gemeinschaft hat, viel größer ist als die des Einzelnen.

Der Mensch ist ein Lebewesen, das sich nicht darauf beschränkt, nur seine Existenz zu erhalten. Wenn es nur den einfachen Egoismus gäbe und auf der anderen Seite den Kollektivismus, dann wäre die Welt so einfach und klar, genauso einfach wie jene Anschauung in der Ethik, die von gut und böse spricht. Das ist die Welt des Kinder-Theaters, bei dem es zum Schluß dem Bösen schlecht und dem Guten gut geht. Doch die Welt ist nicht so, weil der Mensch nicht so ist.

Die Haupttriebkraft des geistigen Seins liegt nicht in der Erhaltung der Existenz, die Haupttriebkraft des menschlichen Geistes im Gegensatz zu allem tierischen Leben liegt in dem Begriff des Wertes. Die Kategorie des Wertes wird der neue Begriff sein, der das 20. Jahrhundert bestimmen wird, wenn es überhaupt einen Sinn in dem geistigen Gefüge des Daseins finden will.

Der Materialismus, der Positivismus, der entstanden war auf dem biologischen Grunde des Darwinismus, der Vorstellung von der Gleichheit alles Lebendigen, konnte auch den Menschen nicht anders sehen als das Tier in seinem Bedürfnis zur Erhaltung der Existenz und zur Erhaltung der Gruppe.

An dieser Stelle liegt der Fehler. Der Mensch nämlich, als allein mit der Möglichkeit des Denkens versehen, ist durch dieses Denken auf das schärfste abgehoben von der Reihe der übrigen Lebewesen. Der Mensch, als das einzige Wesen, das im ganzen Leben um den Tod weiß, das sein Ende kennt, ist auch das einzige Wesen, das den Wert zu setzen vermag. Mit dem Denken entsteht der Begriff des Wertes, der Höherwertung des Geistigen gegenüber dem Körperlichen, die Erkenntnis von Gut und Böse, wie sie in der Genesis in unerhört großartiger Schau verkündet worden ist, die Höher- und Niederwertung der Affekte und damit die größte Erkenntnis, die Erkenntnis des summum bonum, die Erkenntnis Gottes, des tiefsten Grundes des Seins.

Es ist eine der großartigsten Entdeckungen der prähistorischen Religionsforschung, daß da, wo der Mensch ist, das Denken um Gott ist. Diese Tatsache bedeutet aber zugleich, daß da, wo der Mensch ist, das Denken um den Wert ist.

Der Wert aber ist es, der einen Menschen vor dem anderen hervorhebt, der Wert ist es, der Stufungen unter den Menschen schafft, der

Wert ist es, der die Bedeutung des Geistes heraushebt aus dem Gefüge des Körperlichen. Das Denken um den Wert, bei Scheler vorausgesetzt, bei Nicolai Hartmann logisch entfaltet, bei von Rintelen besonders betont, öffnet uns wieder das Organ für die mittelalterliche Struktur des Denkens. Das ist der Grund, warum schon Baeumker und nach ihm von Rintelen, so stark auf das Mittelalter zurückgreifen konnten, das ist der Grund, warum mit Maritain eine neue thomistische Philosophie sich bildet, das ist der Grund, warum das mittelalterliche Weltbild wieder stärker zu uns spricht.

Der Begriff des Wertes allein ist in der Lage, jene Tatsache zu erklären, daß der Mensch nicht nur ein Lebewesen ist, das sich darauf beschränken kann, seine Existenz zu erhalten. Der Mensch als Geistwesen ist mehr, er strebt nach Verwirklichung seiner wahren Natur, er strebt nach Entfaltung des in ihm ruhenden Wertes und nach Anerkennung dieses Wertes durch die Umwelt. Das bedeutet das Streben nach Ansehen, nach sozialer Anerkennung, nach Geltung, nach Ruhm und nach Macht.

Dieser entscheidende Faktor ist nicht erkannt in allen Vorstellungen vom Bilde des Menschen von Descartes bis zur Gegenwart.

Der Mensch ist ein Wesen, das nach Geltung strebt und nach Macht, das den Willen zur Selbstverwirklichung hat, die Selbstverwirklichung aber erfüllt sich in der Gemeinschaft, und so ist Persönlichkeit und Gemeinschaft auf eine andere und viel kompliziertere Weise miteinander verwoben, als es die Denker der letzten Jahrhunderte auch nur ahnen konnten.

Das Streben nach Macht ist es, das alles sozialistische Denken in sich selbst vernichtet. Und daß das Kollektivum noch viel stärker nach Macht strebt, als je ein Einzelner, das ist die Erkenntnis der Gegenwart, erwachsen aus der Erfüllung des sozialistischen Ideals. Dies Ideal liegt in der Überbetonung der Macht, in der Konzentrierung der Macht auf die Herrscher des Staates, und so führt der Sozialismus in geradem Wege in die Tyrannei, in den Terror.

Die Durchbildung des Gedankens des Sozialismus

Alles Denken um das Kollektive kann sich immer nur auf drei große Gebiete erstrecken, auf die Produktion, auf die Konsumtion und auf die Fortpflanzung.

Der Mensch nämlich ist so geartet, daß er die Gegenstände des Gebrauches herstellen muß, daß er essen und trinken muß, um leben zu können, und daß er zeugen und empfangen muß, um die Gattung fortzusetzen. Diese drei Funktionen sind die Urfunktionen, sie sind die Voraussetzungen seines Daseins, und sie sind daher der Gegenstand aller Überlegungen, die das Leben von Gemeinschaft und Persönlichkeit betreffen.

So gibt es einen Kommunismus der Produktion: den Gedanken, die Produktionsmittel in die Gemeinschaft zu überführen und so den Kommunismus herzustellen, der als das erstrebenswerte Ziel erscheint.

Es gibt zweitens einen Kommunismus der Konsumtion, der auf dem Gedanken beruht, daß die Güter gleichmäßig verteilt werden müßten, daß jeder abzuliefern habe, was er in freier Produktion herstellt, und daß der Staat die Verteilung übernimmt nach dem Gutdünken der den Staat lenkenden Gruppe und nach dem Prinzip, daß jeder für seine Arbeit einen gerechten Ertrag erhalten soll.

Es gibt auch die Verbindung dieser beiden Elemente, den Kommunismus der Produktion und der Konsumtion. Diese beiden Prinzipien sind in einer geschlossenen Männer- und Frauengesellschaft durchführbar und sind ständig durchgeführt worden in buddhistischen, persischen, essäischen und christlichen Klöstern und Orden, ferner in der Neuzeit in den Gliederungen der SS und in den Ordensburgen. Diese Gruppen, gehalten von einem religiösen oder politischen Ideal, verzichten auf das Privateigentum, sie lassen die Entfaltung der individuellen Eigenart des Einzelnen nicht zu, zugunsten einer kollektiven übergeordneten Idee.

Da diese Gruppen aber keine Fortpflanzung haben und sich immer nur von außen her ergänzen können, können sie nie den Staat umfassen. Die logische Konsequenz für den Staat ist deshalb der Kommunismus der Frauen, die Frauengemeinschaft, die Ordnung der Fortpflanzung durch den Staat.

In konsequentem Sinne ist darum der Kommunismus oder Sozialismus dann erst durchgeführt, wenn diese drei Elemente durch die Gemeinschaft, das heißt durch den Staat geordnet sind: die Produktion, die Konsumtion, die Fortpflanzung.

Alle drei Elemente aber ruhen im normalen Leben durchaus in der privaten Sphäre. Die Produktion steht auf der Leistung und der Initiative des Einzelnen: des Erfinders, des Entdeckers, des Unternehmers, des Handwerkers, des Grundbesitzers.

Die Konsumtion, Essen, Trinken, Kleidung, Verbrauch aller Güter, ist eine Angelegenheit des immer wieder anderen und ständig verschiedenen individuellen Bedürfnisses. Und die Höhenunterschiede im Bedürfnis des Einzelnen sind von unvorstellbarer Verschiedenartigkeit und Schwankung. So ruht auch die Konsumtion ganz in einer privaten Ebene.

Die privateste Sphäre aber ist die intimste, die der Fortpflanzung. Wenn hier die Gesamtheit ausgehen mag von dem Gedanken der Erhaltung der Gesamtheit, der Fortpflanzung, dann geht der Einzelne aus von dem Erlebnis der Liebe, von dem zartesten und erlesensten Ergriffensein der menschlichen Individuation überhaupt.

So stößt der Gedanke der Kollektivierung der Fortpflanzung in der Praxis auf so große Widerstände aus der privaten Sphäre, aus der Stellung des Individuums, daß von hier aus immer und von neuem alle Kräfte sich ordnen und formieren mußten. Das ist der Grund, warum Aristophanes die platonischen Gedanken zuerst an dieser Stelle angriff. Aber immer und immer wieder tauchen sie auf, auch im modernen Denken über den neueren Kommunismus, so daß sie Marx im Kommunistischen Manifest ganz offen vertritt und erklärt, daß die Kommunisten eine offenherzige Weibergemeinschaft einführen wollen. Engels hat diesem Gedanken eine eigene Arbeit gewidmet unter dem Titel „Der Ursprung der Familie“, in der er nachweisen wollte, daß der Mensch der Vorzeit in der Promiskuität gelebt habe und daß diese Gemeinschaft der Frauen wieder geschaffen werden müsse.

In Wirklichkeit hat der Mensch der Vorzeit nicht in der Promiskuität gelebt und es hat auch nicht den Urkommunismus gegeben, den Marx konsequent erdacht hat.

Es gibt kommunistische Systeme, die nur an einen Kommunismus des Konsums gedacht haben wie Plato, bei dem der ganze Staat so geordnet ist, daß der dritte Stand, der Nährstand, für den ersten und zweiten Stand arbeiten muß. Der erste und zweite Stand allein, weil er eine Art

Vorrecht hat, hat auch allein die Verpflichtung, im Kommunismus zu leben, der dritte Stand steht wie üblich in der normalen Produktion und Konsumtion, jedoch nur so lange die Herrschenden des Staates den Kommunismus nicht auch für den dritten Stand verordnen. Diese Frage läßt Plato offen, genau so wie er auch die Frage einer Sozialisierung der Produktion offen läßt, aber er will bewußt eine Oberschicht schaffen, und diese Oberschicht soll den ganzen Staat im kommunistischen Sinne leiten.

Marx unterscheidet sich in diesen Fragen von Plato. Marx denkt zuerst an einen Kommunismus der Produktion, an eine Enteignung des Großgrundbesitzes und der Fabriken. Von einem Kommunismus der Konsumtion spricht er nur insofern, als er gleichen Arbeitszwang für alle fordert (Kommunistisches Manifest), und eine gleiche Entlohnung entsprechend der Arbeitsleistung. Sein immer wiederkehrendes Leitwort ist: „Jeder nach seinen Fähigkeiten, jedem nach seinen Bedürfnissen." Und Lenin sagt dazu (Staat und Revolution, 1918): „Alle Bürger verwandeln sich hier in entlohnte Angestellte des Staates, den die bewaffneten Arbeiter bilden. Alle Bürger werden Angestellte und Arbeiter eines das gesamte Volk umfassenden Staatssyndikates. Es handelt sich nur darum, daß sie alle in gleicher Weise arbeiten, das Maß ihrer Arbeit richtig einhalten und gleichmäßigen Lohn bekommen, . . . Der allgemeinen universellen nationalen Kontrolle wird man sich auf keine Weise entziehen können, man wird sich vor ihr nirgends retten können. Die gesamte Gesellschaft wird ein Büro und eine Fabrik mit gleicher Arbeit und gleichem Lohn sein."

Hieraus ergibt sich, daß Lenin in der konsequenten Durchführung marxistischer Gedanken nicht nur an eine Sozialisierung der Produktionsmittel, sondern auch der Konsummittel denkt, und daher war logisch im Anfang auch der Gedanke der Frauengemeinschaft mit eingeschlossen. Zwar bestand in Rußland nach 1917 die Ehe noch, doch sie konnte mühelos gelöst werden, doch später wurde der alte Zustand wieder eingeführt.

Es ist wieder überraschend zu sehen, daß Aristoteles schon diese dreifache Möglichkeit der Durchführung des Kommunismus erkennt, den Kommunismus der Produktion, der Konsumtion und den der Frauen und Kinder, und er erörtert diese drei Möglichkeiten so klar und so scharf in seinem zweiten Buch im Beginn des 5. Kapitels, wie es ein moderner Wirtschaftswissenschaftler nicht besser täte. Aber trotz der so klaren und überlegten Ausführungen des Aristoteles wirkten die Gedanken von Plato immer weiter fort.

Plato selbst war sicher beeinflußt von Pythagoräischen Lehren, die aus dem Osten kamen; die asketische Haltung des Brahmanismus und des Buddhismus haben offenbar über die Pythagoräer auf Plato gewirkt. An Plato schlossen sich sozialistische Romane an, die im 1. Jahrhundert vor Christus fremde Völker im Zustand sozialer Glückseligkeit schilderten.

Diodor (V, 45 und VI, 1) berichtet nach der Chronik des Euemeros, daß das Volk der Panchäer im Arabischen Meer unter priesterlichem Regiment völlig gleich und glücklich dahinlebt. Mit Ausnahme von Haus und Garten ist alles Gemeingut. Jeder baut den ihm überwiesenen Acker, aber die Produkte muß er abliefern in ein Zentralmagazin, und die Aufgabe der Priester ist es dann — und hier folgt ein Satz, der dem Grundsatz von Marx und Lenin dem Sinne nach völlig gleich zu sein scheint — „alles, was erzeugt wird, und alle Einkünfte nehmen die Priester ein und geben einem jeden davon, nach Billigkeit, den ihm zukommenden Teil. Nur die Priester allein erhalten alles zweifach." (Diodor, Historiae V, 45). Die besten zehn Landwirte werde dabei prämiiert, „um die anderen anzuspornen".

Diese Sätze entsprechen auf das Eigentümlichste der landwirtschaftlichen Regelung im heutigen Rußland mit den Prämien zum Ansporn der Steigerung der Produktion, dem sogenannten Stachanow-System.

Noch von einem anderen Roman berichtet Diodor (II, 56), von Jambulos und seiner Schilderung der Sonneninsel bei Indien. Im Einklang mit der Natur wohnt hier ein glückseliges Volk, das den Kommunismus durchgeführt hat. Die Bewohner sind in Genossenschaften von je 400 Personen geteilt, an ihrer Spitze steht der Älteste, ihm ist unbedingter Gehorsam zu leisten. Alle sind gleichmäßig zur Arbeit verpflichtet. Es gibt kein Eigentum, jeder treibt immer wieder des anderen Geschäfte und dessen Arbeit, damit völlige Gleichheit erreicht wird, und so wie die Produktion diktatorisch geregelt ist, so ist auch die Konsumtion völlig einheitlich durch den Staat bestimmt. Dem Wechsel der Arbeiten entspricht ein Wechsel der Speisen, so daß „hier auch alles, was mit der Ernährung zu tun hat, einer festgesetzten Ordnung unterliegt". (Diodor, Historiae II, 59). Die Frauen sind allen gemeinsam und alle Kinder werden als Kinder der Gemeinschaft angesprochen und gemeinsam erzogen. (Diodor II, 58). Ehrsucht und Machtstreben, Empörungen gibt es nicht. Allen gilt das Zusammenstimmen aller als das höchste Gut, es ist bei ihnen zur Tatsache geworden. (Diodor II, 58).

Diodor lebt unter Caesar und ist geboren in Agyrion in Sizilien, seine Geschichte der Völker des Altertums geht bis zum Jahre 54 v. Chr. Er ist Grieche, aber er lebt in einer römischen Welt, und diese römische nüchterne Atmosphäre hat niemals Interesse gehabt für die stets unnatürliche Art des Sozialismus. So finden sich in der römischen Literatur außer ihm keine Theoretiker des sozialistischen Gedankens.

Anders ist das auf der östlichen Seite des Mittelmeeres, der Seite, die immer allen Einflüssen aus Indien und Persien ausgesetzt war. So konnte der Gedanke der Askese, der zuletzt aus der indischen Welt stammt, und der schon bei den Veden, im Brahmanismus, im Buddhismus und Jainismus durchgeführt ist, auch bis zur Küste des Mittelmeeres vordringen und in das Judentum gelangen. Das Judentum selbst kennt das Mönchswesen mit Askese nicht, es entfaltet sich erst in dem Orden der Essäer, einer Art jüdischen Mönchsordens. Er wird zuerst zwischen 104 und 103 von Josephus erwähnt (Jüd. Alt. XIII, 11, 2. Jüd. Krieg I, 3, 5). Dieser Orden fordert Verzicht auf allen irdischen Besitz. Bei Josephus heißt es von den Essäern: „Den Reichtum halten sie für nichts, hingegen rühmen sie sehr die Gemeinschaft der Güter, und man findet keinen unter ihnen, der reicher wäre als der andere. Sie haben das Gesetz, daß alle, die in ihren Orden eintreten wollen, ihre Güter zum gemeinsamen Gebrauch hergeben, so daß man bei ihnen weder Mangel noch Überfluß kennt, sondern sie haben alles gemein wie Brüder."

Der Orden hat bestimmte Regeln, die sämtlich persisch-buddhistischen Gebräuchen entsprechen. Die Juden standen nämlich durch ihren babylonischen Zweig mit der persischen und indischen Lehre immer in Verbindung, und seit der Erneuerung des Perserreiches im parthischen Staat der Arsakiden seit 250 v. Chr., hat sich der Einfluß der persischen Lehre stark nach dem Westen verbreitet.

Die *Essäer* haben das Verbot, Sklaven zu halten, sie enthalten sich von allen Speisen, die nicht von Mitgliedern des Ordens nach bestimmten Vorschriften zubereitet sind, sie sind verpflichtet zu täglichen Bädern, sie essen gemeinsam, sie verbieten den Eid, sie halten die Vorschriften des Ordens geheim, und sie verlangen unbedingten Gehorsam gegen die Oberen. Besonders stark wenden sie sich gegen die Tieropfer. Sie sind überzeugt von der Unsterblichkeit der Seele, die zwar in dem Leibe wohnt, sich aber nach dem Tode wieder in die Höhe des Äthers hinaufschwingt. Auch etwas von der Sonnenverehrung der Perser ist in ihre Lehre eingegangen, ebenso wie die Vorstellung von den Engeln. Sie verwerfen die Ehe, doch haben sich aus ihren Reihen Widersprüche erhoben, und so wird einigen die Ehe gestattet (Josephus, Jüd. Krieg II, 8, 13).

Der Zusammenhang zwischen der Sekte der Essäer oder Essener mit dem Christentum ist durch die neuen Funde der Schriftrollen vom Toten Meer ganz deutlich geworden (Edmund Wilson, Die Schriftrollen vom Toten Meer, München 1956. — John M. Allegro, Die Botschaft vom Toten Meer, Frankfurt 1957).

Viele von diesen Gedanken gehen über *Christus* selbst, der den Essäern nahe stand, in das Christentum ein und damit auch in unsere Welt, und doch ist das Urchristentum nicht kommunistisch, wie es fälschlich oft dargestellt wird. So wie Christus die mönchische Organisation der Essäer nicht übernommen hat, nicht die Anbetung der Sonne, und auch nicht die strenge Sabbath- und Gesetzesverehrung, so hat doch der Gedanke der Unabhängigkeit vom Eigentum auf ihn gewirkt. Christus selbst lebt mit seinen Jüngern ohne eigentliches Eigentum, und die Forderung an den reichen Jüngling, alles hinzugeben (Markus 10, 17) deutet darauf, daß Christus das Hängen am Eigentum als ein Hindernis für die religiöse Hingabe empfand. Jedoch fordert er an keiner Stelle die Aufhebung des Eigentums. Er verlangt die gegenseitige Unterstützung als ein Erfordernis der Bruderliebe, nirgends aber besteht er auf der Verteilung des Besitzes, Familie wie Privateigentum bleiben im Christentum unangetastet. Es wird keine äußerliche Gleichheit geschaffen, sondern es wird alles auf das Prinzip der Freiwilligkeit gestellt, so daß man von einer Liebesgemeinschaft sprechen kann, und Troeltsch hat das so ausgedrückt, daß er sagte, es kam dem Urchristentum „mehr auf die Liebe an als auf den Kommunismus“ (Die Soziallehren der christlichen Kirche, 1908).

Der Gedanke von Christus ist das Reich Gottes, ist die Wendung zum Geistigen, und so tritt das äußere Leben mit seinen Verwicklungen und Verflechtungen gar nicht entscheidend ein in seinen geistigen Gesichtskreis.

Unter seinen Jüngern ist der dritte Evangelist, Lukas, derjenige, der am stärksten von den essäischen Gedanken ergriffen ist. Man erkennt das deutlich an der verschiedenen Fassung der Bergpredigt bei Lukas und bei Matthäus. Bei Matthäus heißt es: „Selig sind, die da geistlich arm sind; denn das Himmelreich ist ihr. — Selig sind, die da hungert und dürstet nach der Gerechtigkeit; denn sie sollen satt werden.“ (Matthäus 5, 3 u. 6.)

Bei Lukas heißt es: „Selig seid ihr Armen; denn das Reich Gottes ist euer. Selig seid ihr, die ihr hier hungert, denn ihr sollt satt werden. Selig seid ihr, die hier weinet; denn ihr werdet lachen. Aber dagegen: Wehe euch Reichen; denn ihr habt euren Trost dahin. Weh euch, die ihr voll seid! denn euch wird hungern. Wehe euch, die ihr lachet! denn ihr werdet weinen und heulen.“ (Lukas 6, 20—25).

Bei Lukas wird der Reichtum an sich als sündhaft angesehen und das Aufgeben des irdischen Besitzes ist daher die erste Voraussetzung für denjenigen, der nach dem ewigen Leben trachtet. Man nimmt im allgemeinen an, daß Lukas der Verfasser der Apostelgeschichte ist, und daß von ihm jene Stelle stammt, die immer wieder angeführt worden ist (Apostelgeschichte 2, 44): „Alle aber, die gläubig waren geworden, waren beieinander und hielten alle Dinge gemein. Ihre Güter und Habe verkauften sie und teilten sie aus unter alle, nach dem jedermann Not war."

Die zweite Stelle (4, 32) lautet: „Die Menge aber der Gläubigen war ein Herz und eine Seele; auch keiner sagte von seinen Gütern, daß sie sein wären, sondern es war ihnen alles gemein."

Diese Stellen aber sprechen nicht von einem Kommunismus, der mit Zwang und Gewalt durchgeführt wird, sondern von einer Gemeinsamkeit der Liebe und der gegenseitigen Hilfe. Die Fälle, wo jemand seine ganze Habe hingab, erregten als Ausnahmen Aufsehen, wie der Fall des Joses, genannt Barnabas, der sein Grundstück verkaufte und das Geld zu der Apostel Füße legte (Apostelgeschichte 4, 36). Und Petrus selbst spricht von der völligen Freiheit der Liebesgabe und von dem Fehlen jedes Zwanges (Apostelgeschichte 5, 4). Zu dem Ananias, der den Acker verkauft und nur einen Teil des Geldes abliefert, sagt er ausdrücklich: „Hättest du ihn doch wohl mögen behalten, da du ihn hattest; und da er verkauft war, war es auch in deiner Gewalt."

Diese Stelle ist durchaus bezeichnend und klärt den Sachverhalt. Es liegt kein Kommunismus im Urchristentum vor, sondern nur die freiwillige Gabe zu gemeinsamer Hilfe. Und deshalb heißt es bei Clemens von Alexandria am Ende des 2. Jahrhunderts in einer Schrift „Ob die Reichen selig werden?": „Der Heiland gebietet nicht, wie manche oberflächlicherweise annehmen, das irdische Gut wegzuwerfen; sondern er gebietet, die Meinung vom Gelde, die Begierde danach, diese Krankheit der Seele, die Sorgen, die Dornen des irdischen Lebens, die den Samen des göttlichen Lebens ersticken, aus der Seele zu bannen. Nicht das Äußerliche, das auch andere getan haben, will der Herr, sondern etwas Höheres, Göttlicheres, Vollkommenereres, auf das dadurch hingewiesen wird: daß das Fremdartige mit der Wurzel selbst aus der Seele vertilgt und ausgestoßen werde. Welche Verbindung würde unter den Menschen noch übrigbleiben, wenn keiner etwas hätte, wie sollte diese Lehre des Herrn nicht mit vielen anderen seiner Lehren im Streite sein? Das Irdische ist wie ein Stoff und Organ zu einem guten Gebrauche für diejenigen, die es recht zu gebrauchen verstehen."

Gewiß hat es in der frühen Christenheit Vorschläge gegeben, einen Kommunismus einzuführen, wie bei *Johannes Chrysostomus*, 347—407, wie bei *Karpokrates aus Alexandrien* (Irenäus Adv. Haer. V, 25), doch die Kirche ist diesem Gedanken nicht gefolgt. Besonders wandte sich die Kirche gegen die Durchführung der Frauengemeinschaft, die *Clemens von Alexandria* für eine Blasphemie erklärte und von der Irenäus sagte, daß es eine Lehre sei, die die Maske des Satans angenommen habe, um durch solch ein Zerrbild die Heilslehren der Kirche zu entstellen. (E. Troeltsch, Die Soziallehren der christl. Kirchen 1895. — Hans v. Schubert, Christentum und Kommunismus. 1919. — G. Sodeur, Der Kommunismus in der Kirchengeschichte. 1920).

So hat das Christentum sich klar und bestimmt gegen jeden Kommunismus ausgesprochen, gegen den Kommunismus der Produktion, gegen den Kommunismus der Konsumtion und gegen den Kommunismus der Frauen. Und im ganzen Mittelalter taucht der Gedanke des Kommunismus nicht auf, lediglich die Katharer, von dem geistigen Gesichtspunkt des Dualismus ausgehend, kamen auch in ihrem äußeren Leben zu einer Art Askese, in der sie alles Eigentum verwarfen. Der Probst von Steinfelden, Evervin, schreibt in der ersten Hälfte des 12. Jahrhunderts an den heiligen Bernhard von Clairvaux über katharische Sektierer am Rhein: „non donum, nec agros, nec aliquid peculium possidentes, sicut Christus non possedit nec discipulis suis possidenda concessit.“ „Nicht ein Haus, nicht Äcker, noch irgend welches Geld besitzen sie, wie Christus es auch nicht besaß und auch seinen Jüngern den Besitz nicht erlaubte.“ Diese Lehre wurde so scharf verfolgt, daß heute noch der Name für alle Abweichungen von der kirchlichen Lehre, Katharer, Ketzer, geblieben ist. Im Albigenserkrieg, 1208—1235, wurden sie ausgerottet.

Erst die Erschütterung durch die Reformation, die alle Fragen des geistigen Lebens aufrührte, brachte wieder die alten Gedanken eines Urkommunismus, wie er in der Apostelgeschichte gesehen wurde, zum Durchbruch. Der Gedanke der evangelischen Freiheit schuf Illusionen und Forderungen, die weit über das hinausgingen, was die Bauern sonst in Deutschland erstrebten. Diese Bewegung bildete sich in Thüringen und in Sachsen und hatte als Ziel die Errichtung eines kommunistischen Staates. Die Bewegung ging um 1520 von Zwickau aus, wo sich in der Tuchindustrie und im Bergwerksbetriebe ein Proletariat angesammelt hatte, das für schwärmerische Lehren sehr empfänglich war. Ihr Führer war der Tuchmacher *Nikolaus Storch*, dessen Gedanken ganz von religiösem Impulse getragen waren, der die Taufe der Kinder verwarf, und die Reinigung der Kirche mit fanatisch abenteuerlichen Plänen einer künftigen Weltgestaltung verband. Storch bekam Unterstützung von dem Prediger *Thomas Münzer* aus Stollberg (geboren 1490), der in kurzer Zeit der konsequenteste und kühnste Vorkämpfer der neuen Lehre wurde, und der der eigentliche Träger des Kommunismus dieser Epoche ist.

Die kommunistischen Gedanken dieser Zeit sind durchaus religiös, das gibt ihnen ihren eigentümlichen Charakter, das gibt ihnen das schwer zu Verstehende ihres Wesens, es liegt in der Verbindung messianischer Gedanken des jenseitigen Lebens mit dem Versuch der Aufrichtung eines himmlischen Reiches des Kommunismus hier auf Erden. Durch Münzer nahm die Bewegung einen stürmischen Charakter an, durch ihn kam das Fanatische und Unerbittliche, das Gewalttätige und Brutale in die Bestrebungen. „Ich sage mit Christo, daß man die gottlosen Regenten, insbesondere die Pfaffen und Mönche töten soll", so ruft Münzer aus. Und überall verbreitet er die Lehre, das Eigentum der Besitzenden ist Diebstahl. „Unsere Herren leben von Wucher, Dieberei und Räuberei", erklärte er, „sie nehmen alle Kreatur zu ihrem Eigentum. Die Fische im Wasser, die Vögel in der Luft, das Gewächs auf Erden, alles muß ihnen gehören. Darüber lassen sie dann Gottes Gebot ausgehen unter die Armen und sprechen: Gott hat geboten, du sollst nicht stehlen —, sie aber folgen dem nicht."

Münzer begründet einen Geheimbund und setzt ihm kommunistische Ziele. In dem Verhör hat er sich später nach dem Protokoll folgendermaßen geäußert: „Die Absicht ist, daß die Christenheit sollte gleich werden, und daß die Fürsten und Herren, die dem Evangelio nicht wollten beistehen und der Aufrührer Verbündnis nicht wollten annehmen, wenn sie deß brüderlich erinnert, sollten vertrieben und totgeschlagen werden. Ist unser Artikel gewest: Omnia simul communia, das heißt, alle Dinge sollen gemein sein und sollen jedem nach Notdurft ausgeteilt werden nach Gelegenheit."

Hier ist also aus der religiösen Lehre des Christentums der Kommunismus erwachsen. „In der Gemeinschaft der zeitlichen Güter wird die Liebe erkannt. Niemand soll sagen: Mein, mein. Es ist auch des Bruders. Nur wer die Gemeinschaft hält, ist in Christo, wer sie aber nicht hält, ist außer ihm und seiner Gemeinde."

1523 mußte Münzer Allstedt verlassen, 1524 wurde er von Mühlhausen in Thüringen verjagt, und nun entwickelte sich in Thüringen eine Art religiöser Kommunismus, der mit fürchterlicher Gewalt und rücksichtsloser Brutalität durchgesetzt worden ist. Melanchthon sagt von dieser Bewegung: „Sie stießen die Mönche aus und nahmen die Klöster und Stiftsgüter ein. Da haben die Johanniter einen Hof gehabt und große Rente; diesen Hof nahm Thomas ein. Und er lehrte, daß alle Güter gemein sein sollten, wie in der Apostelgeschichte geschrieben steht, daß sie die Güter zusammengetan haben. Damit machte er den Pöbel so mutwillig, daß sie nicht mehr arbeiten wollten, sondern wo einem Korn oder Tuch vonnöten war, ging er zu einem Reichen, wo er wollte, und forderte es aus christlichen Rechten. Denn Christus wollte, man sollte teilen mit den Dürftigen. Wenn dann ein Reicher nicht willig war, was man forderte zu geben, dann nahm man es ihm mit Gewalt."

Und immer rücksichtsloser wird der Gedanke der Gewalt bei Thomas Münzer. Er schreibt an den Geheimbund in Mansfeld: „Nur dran, dran, dran! Es ist Zeit. Die Bösewichter sind verzagt wie die Hunde. Lasset Euch nicht erbarmen, ob Euch Esau auch gute Worte gebe. Sehet nicht an den Jammer der Gottlosen: Sie werden Euch so freundlich bitten, greinen, flehen wie die Kinder. Lasset es Euch nicht erbarmen. Wir müssen nicht länger schlafen, dran, dran, dran! Weil das Feuer heiß ist, lasset euer Schwert nicht kalt werden vom Blut. Dieweil Ihr Tag habt, Gott geht Euch voran, folget."

Es kam zu einem Kampf 1525. Münzer sprach von Wundern, die sich ereignen würden, die Bauern stimmten ein geistliches Lied an, sie wurden aber völlig geschlagen und zum größten Teil umgebracht. Münzer selbst wurde in dem Lager vor Mühlhausen, in der Stadt, in der er einige Zeit geherrscht hatte, hingerichtet. (Thomas Münzer, Schriften, in L. Enders, Neudrucke deutscher Literaturwerke des 16. Jh. 1901 11 V 118. — E. Setzling, Die evangel. Gottesdienstordnungen des 16. Jh., I, 1902, S. 440 f. — G. Bloch, Thomas Münzer als Theologe der Reformation. 1921. — J. Zimmermann, Th. Münzer. 1925.)

Aber der Geist des Aufruhrs war damit nicht vernichtet. Der Gedanke der Wiedertäufer lebte weiter, und überall gab es kommunistische Bewegungen, so die unter Hans Hut, so die der freien Brüder im Züricher Oberland, sehr häufig mit dem Gedanken der Frauengemeinschaft.

An einer Stelle sammelte sich die Bewegung von neuem, das war Münster. Hier hatte ein lutherischer Prediger, *Bernt Rottmann*, die Handwerkerzünfte und die Majorität des Rates für sich gewonnen und bei Auseinandersetzungen mit den Katholischen wurde ein Abkommen getroffen, daß jeder frei sein sollte und bei seinem Glauben bleiben könnte. Dadurch war den Wiedertäufern Gelegenheit geboten, sich gesetzliche

Duldung zu sichern. Sie zogen in die Stadt und bei der Neuwahl vom 21. Februar 1534 gewannen die Wiedertäufer die Majorität und machten ihre Hauptagitatoren, *Knipperdollinck* und *Kippenbroick*, zu Bürgermeistern. So war die neue Lehre legal zur Herrschaft gekommen, und schon am 27. Februar verjagte das neue Regiment alle Andersgläubigen aus der Stadt und erklärte den Besitz dieser „Gottlosen" für Gemeingut.

Im April 1534 erschien der Bischof Franz mit Landsknechten und Kriegern vor der Stadt und begann die Belagerung. Und nun entwickelte sich in der Stadt jenes denkwürdige Regiment, das furchtbar und blutig mit entsetzlicher Brutalität und Rücksichtslosigkeit, mit der Ermordung aller Andersdenkenden ein Paradies auf Erden, das himmlische Jerusalem, errichten wollte. Alles Geld, Gold und Silber mußte abgeliefert werden. Die Verwaltung des gemeinsamen Gutes wurde sieben Personen, die den Titel Diakonen hatten, übertragen.

So weit die Quellen reichen, ist die Klassenschichtung nicht aufgehoben worden, die Unterschiede zwischen Meister und Gesellen, Hausherrn und Gesinde blieben erhalten. Es gab nur eine Zwangswirtschaft, die alles, was hergestellt worden ist, unter staatlicher Aufsicht verteilte. Das größte Aufsehen erregte die Gestattung der Vielweiberei, die begründet wurde durch die Heilige Schrift, nach der auch die Erzväter mehrere Frauen hatten. Allmählich nahm die Not der Stadt zu, und nun wurde ein Schrekkensregiment durch den König Bockelson in Münster eingeführt, und jede Art von Ungehorsam wurde in der Regel durch sofortige Todesstrafe gesühnt.

Schließlich wurde durch das Reich der Krieg gegen die Wiedertäufer beschlossen, das Heer der Belagerer wurde verstärkt und die Kaiserlichen Truppen drangen in der Johannesnacht 1535 in die Stadt ein. Die kommunistischen Führer wurden nach furchtbaren Martern hingerichtet (A. H. Newman, History of Antipedobaptism 1897. — Ludw. Keller, Die Reformation und die älteren Reformparteien. 1897. — G. Tumbült, Die Wiedertäufer. 1899.)

So brachen die kommunistischen Staatsgefüge des 16. Jahrhunderts ruhmlos in sich zusammen. Die Gedanken des Bauernkrieges und der Wiedertäufer sind bedeutungsvoll, weil sie so wie die Reformation und der Humanismus des 16. Jahrhunderts mittelalterliche Gedanken verbanden mit denen der Neuzeit.

In eigentlichem Sinne ist der Blick noch auf die Erlösung im Jenseits gerichtet, in eigentlichem Sinne liegt das Heil noch im Himmel, nicht auf der Erde, in eigentlichem Sinne sind die Gedanken religiös, erwachsen aus der Religion und mit ihr verbunden. Doch schon kündigt sich jene andere Welt an, die die Erfüllung ihrer Wünsche im Diesseits erwartet, die einen gerechten Staat erhofft, einen Staat ohne Klassengegensätze, einen Staat der Gleichheit und der Gemeinschaft.

Die Bewegung ist die immer gleiche. Der Ausgangspunkt ist die Unzufriedenheit mit den wirtschaftlichen Verhältnissen, ist die Ungleichheit zwischen Reichen und Armen, das Ziel ist die Errichtung eines Staates der Zufriedenheit, der Ordnung, der Planung, der Gerechtigkeit, der Gleichheit, und der Weg dazu ist der Zwang, die Gewalt. Das führt zur Brutalität, zur Niedertracht, zur Tyrannei. Und so zerbrechen diese Gefüge, weil der Mensch die Ungerechtigkeiten des Lebens doch für weniger wichtig ansieht, als die fortdauernde und ungehemmte Ungerechtigkeit des Staates, die mit brutaler Gewalt jeden einzelnen rücksichtslos in ihre Fänge schlägt.

Der Weg ist der, der auch in unserer Zeit immer wieder gegangen werden mußte in allen sozialistischen Bildungen von Staaten, in Rußland wie in Deutschland im Nationalsozialismus: Die Unzufriedenheit mit Mißständen, mit Spannungen zwischen den Klassen, dann folgend der Umsturz des Bestehenden, die Durchsetzung der sozialistischen und kommunistischen Gedanken, und die Erkenntnis, daß aller Sozialismus nur auf Gewalt, auf Zwang und Unterdrückung durch den Staat und durch die, die ihn führen, bestehen kann. Darauf das Erwachen, und dann der Versuch, dieses System abzuschütteln, das sich nicht mehr abschütteln läßt, weil es eben die Gewalt hat. Die Befreiung kommt dann von außen, von der Umwelt, da diese in ihrem normalen wirtschaftlichen Gefüge, das auf dem Handel des Einzelnen beruht, ein System des sozialistischen Zwanges ohne den Einzelhandel und ohne die wirtschaftlichen Verbindungen hin und her an ihren Grenzen nicht ertragen kann.

Zu den Gesetzen der Bewegungsrhythmen im sozialistischen Geschehen gehört nämlich die Abschließung. Der Sozialismus ist durchführbar nur in einem Rahmen, der ein ganzes Staatsgefüge überspannt. Dieses Staatsgefüge, das selber der Produzent ist, der alleinige Produzent, muß den freien und privaten Handel verbieten und untersagen. Dieser Staat muß vor allem den Handel über die Grenzen aufheben, er muß auch die Auswanderung, die Flucht vor der Gewalt und dem System verhindern, und so ist die logische Folge jedes sozialistischen Staatsaufbaues die Abschließung vom Ausland. Das Ausland wieder, das ja auf Absatz und Umsatz angewiesen ist, braucht den privaten Handel, auch in den anderen Staaten. Da aber der Staatshandel des kommunistischen Staates in dem liberalen gar kein Äquivalent findet, ergeben sich naturgemäß die Konflikte, die die sozialistische Theorie gar nicht in Rechnung gesetzt hat: Die Wirtschaftssysteme geraten in gegenseitige Spannung. Das führt zum Kriege. Die Abschließung des sozialistischen Staates wird als feindselig und als wirtschaftshindernd betrachtet, und die Grenzen des abgeschlossenen Staates werden mit Gewalt geöffnet.

Auch die Grenzen Chinas und Japans sind 1860 und 1865 mit Gewalt geöffnet worden, die europäischen Staaten ließen die Abschließung nicht zu. Beide Staaten waren nicht sozialistisch, aber sie waren abgeschlossen, sie trieben keinen Handel mit Europa, und so wurden sie gewaltsam geöffnet. Der letzte Grund für die Spannung gegen Deutschland, eine Spannung, in der Deutschland dann den Krieg entfachte im Jahre 1939, war nicht das neue rassenmäßige gedankliche System, das ja für die anderen Staaten ganz ohne Interesse ist, solange es in seinen Grenzen bleibt —, es war vor allem die Abschließung Deutschlands, die Devisengesetzgebung, das Verbot des Handels des Einzelnen außerhalb des Staates. Hierin liegt das eigentlich sozialistische Element des nationalsozialistischen Staates. Dieser Wesenszug wieder war ganz konsequent im sozialistischen Sinne gedacht und durchgeführt, aber gerade dieser Zug mußte den härtesten Widerstand der übrigen Welt naturnotwendig herausfordern.

So wurde auch der Staat von Münster durch die Umwelt vernichtet, genauso wie später der kommunistische Staat von Paraguay. Die Staaten sind größer geworden, zuerst Münster, dann Paraguay, dann Deutschland, der sozialistische Gedanke ist angewachsen und immer mächtigere Staaten haben versucht, ihn zu verwirklichen. Der Zwang im Innern ist auch immer größer geworden, und immer rücksichtsloser die Abschließung gegen die Umwelt, die notwendig mit dem sozialistischen Gedanken verbunden ist. Um so gewalttätiger, um so brutaler sind auch die Kriege geworden; denn viel schrecklicher sind Kriege, die Völker miteinander führen, als Kriege, die die Heere, die die Berufssoldaten führten.

Wenn so die Gedanken der Bauernkriege und der Wiedertäufer aus einer seltsamen Verbindung des Religiösen mit dem wirtschaftlichen Machtgedanken entstanden, dann entwickelte sich zu gleicher Zeit ein gedankliches System eines kommunistischen Staates, das ganz aus der neuen Welt des Humanismus erwuchs. Die Gedanken der Bauernkriege und die Ideen der Wiedertäufer hatten ihre Wurzeln in dem der Welt neu geschenkten Evangelium, sie kamen aus der Bibel; die Gedanken von Thomas Morus in England kamen aber aus Plato, kamen aus der Gelehrtenforschung, kamen aus der neu gewonnenen Kenntnis des Griechischen und der griechischen Welt.

Es ist bezeichnend, daß diese unruhige Zeit von der reichen griechischen Literatur zuerst, und vor allem, durch Platos Staat beeinflußt wird. Die Staatsgedanken stehen dieser Welt im Vordergrund, und so kommt es, daß *Thomas Morus* den großartigen Plan eines kommunistischen, sozialistischen Staates entwirft, eines Staates, den er sich erträumt. Im Anschluß an Platos Wort, daß dieser Staat nirgendwo liege, den er sich erdacht habe (Plato, Staat, 9. Buch, 592) nennt er seinen Staat Utopia.

Das Buch erscheint 1516 unter dem Titel „De optimo rei publicae statu deque nova insula Utopia". Morus schickt es an seinen Freund Erasmus von Rotterdam, der den Druck besorgt. Das Buch liegt gerade zwischen der Arbeit von Erasmus „Institutio principis christiani" von 1510 und den 95 Thesen von Luther 1517.

Alle drei sind damit beschäftigt, die Stellung des Menschen zu Gott und zum Staat grundlegend zu ändern. Eine Freundschaft verband alle drei Männer, wenn sie auch in ihren Grundgedanken immer wieder gegeneinander standen, gemeinsam war ihnen die Stellung auf die Freiheit des Individuums, die Loslösung von mittelalterlichem Zwang, von mittelalterlicher Einordnung, gemeinsam war ihnen der Gedanke des neu erwachenden und erblühenden Lebens, das mit dem menschlichen, dem humanistischen Geist aus der Antike zu ihnen herüberkam.

So wie Luther die Kirche ändern wollte, wollte Morus den Staat ändern, und diese Gegensätzlichkeit veranlaßte 1523 die scharfe Schmähschrift Luthers gegen ihn, gegen die er sich ebenso bestimmt wieder verteidigte.

Morus wäre die Möglichkeit zur Verwirklichung seiner Gedanken gegeben gewesen. Als er 1529 Lordkanzler des Königs Heinrich VIII. wurde, wurde er zugleich der einflußreichste Mann Englands nach dem König. Doch er konnte die Stellung von Heinrich VIII. gegenüber dem Papsttum und die eigenmächtige Ehescheidung und die Erklärung des Königs zum Obersten Haupte der englischen Kirche nicht anerkennen. So entstand der Bruch. 1532 legte er sein Amt nieder und bald wurde er ins Gefängnis geworfen, weil er sich weigerte, die vom Parlament beschlossene Suprematsakte, wodurch der König für das Haupt der englischen Kirche erklärt wurde, durch den Eid anzuerkennen. Er verharrte auf seinem Standpunkt, das Parlament habe zu jenem Beschluß keinerlei Recht gehabt. Er wurde wegen Hochverrats angeklagt, vor die Geschworenen gestellt, für schuldig erklärt, und am 6. Juli 1535 hingerichtet.

Der Gedankengang von Morus ist der aller sozialistischen Bewegungen: Kritik an dem Bestehenden, Durchführung der Gerechtigkeit, Beseitigung des Hindernisses der Gerechtigkeit, des Eigentums. Zur Durchführung dieser Maßnahmen Zwang, Arbeitsverpflichtung, Gewalt, zuletzt das messianische Ziel.

Das Entscheidende ist die Abschaffung des Privateigentums und die Einrichtung einer organisierten sozialistischen Produktion. Hier, im Buche von Morus, werden die Produktionsmittel sozialisiert, nationalisiert und die Konsummittel werden von Zentralstellen aus nach bestimmten Plänen verteilt. Die Frauen werden nicht sozialisiert, es bleibt die Einzelehe bestehen, ja, es wird streng auf ihre Durchführung gesehen, und dieser Punkt gerade ist es, an dem Thomas Morus selbst in Konflikt mit seinem König kommt.

In der Zeit um 1500 machte England eine Krise durch, die darin lag, daß die Grundbesitzer den Ackerbau aufgaben und statt dessen die Schafwirtschaft einführten, weil mit der Wolle mehr zu verdienen war. Das hatte wirtschaftliche Krisen zur Folge, denn viele der Landarbeiter und Ackerbauern konnten nicht mehr leben, sie mußten ihr Haus verlassen und fingen an zu stehlen.

Thomas Morus beschreibt diesen Zustand sehr lebendig, er sagt: „Die Schafe, die sonst so sanft und genügsam waren, sind nun so gierige reißende Bestien geworden, daß sie selbst Menschen verschlingen und ganze Felder, Häuser und Gemeinden verzehren und entvölkern. In den Landesteilen, in denen die feinste und kostbarste Wolle wächst, da bleiben Barone und Ritter und hochwürdige Prälaten nicht zufrieden mit den jährlichen Einnahmen, die ihren Vorfahren und Vorgängern aus dem Lande erwuchsen, nicht zufrieden damit, daß sie ein müheloses und lustiges Leben führen können, dem Gemeinwesen nicht zum Vorteil, sondern eher zur Last; sondern sie verwandeln noch den Ackerboden in Viehweiden, hegen die Weiden ein, reißen Häuser nieder und ganze Städte, und lassen nichts stehen als die Kirchen, die sie in Schafställe verwandeln. So geschieht es, daß ein gieriger und unersättlicher Vielfraß Tausende von Ackern Land zusammenraffen kann und innerhalb einer Hecke einzäunen und durch Gewalt die Besitzer so quälen kann, daß sie gezwungen werden, alles zu verkaufen. Durch ein Mittel oder das andere werden sie genötigt fortzuziehen, arme, einfältige, elende Seelen: Männer, Frauen, vaterlose Kinder, Witwen, jammernde Mütter mit ihren Säuglingen und der ganze Haushalt, gering an Mitteln und zahlreich an Köpfen, weil jeder Ackerbau vieler Hände bedurfte. Und wenn sie umhergeirrt, bis der letzte Heller verzehrt ist, was anders können sie tun, außer stehlen, um dann schließlich gehenkt zu werden oder zu betteln. Und selbst in diesem Falle werden sie ins Gefängnis geworfen als Vagabunden, weil sie sich herumtreiben und nicht arbeiten; sie, die kein Mensch bei der Arbeit haben will, mögen sie sich noch so eifrig dazu anbieten. Denn die Arbeit des Ackerbaues, die sie verstehen, wird nicht betrieben, wo nicht gesät wird. Ein einziger Schäfer genügt, um das weidende Vieh auf einem Landstrich zu überwachen, zu dessen Bestellung vorher zahlreiche Hände erforderlich waren. Solange es für alle diese Übel keine Heilung gibt, ist es umsonst, mit strenger Justiz gegen Raub und Diebstahl vorzugehen, eine Justiz, die mehr dem Schein dient, als der Gerechtigkeit und dem Gemeinwohl. Denn was tut ihr anderes, als zuerst Diebe züchten und sie nachher aufhängen."

Und nicht genug damit, erklärte Morus, durch den Rückgang des Ackerbaues sind die Lebensmittel teuerer geworden; das zwingt viele Leute, ihr letztes Hab und Gut zu verkaufen und das wieder führt zum Reichtum einiger begünstigter Einzelner, die Masse aber fällt der Not anheim und leidet Entbehrung. Der Edelmann, der Bankier (Goldschmied) und der Wucherer, sie leben herrlich und in Freuden, der Arbeiter dagegen wird durch seine trostlose Tätigkeit niedergedrückt und wird gequält durch die Aussicht auf ein Bettlerdasein im Alter. Der Lohn des Arbeiters ist zu gering, um die Bedürfnisse des Tages zu decken, für seine alten Tage kann er nichts zurücklegen. So ist der Staat ungerecht und undankbar, er sorgt nicht für arme Ackersleute, Kohlengräber, Tagelöhner, Kärrner, Schmiede und Zimmerleute, ohne die der Staat selbst nicht einen Tag bestehen könnte.

Morus fährt fort: „Nachdem man sie ausgebeutet und ausgepreßt hat in der Kraft ihrer Jugend, überläßt man sie ihrem Schicksal, wenn Alter, Krankheit und Not sie gebrochen haben und gibt sie als Belohnung für ihre treue Sorge und ihre so wichtigen Dienste dem Hungertode preis. Noch mehr: Die Reichen, nicht zufrieden, den Lohn der Armen durch unsaubere persönliche Kniffe herabzudrücken, erlassen noch Gesetze zu diesem Zweck. Was seit jeher unrecht gewesen, der Undank gegen die, die dem Gemeinwesen wohl gedient, das haben sie noch gesteigert, indem sie dem Unrecht Gesetzeskraft und damit den Namen der Gerechtigkeit verliehen."

Die Kritik bei Morus steigert sich noch. Er erörtert ins einzelne eine wirtschaftliche Lage, die immer dann entsteht, wenn eine große wirtschaftliche Umwälzung sich vollzieht. Genau die gleiche Lage trat ein, als die Maschinen erfunden wurden und als die Handwerker brotlos wurden. Die Zeit der Arbeitslosigkeit, die nach dem vorigen Kriege in dem Augenblick eintrat, als der zuerst übergroße Bedarf durch die vergrößerten Fabriken gedeckt war, und ein normaler Bedarf wieder eintrat, die Arbeitslosigkeit unserer Zeit schuf die gleichen Verhältnisse.

Morus beendet seine Kritik an den bestehenden Zuständen mit Sätzen, die ganz genauso in neueren sozialistischen Schriften stehen könnten. „Bei Gott, wenn ich das alles überdenke, dann erscheint mir jeder der heutigen Staaten nichts als eine Verschwörung der Reichen, die über den Vorwand des Gemeinwohls ihren eigenen Vorteil verfolgen und mit allen Kniffen und Schlichen danach trachten, sich den Besitz zu sichern, was sie unrecht erworben haben, um die Arbeit der Armen für so wenig Entgelt als möglich für sich zu erlangen und auszubeuten."

Hier bei Thomas Morus taucht zum erstenmal, und zwar noch als Möglichkeit betrachtet, der Gedanke auf, daß die Staaten noch dazu da sind, eine untere Schicht niederzuhalten, ein seltsamer Gedanke, der zuerst unbegreiflich erscheint, der aber schließlich bei Marx zur Grundlage all seines Denkens geworden ist.

Nach Marx entsteht der Staat aus dem Klassenkampf, und da, wo kein Klassenkampf ist, keine Unterdrückung der Klassen, da ist auch gar kein Staat. Nur aus diesem Gedanken, der zuletzt von Thomas Morus kommt, erklärt sich seine seltsame messianische Vorstellung, daß der Staat in dem Augenblick wieder abstirbt, wo es keine Klassen mehr gibt. Gibt es keine Unterdrückung mehr, wobei Unterdrückung immer im Sinne der Klassen gemeint ist, gibt es auch keinen Staat mehr. Dieser Gedanke von Marx verbindet sich nämlich mit dem Gedanken von Rousseau, daß in der Urgesellschaft kein Staat bestanden habe, daß da ein Kommunismus der gegenseitigen Liebe und Hilfe bestand, und daß dieser Kommunismus wieder geschaffen werden kann, wenn das Grundübel alles Daseins, das Eigentum, beseitigt wird.

Darum heißt es im Kommunistischen Manifest, und zwar an erster Stelle, sofort nach der Einleitung als Grundsatz, aus dem alles andere folgt: „Die Geschichte aller bisherigen Gesellschaft ist die Geschichte von Klassenkämpfen." Und deshalb sagt Lenin (Über den Staat, 1919): „Der Staat ist eine Maschine zur Unterdrückung einer Klasse durch eine andere, eine Maschine, dazu bestimmt, einer Klasse alle übrigen Klassen botmäßig zu erhalten." Und er sagt an derselben Stelle ausdrücklich: „Diese geschichtliche Teilung der Gesellschaft in Klassen müssen wir uns als die grundlegende Tatsache stets vor Augen halten."

Es ist nicht schwer, einzusehen, daß dieser Grundgedanke von Marx und Lenin, der bei Morus einmal ganz nebenbei anklingt, in der Grundhaltung falsch ist. Der Staat ist nicht eine Maschine zur Niederhaltung von Klassen, sondern der Staat ist urgegeben mit dem Menschen selbst. Der Staat liegt im Wesen des Menschen begründet, weil der Mensch ein Lebewesen ist, das in der Gemeinschaft lebt. Der Staat kann zu einer Maschine zur Niederdrückung einer Klasse ausarten und hat das öfter im Laufe der Geschichte getan, aber dann hat er sich von seinem Wesen entfernt, dann hat er den Boden verloren, aus dem er erwachsen ist, dann ist eine Krise entstanden, die zur Änderung der bestehenden Staatsform führte und führen mußte, die aber nicht den Staat an sich aufhob und aufheben konnte.

Es ist auch nicht der Fall, wie es Marx und Lenin immer wieder erklären, daß es einmal eine staatenlose Gesellschaft gegeben habe. Lenin spricht sehr eingehend von dieser vorgeschichtlichen Epoche des vermeintlichen Urkommunismus. Der Staat entsteht nicht erst dann, als sich Klassengegensätze bilden, der Staat ist immer und zu allen Zeiten mit dem Menschen gegeben, und der vorgeschichtliche Mensch hat genauso seine Form des staatlichen Zusammenlebens wie der Mensch der Gegenwart und wie der der Zukunft.

Dieser Fehlschluß bei Marx, der aus der Unkenntnis der Vorgeschichte und der frühen Wirtschaftsformen zu seiner Zeit entsteht, wird das große Unglück für den weiteren gedanklichen Aufbau und wird das Unglück für die Folgerungen, die die Sozialisten aller Schattierungen und Gruppen aus dieser verfehlten Voraussetzung zogen. Wo aber die Voraussetzung falsch ist, müssen sich weiter nur falsche Folgerungen ergeben.

Plato hatte diesen Fehler nicht gemacht, er taucht erst auf bei Morus und steigert sich über Marx bis hin zu Lenin.

Und gleich an diesen ersten Fehler schließt sich ein zweiter Gedankenfehler, nicht weniger bedeutungsvoll, es ist der, daß die Institution des Privateigentums an den wirtschaftlichen Schwierigkeiten schuld sein soll. Das Eigentum wird als die Grundlage aller Ungerechtigkeiten, alles Elendes und aller Verzweiflung dieser Erde betrachtet. Die Folge ist dann, daß die Beseitigung des Eigentums den paradiesischen Zustand ohne Staat, ein Leben in vollendeter Harmonie wieder herbeiführen könne. Dieser Gedanke nun ist der Grundgedanke schon bei Plato; er erscheint wieder bei Thomas Morus und er wird der Zentralgedanke von Marx und Lenin.

Auch er ist ein Fehlgedanke. Schon Aristoteles hatte das ausgeführt, und es ist nicht schwer, den Irrtum, der in diesem Gedanken liegt, zu erkennen. Das Eigentum nämlich ist mit dem Menschen genauso urgegeben wie der Staat. Die Beseitigung des Eigentums greift also an die Wurzel des Menschseins überhaupt, wendet sich gegen den Menschen in seiner wahren Existenz und gegebenen Struktur und kann daher nur im Widerstand gegen das Menschsein erhalten und durchgeführt werden. Der Gedanke setzt deshalb einen ewigen und dauernden Zwang voraus, eine ständige Unterdrückung der menschlichen Anlagen, Triebe und Kräfte, die auf Entfaltung, auf Selbstverwirklichung und Durchsetzung ihrer Eigenart drängen. Jede Entwicklung des menschlichen Geschlechtes würde unmöglich gemacht, jede Bewegung im Dasein würde aufgehoben, jede Besonderheit würde vernichtet, und der ewige Zwang des Staates, der die Triebkräfte der Menschen einengt, würde das Leben selber in seinem Sinn und Wert unmöglich machen.

Eher mag solch ein Zustand für den Menschen Asiens zu ertragen sein, für den Menschen, der immer den Druck der Gemeinschaft, den Druck des Staates ertragen hat, für den Menschen, der die Welt und ihr Geschehen von der Gesamtheit her begreift. Ganz unerträglich aber wird der Gedanke für den Menschen Europas, der durch Griechentum, Renaissance und Humanismus, der durch die westliche Form des Christentums seine Freiheit und sein Selbstbewußtsein errungen und gegen alle Angriffe Asiens verteidigt hat. Der europäische Mensch ist der Mensch der Freiheit, ist der Mensch der Persönlichkeit, und nur da, wo die Freiheit besteht, kann er atmen, der Gedanke der Unterdrückung dieser Freiheit bedeutet für ihn die Sinnlosigkeit seines Daseins überhaupt.

Die Gedanken von Morus sind im Fortgang von solcher Bedeutung geworden, daß es sich lohnt, ihnen größere Beachtung zu schenken, als es bisher meist geschehen ist. Thomas Morus (1478—1535) erkennt wohl, daß eine Politik der Wohlfahrt viel helfen könne, daß der König keine zu große Macht haben dürfe, damit er nicht das Volk ausbeuten kann, daß die Ämter nicht Unwürdigen gegeben werden sollten, daß niemand eine zu große Fläche Landes besitzen soll, und daß der Zinssatz festgelegt werden müsse. Doch nach seiner Meinung können die Krankheiten von Staat und Gesellschaft durch alle diese Maßnahmen wohl gelindert, aber nicht beseitigt werden. Ein wirklich gesundes Staatswesen kann nur da bestehen, wo das private Eigentum beseitigt ist, und ist das geschehen, dann wird der Mensch auf die Schädigung seines Nächsten verzichten, dann wird er in Harmonie mit seinen Mitmenschen leben, und dann wird Laster und Elend, Gewalt und unerträglicher Druck von selbst verschwinden.

Diese Gedanken kehren genauso wieder bei Marx. Sie sind ebenso falsch bei Morus wie bei Marx, sie sind falsch, weil beide, und mit ihnen alle sozialistischen Denker, nicht von dem Menschen ausgehen, so wie er ist, sondern von dem Menschen, so wie sie ihn sich wünschen.

Ist das Eigentum beseitigt, wie in Rußland, dann ist eine unerhört große Beamtenschaft nötig, dann ist eine verwaltende Oberschicht erforderlich, die zahlenmäßig in keinem Verhältnis zu der Bevölkerung steht, und deren Kosten viel zu hoch sind. Sie kann nur mit äußerster Gewalt und Rücksichtslosigkeit herrschen, weil sie überall das naturgemäße Aufstreben des Einzelnen zu besseren Lebensbedingungen hemmen und unterdrücken muß. Die Folge sind überfüllte Gefängnisse, Millionen Menschen in Arbeitslagern und Zwangsverschickungen, verzweifelte Menschen, Menschen in Tränen und Elend und in Bedrückung. Und der Zwang und die Gewalt sind größer und furchtbarer, als sie am Ausgang des Gedankenbildes je gewesen sind.

Die Erfüllung seiner Sehnsüchte, seiner Hoffnungen und seiner Gedanken verlegt Morus auf eine entfernte Insel im Weltmeer. Die Veranlassung mögen Romane gegeben haben, wie die, die Diodor erwähnt, es mögen aber auch Nachrichten von Amerigo Vespucci gewesen sein, der 1501 als Geograph den ersten Bericht von dem neu entdeckten Erdteil brachte. Dieser neue Erdteil bekam nach Amerigo Vespucci durch den Deutschen Waldseemüller den Namen Amerika. Vespucci berichtet, daß auf diesen Inseln — und man glaubte ja zuerst nur Inseln gefunden zu haben — die Menschen naturgemäß und glücklich ohne Sondereigentum leben, und daß sie alles gemeinsam haben. Diese Gedanken waren damals allgemein. Im gleichen Jahre wie die Utopia, 1516, erschien ein Geschichtswerk des italienischen Humanisten Petrus Martyr, er sagt von der neuen Welt, daß sie ohne den Fluch des Geldes, ohne Gesetze und ohne ungerechte Richter glücklich und harmonisch bestehe.

So verlegt Thomas Morus den Traum seiner sozialistischen Welt auf eine Insel im fernen Meer. Von ihr kommt ein portugiesischer Seefahrer, mit Namen Raphael Hythlodeus zurück, er hat dort über fünf Jahre gelebt und hat die Insel nur verlassen, um seine europäischen Landsleute mit diesem Musterbilde eines Staates bekannt zu machen.

Die obersten Prinzipien dieses Staates Utopia sind Gerechtigkeit und Glück für alle. Alle Menschen haben den gleichen Anspruch auf eine glückliche Existenz, und darum sollen alle in der gleichen materiellen Lage sein, und jedem wird das zugeteilt, was er nach seiner Arbeit zu bekommen hat.

Das ist natürlich nur dadurch möglich, daß jedes Streben, jedes sich Herausheben, jede Besonderheit, jede Eigenentfaltung verbannt ist. Alle fühlen sich als Kinder einer Familie, sie tragen gemeinsam den Kummer und unterstützen sich im Streben nach Glück. Dieses Glück liegt aber nicht in der Entfaltung der Persönlichkeit, sondern es liegt in möglichst viel Muße, und so entwickelt Thomas Morus durch den Mund seines Berichterstatters Raphael zum erstenmal in der Welt nach Plato die gedankliche Durchbildung einer kommunistisch geordneten Gesellschaftsverfassung.

Die Insel Utopia hat 54 geräumige und prächtige Städte, die in Sprache, Sitten, Einrichtungen und Gesetzen übereinstimmen. Sie sind alle in derselben Art gebaut, soweit das die besondere Örtlichkeit zuläßt. Alle Städte sind 24 Meilen voneinander entfernt, sie sind angelegt, daß man von einer zur anderen nicht in einer Tagereise zu Fuß gelangen kann. Zu jeder Stadt gehört eine größere Anbaufläche, die mit der Stadt zusammen einen sich selbst regierenden Wirtschaftskanton bildet. Auf dem Lande haben die Utopier auf allen Feldern bequem gelegene Häuser, die mit landwirtschaftlichen Geräten versehen sind. Diese Felder werden von den Bürgern, die die Arbeit abwechselnd übernehmen, gemeinsam bearbeitet. Es gibt ländliche Familien von wenigstens 40 Köpfen, außerdem zwei an der Scholle haftende Knechte. Diesen Familien stehen ein Hausvater und eine Hausmutter vor. Je 30 Familien werden durch einen Phylarchen geleitet, der von den Familien aus ihrer Mitte gewählt wird. Aus jeder dieser Familien kehren jährlich 20 Personen in die Stadt zurück, wenn sie zwei Jahre auf dem Lande zugebracht haben. An deren Stelle rücken ebenso viele aus der Stadt nach. Diese Sitte, die Landbebauer fortwährend wechseln zu lassen, besteht deswegen, damit nicht jemand wider Willen längere Zeit in einer harten Beschäftigung auszuharren gezwungen ist. Manche, denen der Ackerbau gefällt, können erwirken, daß sie mehrere Jahre dabei bleiben können. Der Bedarf an Korn und Lebensmitteln wird genau festgestellt und die Produktion durch Planung geordnet. Ein Überschuß ist dabei nötig zur Aufspeicherung.

Was die Menschen auf dem Lande sonst brauchen, lassen sie sich aus der Stadt geben, aus der sie es ohne allen Entgelt von der Obrigkeit geliefert erhalten. Dafür schicken die Phylarchen der Stadt in der Erntezeit so viel Schnitter und Helfer, wie von den Phylarchen des Landes verlangt werden.

Der Schwerpunkt des Systems ist also der allgemeine Arbeitszwang, bei dem dem Einzelnen die Auswahl des Berufes nicht freisteht. Alles wird bestimmt und festgelegt durch die Obrigkeit.

Der gleiche Gedanke ist die führende Idee im Kommunismus von Marx. Im Kommunistischen Manifest heißt es unter Punkt 8 der Durchführungsmaßregeln: „Gleicher Arbeitszwang für alle, Errichtung industrieller Armeen, besonders für den Ackerbau." Und auch der nächste Punkt bei Marx, Punkt 9, geht auf Thomas Morus zurück. Es heißt da im Kommunistischen Manifest: „Vereinigung des Betriebes von Ackerbau und Industrie. Hinwirken auf die allmähliche Beseitigung des Unterschiedes von Stadt und Land."

In den Städten von Utopia sind die Häuser ganz gleich gebaut, in den Straßen bilden sie eine zusammenhängende Reihe mit einer Straßenbreite von 15 Fuß. An der Hinterseite der Häuser liegen große Gärten. Jedes Haus hat eine Hintertür zum Garten. Diese Türen sind zweiflügelig und dürfen nicht geschlossen werden, jedermann kann jederzeit eintreten, denn Privateigentum gibt es nicht. Diese Häuser werden alle 10 Jahre durch das Los ausgetauscht.

Außer dem Ackerbau erlernt jeder ein Handwerk als seinen Beruf. Die Gewerbe werden von den Frauen ganz ebenso wie von den Männern betrieben. Meistens wird jeder in dem väterlichen Handwerk erzogen, wenn er aber ein anderes Handwerk vorzieht, wird er durch Adoption in jene Familie aufgenommen, die dieses Gewerbe betreibt, jedoch nur, wenn die Obrigkeit das gestattet. Die Obrigkeit reguliert also die Beschäftigung jedes Einzelnen, und es ist die hauptsächliche und beinahe einzige Beschäftigung der Phylarchen, dafür zu sorgen und darauf zu achten, daß niemand dem Müßiggang nachhängt, sondern eifrig sein Handwerk oder seine Landarbeit betreibt. Dafür ist eine genaue Inspektion notwendig, denn die Hauptgefahr dieses Gemeinwesens, wo ja niemand einen Gewinn aus seiner Arbeit hat, liegt in der Trägheit, die unter allen Umständen verhindert werden muß. Der wichtigste Punkt ist also der Arbeitszwang, genauso wie bei Marx, und der Ausbau der Arbeitsämter bei uns in Deutschland durch die Nationalsozialisten, und der Arbeitszwang, der damit eingeführt worden ist, ebenso wie in Rußland.

Doch die Leute von Utopia haben nur einen Arbeitstag von 6 Stunden, und das erklärt sich daraus, daß große Teile der Bevölkerung, die in anderen Staaten nicht arbeiten, hier zur Arbeit herangezogen werden. Zuerst alle Frauen, das heißt, die Hälfte der ganzen Bevölkerung, dann alle Mönche und die meisten Priester, alle Großgrundbesitzer, Junker und Adlige, die Diener, die Bettler und alle diejenigen, die die Krankheit als Vorwand für ihre Faulheit nehmen.

Dazu kommt, daß die Produktion durch den Staat genau bestimmt wird, und daß Schmuck, Kunst und andere Dinge des Luxus, Bilder, Literatur, Kunstgewerbe in Utopia nicht hergestellt werden dürfen, weil diese Dinge nicht der Notdurft, sondern nur den Annehmlichkeiten des Lebens oder dem Vergnügen dienen.

Der Arbeitszwang ist also die Grundlage der Existenz in Utopia; ferner die genaue Bestimmung durch die Behörden über das, was hergestellt werden darf und was nicht.

Nur ganz wenige Menschen werden von der Arbeit befreit, das sind nur die Phylarchen selbst, die Priester und diejenigen, die auf Empfehlung der Priester und nach eingehender geheimer Wahl durch die Phylarchen die Erlaubnis bekommen haben, sich ausschließlich und ständig dem Studium zu widmen. Erfüllt ein Gewählter aber nicht die in ihn gesetzten Erwartungen, so wird er durch die Behörden wieder unter die Handwerker versetzt. Die Behörden bestimmen also über die Leistungen und lassen daher auch nur das zu an Wissenschaft, was sie wünschen und was sie verlangen. Die Freiheit der Forschung und die Freiheit der Lehre, einer der Grundpfeiler des liberalen Denkens, hat völlig aufgehört. Und das war dasselbe im nationalsozialistischen Staat Deutschlands, und ist es noch heute im kommunistischen Staat Rußlands. Die Wissenschaft ist beaufsichtigt, geführt und geleitet durch den Staat, genauso wie das Gesamtgefüge der Produktion.

In Utopia kann es auch vorkommen, daß ein Handwerker seine freie Zeit so eifrig für das Studium verwendet, daß er nach geheimer Wahl der Phylarchen von der Handarbeit befreit und unter die Gelehrten versetzt wird. Aus diesem Stande (ordo litteratorum) werden die höheren Beamten genommen. Auch die Gesandten, die Priester, die Phylarchen, und endlich der Fürst selbst, der Ademus genannt wird, wird aus dieser Gruppe erwählt.

Genauso wie es keine Freiheit in der Wahl des Berufes, in der Wahl der Arbeit und in der Arbeit selbst gibt, genauso gibt es auch keine Freiheit in der Kleidung. Bei der Arbeit selbst sind die Utopier in Felle oder Leder gekleidet, die sieben Jahre aushalten. Wenn sie die Arbeit verlassen und auf die Straße gehen, ziehen sie ein Oberkleid über. Dieses Oberkleid hat dieselbe Farbe auf der ganzen Insel, und zwar die natürliche Farbe der Wolle. Es wird auch Leinen verwendet. Thomas Morus sagt: „So kommt es, daß, während nirgendwo sonst vier oder fünf Wollkleider von verschiedenen Farben einem Manne genügen, und den etwas Verwöhnteren nicht einmal zehn, dort jedermann mit einem auskommt, und das meist noch für zwei Jahre.“

Es besteht auch keine Freiheit in der Ehewahl. Die Frauen werden verheiratet durch den Staat und beziehen mit ihren Ehemännern ihre eigenen Wohnungen. Die Frau heiratet nicht vor dem 18. Jahr, der Mann nicht vor dem 22. Der Verkehr der Geschlechter vor der Verheiratung wird auf das strengste verboten und auf das schwerste geahndet. Vor allen Dingen wird solchen Leuten die Ehe selbst verboten. Der Staat hält an der Monogamie fest.

Die Stadt besteht aus Familien, die Familien werden größtenteils durch die Verwandtschaft gebildet. Jede Familie enthält nicht weniger als 10 und nicht mehr als 16 Erwachsene. Die Zahl der Kinder ist nicht festgesetzt. Die überschüssigen Mitglieder einer Familie werden, wenn die Familie zu groß geworden ist, einfach in die kleineren Familien versetzt.

So regelt der Staat das gesamte Leben, er regelt die Produktion und er regelt auch die Konsumtion, er regelt die Fortpflanzung.

Jede Stadt ist in vier gleiche Abteilungen geteilt. In der Mitte jeder Abteilung ist ein allgemeiner Markt. Dorthin werden in gewisse Gebäude die Arbeitsprodukte aller Familien gebracht und die einzelnen Gattungen werden dort in Magazinen sortiert gelagert. Jeder Familienvater holt dort ab, was er und die seinen brauchen, ohne Geld und ohne irgendeine andere Gegenleistung als die organisierte Arbeit. Morus sagt: „Denn warum sollte man ihnen etwas verweigern? An allen Dingen ist Überfluß, und man hat keinen Grund zu befürchten, daß jemand mehr fordert als er braucht. Warum sollte man annehmen, daß jemand über seine Bedürfnisse hinaus fordern wird, wenn er sicher ist, nie Mangel zu leiden? Sicherlich werden Habsucht und Raubgier bei allen lebenden Wesen nur durch ihre Furcht vor Mangel hervorgerufen, bei dem Menschen auch noch durch Machtstreben und Geltungsbedürfnis (Superbia), da er es für etwas besonders Großartiges hält, andere Menschen durch ein verschwenderisches und eitles Prunken mit allen möglichen Dingen zu überragen. Dies Laster findet aber hier keinen Raum."

Thomas Morus empfindet also deutlich die Schwäche seines Gebäudes, die darin liegt, daß der Mensch eben anders ist, als er ihn sich wünscht, und er hofft, daß die wunderbare Einrichtung seines Staatsgefüges den Menschen in seinem Wesen verändern könne.

Hier liegt der Irrtum von Morus, hier liegt der Irrtum aller sozialistischen Systeme und Gedanken. Der Mensch ist so, daß er nicht nur die harmlose Selbstsucht in sich trägt, nicht nur das Bedürfnis nach Essen und Trinken, sondern er ist so geartet, daß im Vordergrund sein Geltungsbedürfnis steht. Der Trieb, sich in irgend etwas herauszuheben, das Streben, irgend etwas Eigenes, Persönliches zu sein und zu entfalten, das gerade macht das Wesen des Menschseins aus, das gerade hat alle großen Leistungen der Menschen geschaffen, alle großen Erfolge in Kunst, in Literatur, in Technik, in Wirtschaft, in Wissenschaft. Wird dieses naturgegebene berechtigte und notwendige Streben beschnitten durch die Gewalt der Gemeinschaft, so wie es hier bei Morus vorgesehen ist, wird es verhindert, dann wird das Menschsein in seinem Wesen getroffen, und es ist so, wie Aristoteles sagte, daß man in einem solchen Staat nicht leben kann.

Hier, bei Morus, liegt der gleiche Gedankenfehler vor wie in jedem sozialistischen System, es ist die rücksichtslose Anwendung der Gewalt der Gemeinschaft, um das Wesen des Einzelnen zu vernichten zugunsten einer erträumten Gleichheit, die den Menschen in seinem ihm eigenen Sein zerstört.

Die freie Zeit steht den Leuten von Utopia zur Verfügung, und viele beschäftigen sich mit Wissenschaft, es werden auch am Morgen öffentliche Vorlesungen abgehalten, diejenigen, die als Gelehrte bestimmt sind, müssen sie besuchen, den anderen steht der Besuch frei.

In der Religion herrscht völlige Freiheit, lediglich diejenigen, die nicht an die Unsterblichkeit glauben, dürfen keinerlei Ämter bekleiden. Morus sagt: „Da sie nämlich bloß aus Furcht vor der irdischen Gerechtigkeit vor einem Frevel gegen den Staat zurückscheuen, so müssen sie ja, wenn sie sich unbeobachtet glauben, jedes Verbrechens fähig sein."

Die Priester sind an Zahl nur gering, sie heiraten die hervorragendsten Frauen des Landes.

Der Staat selbst produziert alles, was er braucht, für sich selbst, es ist ein geschlossener Handelsstaat im Sinne Fichtes, der Krieg wird nicht ausgeschlossen, im Gegenteil, steigt die Zahl der Bewohner, so wählen die Utopier eine Zahl von Bürgern aus, die eine Kolonie nach dem Muster des Mutterlandes auf dem benachbarten Kontinent einrichten. Die Eingeborenen des besetzten Gebietes werden nicht unterdrückt, sondern in die Staatsgemeinschaft der Kolonisten als gleichberechtigte Glieder aufgenommen. Wollen sie sich nicht einordnen, dann werden sie vertrieben.

Alle sozialistischen Grundgedanken sind in dem Staat von Thomas Morus auf das reinste durchgeführt. Es gibt erstens die Beseitigung des Eigentums, der Staat lebt in kollektiver Produktion und in kollektiver Konsumtion, dagegen nicht in Frauengemeinschaft, sondern die Monogamie bleibt erhalten. Der Arbeitszwang als Zweites besteht für alle in rücksichtsloser und brutaler Form. Es gibt drittens die Gewaltregierung einer Gruppe und viertens die Abschließung des Staates. Diese Elemente sind es, die einen sozialistischen Staat kennzeichnen, dabei kann die Frage des Eigentums lockerer oder fester behandelt werden.

Der russische Staat hat die Aufhebung der privaten Produktion und die Aufhebung der privaten Konsumtion durchgeführt. Der nationalsozialistische Staat hat noch an der privaten Produktion und Konsumtion festgehalten, hat aber die staatliche Kontrolle eingeführt und die Sozialisierung des jüdischen Besitzes angeordnet oder hat ihn der herrschenden Gruppe, den führenden Mitgliedern der Partei übergeben. Der Arbeitszwang besteht sowohl im bolschewistischen wie im nationalsozialistischen Staat. Die Gewaltregierung einer Gruppe führt den Staat hier und dort, und die Abschließung des Staates ist Wirklichkeit geworden sowohl in Rußland wie im nationalsozialistischen Deutschland.

Die oberste Gewalt wird in allen sozialistischen Systemen durch das Volk selbst einem Herrscher übertragen, der unumschränkte Macht besitzt. Bei Thomas Morus regiert er in der Hauptstadt der Inseln, die Amaurotum heißt, der Staat wird also autoritativ und totalitär regiert durch einen Herrscher und eine Beamtenschaft.

Thomas Morus war viel zu klug, um nicht auch die Schwächen seines Systems zu erkennen. Sein Berichterstatter über diese seltsame Insel, Raphael, erklärt am Ende seines Berichtes über Utopia, daß das gleiche auch in England durchgeführt werden müsse, er sagt, daß an eine völlige Gesundung und Kräftigung (Englands) nicht zu denken ist, solange jeder Herr seines Eigentums ist, und da antwortet Morus: „Ich bin der gegenteiligen Meinung; ich glaube nämlich, die Menschen würden sich bei der Gütergemeinschaft niemals wohl befinden. Wie kann ein Überfluß von Gütern herrschen, wo jeder suchen wird, sich der Arbeit zu entziehen? Da wird niemand durch die Aussicht auf Gewinn zur Arbeit angespornt werden, und da muß die Möglichkeit, daß man sich auf die Arbeit anderer verläßt, Trägheit erzeugen. Und wenn nun Mangel unter ihnen einreißt und niemand gesetzlich in dem Besitz dessen geschützt wird, was er erworben hat, — muß da nicht beständig Aufruhr und Blutvergießen unter ihnen wüten? Jede Achtung vor den Behörden muß ja schwinden, und ich kann mir überhaupt nicht vorstellen, welche Rolle sie spielen werden, wenn alle Menschen gleich sind?"

Später hat Thomas Morus selber noch eine Schrift verfaßt, in der er den Kommunismus der Wiedertäufer als eine scheußliche Ketzerei verdammt.

Bei Morus zeigt sich schon deutlich die Tatsache, die immer bei aller Behandlung des Sozialismus in der Gegenwart übersehen worden ist: der Sozialismus ist in Wahrheit die stärkste Betonung des Nationalismus. Die

Übernahme der Produktionsmittel in den Staat, die Lenkung der Konsumtion durch den Staat, die Planwirtschaft, die Arbeitsregelung, der Arbeitszwang durch den Staat, die Autarkie, die Abgeschlossenheit des Staates in wirtschaftlicher und geistiger Hinsicht, ist dergestalt, daß der Sozialismus immer und zu allen Zeiten zum extremen und radikalen Nationalismus drängt und drängen muß. Genau die gleiche Erscheinung ist bei den beiden großen sozialistischen Systemen, die unsere Zeit erlebt hat, sichtbar gewesen. Sowohl der Nationalsozialismus wie der Bolschewismus führten zu einer Überbetonung des Staatsgedankens, führten zu einem Nationalismus, wie ihn andere Staaten nur selten entwickelt haben. Es war einer der folgenschwersten gedanklichen Fehler, sozialistisch und national als Gegensätze zu sehen, wie es zwischen 1918 und 1930 in Deutschland üblich war. In diesen Fragen war die Konzeption von Hitler klarer.

Übersieht man den Plan von Thomas Morus im ganzen, dann ergeben sich als wesentliche Prinzipien diese: Das Staatseigentum an Boden und allen übrigen Gütern; die allgemeine Arbeitspflicht; die Zuweisung jedes Einzelnen zu einem bestimmten Berufe durch den Staat; Erziehung durch den Staat; Aufhebung des wirtschaftlichen Gegensatzes zwischen Mann und Frau; Planwirtschaft, Ausrechnung und Bestimmung des Güterbedarfs durch zentrale Behörden; Produktion in den Einzelbetrieben nach Anweisung der Zentralbehörde; Einführung eines bestimmten Normalarbeitstages für alle arbeitenden Menschen; Gemeinsamkeit der Konsumtion; Regierung durch eine unumschränkt herrschende Kaste, die ständig neu ausgewählt wird; rücksichtsloses Autoritätsprinzip; Gehorsamspflicht der Kinder den Eltern gegenüber, der Frau dem Mann gegenüber, der Familienmitglieder dem Familienvorsteher gegenüber und aller den Beamten und den Leitern des Staates gegenüber; Verbot jeder politischen Propaganda und jeder agitatorischen Tätigkeit.

Alle diese Gesichtspunkte sind zusammenzufassen unter dem Grundgedanken der Aufhebung der Freiheit des Einzelnen und der unbedingten Unterordnung des Einzelnen unter die Gewalt des Staates.

In diesem Staat gibt es keine freie Meinungsäußerung, gibt es keine freie Rede, kein freies Schrifttum, in diesem Staat gibt es nichts, was nicht von oben her durch die Zentralgewalt bestimmt und geordnet wäre. Es gibt keine Möglichkeit zur Entwicklung privater Unternehmungen und Untersuchungen, es gibt keinen Raum für Kunst, Schönheit, Schmuck, es gibt keine selbständige Bewegung, es gibt nur immer die gleiche gedrückte Grundhaltung.

Dabei ist Thomas Morus selbst keineswegs ein Asket und ein Verächter der Kunst. In seinem Haus in der Londoner Vorstadt Chelsea lebte als sein Gast von 1526—28 Hans Holbein, von dem ein bedeutendes Bild von Morus erhalten ist. Und aus den Briefen des Erasmus an Thomas Morus, etwa dem vom 9. Juni 1511 (Erasmus von Rotterdam, Briefe, Wiesbaden 1947, S. 88), kann man erkennen, daß Thomas Morus Freude an Scherzen, an Witz und an geistreichem Humor hatte. Erasmus beschreibt ihn als einen sehr aufgeschlossenen und lebensvollen Menschen. In seinem Brief an Ulrich von Hutten vom 23. Juli 1519 sagt er: „Allem Menschlichen, was ihm begegnet, weiß er eine angenehme Seite abzugewinnen, auch sehr ernsten Dingen. Mit den Frauen, auch mit der eigenen, pflegt er nur zu tändeln und zu scherzen. Man könnte ihn einen zweiten Demokrit nennen. Mit Freundlichkeit leitet er die ganze Familie, es gibt da keinen Zank und keinen Streit."

Morus ist trotz aller Fröhlichkeit ein gesetzter Mann, er hat Freude an einfacher Lebenshaltung, wie Erasmus in demselben Brief angibt. „Seide, Purpur oder goldene Ketten trägt er nicht, außer wenn es nicht vernünftig ist, darauf zu verzichten." Auf dem Bilde von Holbein ist er in seiner Amtstracht als Kanzler dargestellt mit dem Gewand aus Samt, mit Pelz verbrämt und mit der großen amtlichen Kette. Das Bild hängt im Schloß von Windsor.

Sein Ausgangspunkt ist die Kritik und die sicherlich durchaus berechtigte Kritik an bestehenden wirtschaftlichen Mißständen. Den Fehler will er aber nicht nur beheben, sondern er will die Veranlassung des Fehlers ausmerzen, und er sieht sie, genau wie alle Sozialisten, an einem entscheidenden Punkt, in dem Bestehen des Eigentums. So verlangt er die Aufhebung des Eigentums, und er erkennt deutlich, ebenso wie Marx und Lenin, daß das nur mit Gewalt geschehen kann, und daß die sozialistische Herrschaft auch nur mit Gewalt erhalten bleiben kann. Er erkennt genau, daß die Freiheit des Individuums mit der Einführung des Sozialismus aufhört, und so konstruiert er einen Staat der Gewalt, der Unterordnung, der Diktatur, aber er glaubt, daß die Menschen diese Diktatur begrüßen werden, daß sie trotz, ja gerade durch die Diktatur in Gerechtigkeit und Glück leben werden. So sind in der Konstruktion von Thomas Morus alle Prinzipien des Sozialismus enthalten: Die Kritik des Bestehenden, der Klassenkampfgedanke, die Aufhebung des Eigentums, die kollektive Produktion und Konsumtion, die starke nationale Zentralgewalt, die Diktatur und die seltsame messianische Vorstellung, daß nach der Einführung dieses Staates die Menschen in Glück und Gerechtigkeit leben werden.

Das Bedeutungsvolle an Morus ist, daß er als erster den Plan einer vollkommen durchgeführten kommunistischen Arbeitsorganisation entwirft. Bei Plato war nur an eine Gemeinsamkeit der Konsumtion gedacht, hier wird die Gemeinsamkeit der Produktion genau begründet, und seit Morus steht der Gedanke der kollektiven Produktion im Vordergrund aller sozialistischen Diskussionen.

Trotzdem rechnet Marx den Thomas Morus zu den Utopisten, und zwar deshalb, weil Morus die Einführung seines Systems durch die Obrigkeit erwartet. Und das gleiche tun nach Morus alle die anderen sozialistischen Systeme, die Marx und Engels deshalb zusammenfassend die Utopisten nennen. Nach Marx kann der sozialistische Staat nur durch das Proletariat selber eingeführt werden, er kann nur geschaffen werden durch eine Arbeiterrevolution, die die Erhebung des Proletariats zur herrschenden Klasse zum Ziele hat. Und Marx erklärt schon im Kommunistischen Manifest: „Es kann dies natürlich zunächst nur geschehen vermittels despotischer Eingriffe in das Eigentumsrecht und in die bürgerlichen Produktionsverhältnisse." Und in der Kritik des Gothaer Programms von 1875 erklärt er: „Zwischen der kapitalistischen und kommunistischen Gesellschaft liegt die Periode der revolutionären Umwandlung der einen in die andere. Der entspricht auch eine politische Übergangsperiode, deren Staat nichts anderes sein kann als die revolutionäre Diktatur des Proletariats."

Morus hatte die Gewalt und die Diktatur im Staat selbst als unbedingt notwendig zur Durchführung des Prinzips erkannt und gefordert. Marx fordert den Kampf zur Durchführung des sozialistischen Staates im Sinne von Morus, und zu diesem Kampf ruft er die Arbeiterklasse auf, die nach seiner Meinung bedrückt und ausgebeutet ist. Sie ist nach Marx dazu berufen, den Kampf für den kommunistischen Staat zu führen. Und dieser Kampf kann nur mit Gewalt durchgeführt werden. Hat die Arbeiterklasse den Kampf gewonnen, dann hat sie die Diktatur des Proletariats zu errichten. Diesen Weg ist Lenin in Rußland ganz konsequent gegangen, und er hat ihn in rücksichtslosem Kampf gegen die Utopisten durchgeführt, das heißt, gegen diejenigen, die nicht die Diktatur des Proletariats wollten, sondern die eine Gleichstellung der Arbeiterklasse mit anderen Klassen erstrebten. In der russischen Literatur werden alle diese Gruppen die Opportunisten genannt.

Es ist erklärlich, daß die Gedanken von Thomas Morus großes Aufsehen erregten. Sogleich nach der ersten Ausgabe in Löwen 1516 erschienen 1517 und 1518 zwei neue Auflagen in Basel, sodann weitere 1548 in Löwen, 1555 in Köln, 1563 in Basel, 1565 in Löwen, 1601 in Frankfurt,

1613 in Hannover, 1629 in Köln, 1629 in Amsterdam, 1631 ohne Ort, 1689 in Frankfurt a. M. und Leipzig. Die erste deutsche Übersetzung erschien 1524 in Basel, weitere Übersetzungen 1612 und 1753. Italienische Übersetzungen erschienen 1548 und 1821, französische 1550, 1559, 1693, englische 1551, 1556, 1682, eine niederländische 1562 und eine spanische 1636.

Aus dieser Fülle von Ausgaben kann man das große Interesse ersehen, das die Zeit an dem Gedankengefüge von Thomas Morus nahm, und es gab auch sogleich einen Gegner in Rabelais (1483—1553), der einen Roman von einem Staat schrieb, genau auf den gegenteiligen Gesichtspunkten aufgebaut. Rabelais gehörte auch zu dem Kreise der Humanisten, aus dem ja auch Thomas Morus hervorgegangen ist, und er stand in Beziehungen zu Thomas Morus, aber er erkannte sofort — der Aristophanes jener Zeit —, daß der Staat von Morus aufgebaut ist auf der Gewalt, auf der Diktatur, auf dem Zwang, daß er dem natürlichen Menschsein widerspricht. In satirischer Freude, die sich gegen Morus richtet, schreibt er einen Roman der Menschen vom freien Willen.

In einer der schönsten Gegenden Frankreichs, an der Loire, wird von einem Manne namens Gargantua der Orden vom freien Willen für Männer und Frauen gestiftet. Die Ordensangehörigen nennen sich Thelemiten, ein Wort, gebildet von dem griechischen Wort thelo, θέλω, freiwillig tun.

In einem gewöhnlichen Orden ist alles begrenzt, alles genau geordnet, gegliedert, nach Stunden eingeteilt und nach dem System der Unterordnung unter die Regeln und unter die Leiter des Ordens aufgebaut. Hier ist alles frei. Die Thelemiten wohnen in einem herrlichen Haus, hundertmal großartiger als die Schlösser von Chantilly und Chambord. Die Räume sind ungewöhnlich prächtig, und prächtig sind auch die Kleidungsstücke der Männer und Frauen. Jeder Zwang ist ausgeschaltet, jeder steht auf, wann er will, ißt und trinkt, wann er Appetit hat, arbeitet und schläft, je nach dem, wie es ihm Freude macht. In allem herrscht völlige Anarchie, und alle anderen respektieren seine Launen. Diese Utopie ist eine anarchistische Utopie, und sie ist von Rabelais satirisch gemeint, sie soll den Grundgedanken von Thomas Morus treffen, gegen die Diktatur der Herrschenden empfiehlt Rabelais die unbeschränkte Freiheit, die Anarchie.

Ein erster Nachfolger erstand Thomas Morus in *Tommaso Campanella* (1568—1639). Seine Utopie eines Staates, civitas solis, der Sonnenstaat, erscheint 1620, also 100 Jahre nach Thomas Morus. Campanella ist Mönch, und als Mönch sieht er die Welt. Er ist beeinflußt durch Plato und Thomas Morus und folgt beiden in ihren Grundbegriffen.

An der Spitze seines Staates, der in das Innere von Ceylon verlegt wird, steht wieder ein unbedingter Herrscher in allen weltlichen und geistlichen Dingen. Er ist durch die Volksversammlung auf Lebenszeit gewählt. Unter ihm stehen drei Unterdiktatoren mit dem Namen Macht, Weisheit, Liebe. In diesem Staat ist alles bis ins kleinste geregelt, wie in einem großen Kloster. Es gibt kein privates Eigentum, jeder ist zur Arbeit verpflichtet, Männer und Frauen.

Der Kriegsminister, Macht, sorgt für die militärische Ausbildung, für Sport und Leibesübungen; der Kultusminister, Weisheit, sorgt für wissenschaftliche und technische Ausbildung. Es ist allerdings nur ein einziges Buch zugelassen, und das ist ein Kompendium in der Art eines Lexikons, vom Staate geleitet und beaufsichtigt. Das wird ständig dem Volke vorgelesen nach der Art der Pythagoräer. Alle Mauern und Wände sind mit Bildern, Karten und Figuren geschmückt, die ständig den Vorteil des Systems preisen und die Wissenschaft in einprägsamer Form vortragen.

Dieses System ist uns allen bekannt aus dem faschistischen Italien, aus dem nationalsozialistischen Deutschland und aus dem bolschewistischen Rußland.

Alles übrige wird von dem Ministerium Liebe geleitet. Hier werden Männer und Frauen zur Paarung ausgesucht und bestimmt. So wie Hunde und Pferde gezüchtet werden, sagt Campanella, muß auch ein tüchtiger Menschenstamm gezüchtet werden. Das gleiche Ministerium sorgt für die Jugenderziehung, für Säen und Ernten der Feldfrüchte, für die Viehzucht, die Küche und die Kleidung. Der Grundsatz des Staates ist: „Alles ist Gemeingut, die Zuteilung ist Sache der Behörden."

In diesem Staat ist also die Produktion, die Konsumtion und die Fortpflanzung sozialisiert.

Im Sonnenstaat gibt es natürlich keine Laster, alle sind reich und arm zugleich, alle kämpfen sie für Sonne, Wärme und Liebe gegen Erde, Kälte und Haß. Selbstsucht gibt es nicht, es gibt auch keine Trägheit, keine Habsucht, keinen Eigennutz, eben weil es kein Eigentum gibt. Die Religion ist ein geläutertes Christentum.

Im Grunde sind alle die Prinzipien des kommunistischen Systems, das in diesen Idealbildern aufgebaut wird, immer die gleichen: Durchgeführter Zwang, Herrschaft eines Tyrannen, Aufhebung jeder Freiheit, dafür Durchführung der Gleichheit, dafür Beseitigung des Eigentums. Unterschiede bestehen lediglich in der Durchführung der Sozialisierung von Produktion, Konsumtion und Fortpflanzung.

In England entwickelt sich eine Gruppe der Leveller, der Gleichmacher, ihr Wortführer ist *Winstanley* mit seiner Schrift: „Das Gesetz der Freiheit als Programm", 1651. Kommunistisch ist hier Produktion und Konsumtion.

Einen anderen ähnlichen Vorschlag macht *James Harrington* (1611 bis 1677) mit seiner Schrift „Ozeaner" von 1656. Diese Schrift wird bei Kant im „Streit der Fakultäten" erwähnt und hat auch auf die Konsularverfassung der Französischen Revolution eingewirkt.

Die Wirkung dieser Bücher war so groß, daß natürlich der Versuch gemacht wurde, ein solches System durchzuführen.

Campanella selbst hatte versucht, in Kalabrien seinen Idealstaat ins Leben zu rufen und von da aus die Welt zu reformieren. Doch die Regierung sandte Truppen nach Kalabrien, und der Staat wurde aufgelöst. Campanella selbst, der die furchtbarsten Foltern überstand, wurde zu lebenslänglichem Gefängnis im Jahre 1599 verurteilt. Später, 1626, befreite ihn Papst Urban VIII., er lebte dann in Paris, wo er seltsamerweise in demselben Jakobinerkloster 1639 gestorben ist, das später in der Revolution von 1789 einen so berühmten Namen erhalten sollte. Seine letzte Schrift ist eine Lobrede auf die Geburt Ludwigs XIV. Campanella nennt ihn einen Wunderknaben, er ist überzeugt, daß er alle Hoffnungen der Christenheit erfüllen werde, und daß er inmitten der christlichen Welt Campanellas Sonnenstaat aufrichten werde.

So wie Campanellas Staat zugrunde ging, so auch jener größere und ereignisreichere Versuch zur Durchführung eines kommunistischen Staates in *Paraguay*. Dieser Staat bestand von 1610—1768. Er wurde von 100 bis 150 Jesuiten geleitet, den einzigen Europäern, die im Lande lebten und leben durften. Der Leiter des Ordens hatte vom König von Spanien die Erlaubnis erwirkt, daß er völlig unabhängig regieren könne, daß er niemandem Rechenschaft schuldig sei als allein der Krone, der eine jährliche Abgabe gezahlt wurde.

An der Spitze der Regierung stand der Provinzial; der Hierarchie des Ordens entsprechend standen unter ihm die Superioren und unter diesen wieder die Pfarrer, unter ihnen die Vikare. Die Untertanen waren nur Indianer, die Guaranis. Niemand hatte Eigentum, die Zentralverwaltung leitete die Produktion und die Konsumtion, die Beteiligung aller am Gottesdienst, die Vergnügungen und Feste und die Fortpflanzung. Jeder männliche Indianer im Alter von 17 Jahren mußte ein Mädchen von 15 heiraten. Das junge Paar erhielt zugewiesen ein Stück Land, einen Zug Ochsen, Axt, Pflug und Messer. Starb der Ehemann, so fielen Haus und Werkzeuge wieder der Gemeinschaft, der Mission, dem Staat zu. Pünktlich um Mitternacht läuteten die Glocken und erinnerten die Ehemänner an die Ausübung ihrer ehelichen Pflicht. Am Sonntag wurde nicht gearbeitet, der Montag war für militärische Übungen vorgesehen. Alles war bis ins letzte durch Verordnungen bestimmt.

Die Durchführung dieses Systems war möglich, weil die Indianer bis dahin ebenfalls in einer Art Agrarkommunismus gelebt haben. An Freiheit waren die Indianer nicht gewöhnt, und so ließ sich dieses Staatsgefüge wirklich durch 150 Jahre erhalten.

So kam der Zufall des Staates nicht von innen her. Es ist ein anderer Punkt, der den Untergang des Staates herbeiführte, und das ist — und hierin liegt die eigentliche Parallele zu Deutschland und dem Nationalsozialismus — die Abgeschlossenheit. Ein sozialistischer Staat kann nur dann bestehen, wenn er sich gegen die anderen Staaten abschließt, wenn er den gesamten Handel in einer Zentralstelle zusammenfaßt, wenn er den privaten Handel über die Grenzen hinweg völlig aufhebt, wenn er, wie es Deutschland tat, und wie es Rußland tut, die Devisengesetzgebung einführt. Die umwohnenden Staaten von Paraguay, vor allem die portugiesischen Besitzungen im Osten, verlangten freien Handel, sie griffen den Staat an, es kam zu Kriegen, der Staat konnte sich jedoch behaupten.

Im Jahre 1750 trat aber Spanien an Portugal ein Stück von Paraguay ab, auf dem sieben Missionen lagen. Es kam zum Krieg, die Portugiesen siegten und zerstörten die sieben Missionen. Im Jahre 1741 hat der Papst den Orden der Jesuiten verboten, und so wurde 1768 von dem spanischen König ein Erlaß unterzeichnet, nach dem der Jesuitenstaat aufgehoben wurde. Die Indianer setzten sich zur Wehr, es half ihnen nichts, der kommunistische Staat hatte sein Ende.

Hier in Paraguay ist tatsächlich 150 Jahre hindurch das Experiment eines kommunistischen Staates durchgeführt worden. Dieser Erfolg beruhte auf zwei Voraussetzungen, einmal auf der unumschränkten Diktatur der Herrschenden und zweitens auf einer nachgiebigen Bevölkerung, die das Freiheitsbedürfnis nicht kennt, ja, die an eine Art Kommunismus der Bodenwirtschaft gewöhnt war. Und in diesem Punkt ähneln die Indianer von Paraguay den meisten Einwohnern der Sowjet-Republiken, bei denen ebenfalls ein altes kommunistisches Bodenbearbeitungsprinzip besteht, das sogenannte Mir. Trotzdem mußte Paraguay zugrunde gehen, denn die übrigen handeltreibenden Völker verlangten den Handel und öffneten den Staat, der sich gegen jeden Handel abschloß.

Die grundlegenden Gedanken jedes sozialistischen Staatsgebildes, nämlich diese vier: Beseitigung des Eigentums an Produktion, Konsumtion und Frauen, zweitens Arbeitszwang, drittens Gewaltregierung einer Gruppe und viertens Abschließung des Staates, sie alle sind in Paraguay vollständig durchgeführt worden.

Die Abschließung ist eine notwendige Folge in der Durchführung des Sozialismus. In allen sozialistischen Staaten, in Paraguay, im nationalsozialistischen Deutschland und im kommunistischen Rußland, ist sie durchgeführt worden und mußte durchgeführt werden, weil die Lenkung durch den Staat, in Rußland die Überführung der Produktionsmittel in den Staat, in Deutschland die Einflußnahme des Staates auf Produktion und Konsumtion, den Staat zu dem einzigen Unternehmer macht. Dieser Unternehmer, der alle Gewalt im Staat besitzt, wird immer alle Konkurrenz ausschalten müssen, er wird allein kaufen und verkaufen wollen, und so kommt es naturgemäß zur Abschließung des Staates.

Die Devisengesetzgebung in Deutschland und in Rußland, das Verbot des Verkaufs durch Einzelne ins Ausland, die ungewöhnlich schwere Bestrafung für Übertretungen, und die Erklärung der Währung als nur noch im eigenen Lande gültiges Zahlungsmittel, das sind die notwendigen Folgen.

Im allgemeinen sind diese Währungskonsequenzen, die notwendig eintreten bei der Durchführung des Sozialismus, von den sozialistischen Theoretikern nicht bedacht worden, so finden sie sich nicht bei Plato, nur indirekt bei Morus, der ja von vornherein von einer abgeschlossenen Insel sprach, und sie finden sich nicht bei Marx.

Doch sie treten in den Vordergrund bei *François Noel Babeuf* (1760 bis 1797), der in dem „Manifest der Gleichen" und in einem wirtschaftlichen Dekret Gedanken entwickelt hat, die einen kommunistischen Staat aufbauen sollen.

Babeuf blieb Jakobiner, auch als Robespierre gestürzt war, und trat fanatisch für den Kommunismus ein. Im März 1796 gründete er einen Geheimausschuß, der einen Aufstand organisieren sollte, und der Tausende von Anhängern um sich sammelte. Doch diese „Verschwörung der Gleichen" wurde verraten und Babeuf am 27. Mai 1797 hingerichtet.

Babeuf wendet sich gegen den Gedanken der Gleichheit vor dem Recht, er verlangt eine wirkliche, eine wirtschaftliche Gleichheit, er sagt, daß diese Gleichheit durchgesetzt werden müsse, selbst auf die Gefahr, daß alle Künste darüber zugrunde gehen sollten. Lange genug habe eine Million Menschen allein über das Land verfügt und das als ihr Eigentum bezeichnet, was in Wirklichkeit allen gehöre. Zuerst soll eine Volksgemeinschaft begründet werden (Communauté Nationale). Diese Volksgemeinschaft stützt sich auf die enteigneten Güter der Emigranten, der Gemeinden und der Kirche. Diejenigen, die außerhalb dieser Gemeinschaft stehen, zahlen das Doppelte an Steuern wie bisher, und so werden sie wirtschaftlich ruiniert. Gerade das aber liegt im Sinne des Staates, der nach dem wirtschaftlichen Zusammenbruch der Gutsbesitzer die Güter und Unternehmungen übernimmt. Weiter erlischt das Erbrecht, und alle Besitzungen, alle Unternehmungen fallen nach dem Tode des jetzigen Besitzers an den Staat. So wird der Staat der alleinige Eigentümer, er überträgt die Verwaltung auf die Kommunen. Die Kommunen werden geleitet von der Volksgemeinschaft, die der Zentralverwaltung untersteht. Jeder Bürger ist zur Arbeit verpflichtet. Die Volksgemeinschaft hat unumschränkte Gewalt, sie sorgt aber auch für den Lebensunterhalt in einem gleichen und erforderlichen Mittelmaß. Jeder bekommt eine wohlmöblierte Wohnung und zwei Kleider, eins für die Arbeit und eins für den Ruhetag. Ferner wird ihm die Nahrung durch die Volksgemeinschaft zugewiesen. Es ist eine einfache Nahrung, sie besteht aus Brot, Fleisch und Wein, und die Volksgemeinschaft sorgt auch für Beleuchtung, Heizung und ärztliche Hilfe.

Mit dem Ausland verhandelt allein der Staat. Auf das strengste wird jeder Privatverkehr mit dem Ausland verboten. Der Staat ist der alleinige Produzent, und so ist er der alleinige Kaufmann, nur er kann und darf mit dem Ausland Handel betreiben. Der Staat prägt kein Geld, weil er bei der vollkommen sozialisierten Wirtschaft das Geld gar nicht braucht.

Der junge Napoleon Bonaparte war es, der den Aufstand niederschlug. Aber die Gedanken wirkten nach, 1828 schrieb *Philipp Buonarotti* (1760 bis 1837), aus der Familie des Michelangelo, die Geschichte der Bewegung (Histoire de la Conspiration de Babeuf, Brüssel 1828). Und Marx sagte einmal (Heilige Familie, 1845 S. 225) von der Konstruktion von Babeuf, daß sie konsequent ausgearbeitet, daß sie die Idee des neuen Weltzustandes sei. Marx identifiziert sich ganz mit dem Gedanken von Babeuf, und seine Vorstellung des kommunistischen Staates, wie er ihn erdachte, ruht stark auf den Vorstellungen von Babeuf.

Hatte Babeuf schon den Gedanken der Abschließung des Staates als ein notwendiges und für den Sozialismus dringend erforderliches Prinzip erkannt, dann wurde er von einem deutschen Denker noch stärker in den Vordergrund gestellt, nämlich von *Johann Gottlieb Fichte* (1762—1814).

Im Jahre 1796 hat Fichte eine Schrift veröffentlicht „Die Grundlage des Naturrechtes". In ihr spricht er noch von der Freiheit des Individuums, er führt aus, daß es drei Urrechte gibt, die jedem zukommen. Erstens das Recht der freien Selbstbestimmung über den eigenen Leib, als Werkzeug des Willens; zweitens das Recht auf Eigentum; drittens das Recht auf Selbsterhaltung. In dieser Arbeit ist Fichte ein entschlossener und entschiedener Verteidiger der Freiheit, aber gerade in jener Zeit, zwischen 1796 und 1800, unter dem Einfluß der politischen Ereignisse der Epoche, entwickelt sich bei ihm der Gedanke eines radikalen Sozialismus, und ihn legt er nieder in seinem Buch „Der geschlossene Handelsstaat" von 1800, ein Buch, das er dem preußischen Minister von Struensee zueignet.

In dieser Arbeit ist alles in das Gegenteil gewandelt. Die Gedanken des Naturrechtes haben aufgehört, die Freiheit ist beseitigt, auch Eigentum gibt es nicht mehr, Fichte sagt: „Ein Eigentum des Bodens findet nach unserer Theorie gar nicht statt. Die Erde ist des Herrn; des Menschen ist nur das Vermögen, sie zweckmäßig auszubauen und zu benutzen." Fichte war gewöhnt, sehr klar zu denken, und so erkannte er auch schärfer als andere Denker vor ihm, daß ein Staat, der das Eigentum abgeschafft hat, daß ein Staat, der dann notwendig den Arbeitszwang einführt, daß ein Staat, der auf der Diktatur beruht, auch nur in der Abgeschlossenheit gegen andere Staaten leben kann. Deshalb heißt sein Buch „Der geschlossene Handelsstaat". Unter den vier Prinzipien, die den Sozialismus oder Kommunismus bestimmen, ergibt sich für ihn in logischer Konsequenz gerade die Notwendigkeit der Abschließung des Staates. Und aus dieser Abgeschlossenheit wieder folgert er mit Recht, daß der Sozialismus zu einer Überbetonung des Nationalen, des Vaterländischen führen muß. Deshalb sagt er: „Es ist klar, daß unter einer so geschlossenen Nation, deren Mitglieder nur untereinander selbst, und äußerst wenig getrennt leben, die ihre besondere Lebensart, Einrichtungen und Sitten durch jene Maßregel erhält, die ihr Vaterland und alles Vaterländische mit Anhänglichkeit liebt, sehr bald ein hoher Grad der Nationalehre, und ein scharf bestimmter Nationalcharakter entstehen werden." (3. Buch, 7. Kap.)

Hier spricht Fichte ganz deutlich und klar den Gedanken aus, der dem Nationalsozialismus zugrunde liegt, und der sich auch immer wieder beim Kommunismus offenbart hat: die Durchführung des Sozialismus führt zum nationalen Staat, führt zu einer Überbetonung des nationalen Gedankens.

In diesem Staat Fichtes kann der Bürger nur mit den Bürgern des eigenen Staates in Handelsaustausch treten. Der Staat ist gegen andere Staaten völlig abgeschlossen und bildet so ein in sich geschlossenes Ganzes — vorausgesetzt, daß er durch die Landesprodukte in der Lage ist, die Bedürfnisse seiner Bewohner zu befriedigen — alles, was darüber hinaus nötig ist, darf die Regierung nur im Tauschhandel von anderen Staaten beschaffen, und zwar ausschließlich die Regierung selbst, nicht ein Einzelner.

Das ist genau die Devisengesetzgebung, in der Deutschland seit 1934 lebte, das ist genau die Abschließung des Staates, wie sie Hitler durchführen mußte, wenn er die Mark unabhängig haben wollte von dem Steigen und Fallen an fremden Börsen. Das ist auch genau die gleiche Maßnahme, die in Rußland seit 1917 durchgeführt wird, mit der Folge, daß der Rubel an außerrussischen Börsen nicht mehr gehandelt wird.

In dem Staat von Fichte, dem geschlossenen Handelsstaat, ist jeder zur Arbeit gezwungen. Die Bürger sind in drei Stände geteilt, erstens die Produzenten, die Landwirte, zweitens die Fabrikanten und Industrielle, die er Künstler nennt, drittens Kaufleute. Das Eigentum an Grund und Boden ist abgeschafft. Der Staat kann höchstens Einzelne damit belehnen; Bergwerke und Forsten gehören dem Staate. Der Staat hat allein die Aufsicht über alle Vermögen, er hat vollkommenes Zwangsrecht.

Alle vier Prinzipien eines sozialistischen Staates sind also hier durchgeführt, die Beseitigung des Eigentums, der Arbeitszwang, die Gewaltregierung einer Gruppe und die Abschließung des Staates. Es tritt auch das Messianische hinzu, denn alles das geschieht ja nur, damit Sittlichkeit, Gerechtigkeit und Menschlichkeit herrschen, damit es keine Übervorteilung anderer und keine Gewalttätigkeit gibt. Niemand kann verarmen oder in Mangel kommen. Es werden natürlich viele auswandern, die, „welchen die neue Ordnung, welche allein wahre Ordnung ist, lästig, drückend, pedantisch vorkommen würde. An ihren Personen verliert der Staat nichts." (3. Buch, 2. Kap.) Das Reisen wird nur noch Gelehrten und höheren Künstlern erlaubt. „Der müßigen Neugier und Zerstreuungssucht soll es nicht länger erlaubt werden, ihre Langeweile durch alle Länder herumzutragen." (ebda.)

Seltsamerweise kommt Fichte nicht auf den Gedanken, daß die Menschen den Wunsch haben könnten, andere Länder kennen zu lernen. Er ist der Meinung, daß alle glücklich sind, und er glaubt, daß nun auch Kriege aufhören.

„Die öffentlichen Blätter enthalten von nun an nicht mehr Erzählungen von Kriegen und Schlachten, Friedensschlüssen oder Bündnissen; denn dieses alles ist auf der Welt verschwunden." (3. Buch, 8. Kap.)

Für die Übersicht, für das Ganze, für die Ordnung, für den festen Plan wird die Freiheit des Einzelnen geopfert, und so hat man Fichte den ersten deutschen Sozialisten genannt. (Vorländer, „Von Machiavelli bis Lenin", 1926, S. 174.) Ja, man muß sagen, daß Fichte der konsequenteste

Sozialist ist, und daß seine Reden an die deutsche Nation durchaus aus diesem Gedankenkreis stammen. Denn immer muß aller Sozialismus zum Nationalismus führen. Es ist deshalb auch nicht verwunderlich, wenn Ferdinand Lassalle, der Begründer der Sozialdemokratie, ein ausgezeichneter Kenner von Fichte, bei seiner Gedächtnisrede zum Hundertjährigen Geburtstag von Fichte am 19. Mai 1862 von Fichtes Reden an die deutsche Nation sagte, „daß sie noch heute die Brust eines jeden der Begeisterung nicht ganz erstorbenen Deutschen mit einem heiligen Feuer durchdringe."

Durch Lassalle haben Fichtes Gedanken stark eingewirkt auf die Sozialdemokratie, und auch Marx ist nicht frei von Fichteschen Begriffen, doch das Jahrhundert wird am stärksten geführt im Sinne der sozialistischen Tendenzen von drei Männern, von Graf von Saint-Simon, Fourier und Owen.

Sie alle drei, die im Kommunistischen Manifest auch genannt werden, und über die Engels seine Abhandlung „Die Entwicklung des Sozialismus von der Utopie zur Wissenschaft" geschrieben hat, 1882, sie alle sind nicht von der Klarheit des Denkens, wie sie bei Plato, bei Thomas Morus, bei Fichte und bei Marx besteht.

Graf Saint-Simon (1760—1825) führt ein wechselvolles und abenteuerliches Leben, kämpft unter Washington in Amerika, verliert sein ganzes Vermögen in der französischen Revolution, erwirbt neuen Reichtum 1790—1798 durch Spekulationen und braucht diesen Reichtum in wenigen Jahren durch seine verschwenderische Lebensführung wieder auf. Er wird unterhalten durch seinen früheren Diener, hat eine untergeordnete Stellung am Städtischen Leihamt und läßt seine Schriften unter großen Entbehrungen drucken. Seine Hauptarbeit ist „Catéchisme des Industriels" 1823—1824. Saint-Simon ist kein Sozialist. Es fehlen bei ihm die vier grundlegenden Prinzipien ganz, Beseitigung des Eigentums, Arbeitszwang, Gewaltregierung einer Gruppe und Abschließung des Staates.

Er erstrebt zwar eine einheitliche Leitung der Wirtschaft, doch er will das Eigentum erhalten, nur ganz geringe Beschränkungen schlägt er vor. Die Lösung der sozialen Frage erwartet er von einer sittlich religiösen Erneuerung der Menschheit, also von der Seite der Erziehung her. Das alles ist nicht Sozialismus, und deshalb hatten Cunow und Beer sicherlich recht, wenn sie Saint-Simon nur unter die Gruppe der liberalen Sozialethiker einordneten.

Die Nachfolger von Saint-Simon, vor allem Saint-Amand Bazard, Barthélemy Prosper und Enfantin, verstärkten das System nach der sozialistischen Seite, aber auch sie sehen im Unterschied zum Marxismus den

Weg zum Sozialismus in der Volksaufklärung, und sie erwarten ihre Hilfe von dem gebildeten Bürgertum. Jetzt tritt in den Mittelpunkt die Frage des Eigentums, jetzt sollen die Produktionsmittel in die Gesamtheit überführt werden, jetzt wird die Abschaffung des Erbrechts verlangt, jetzt die Zwangsverwaltung der verstaatlichten Produktionsmittel durch eine Beamtenhierarchie, jetzt wird davon gesprochen, daß in der Geschichte selbst ein steter Fortschritt zur stärkeren Vergesellschaftung liege, jetzt wird auch die Sozialisierung der Frauen verlangt. Doch bald kommen die Nachfolger Saint-Simons selbst wegen dieser Frage in Uneinigkeit, und damit löst sich die Gruppe auf.

Nach dem Untergang des Systems von Saint-Simon und seiner sozialistischen Gruppen in fünf verschiedenen größeren Städten Frankreichs, wendet sich das Interesse dem Staatssystem von *Charles Fourier* zu. Fourier entstammt einem reichen Kaufmannshaus aus Besançon (1772 bis 1837). Er hat durch die Revolution sein Vermögen verloren und verbringt nun sein weiteres Leben als Handlungsgehilfe in mehreren französischen Städten.

Fourier nimmt eine besonders eigentümliche Wendung vor, die man ähnlich wie die von Saint-Simon als gesellschaftsreformatorisch bezeichnen kann. Das Eigentum soll nicht beseitigt werden, im Gegenteil, in ihm wird der Anreiz zu wetteifernder Arbeit erblickt. Das größte Glück der Menschheit sieht er in der verschiedenen Anlage der Menschen, er will den Wetteifer erhalten, und so ist auch er nicht Sozialist; aber er tritt für genossenschaftliche Organisationen der Berufe ein, er schlägt örtliche Konsumgenossenschaften vor, Wirtschaftsgemeinschaften von etwa 2000 Menschen, sogenannte Phalange, Riesengebäude mit Platz für 300 Familien der verschiedenartigsten Berufe, Häuserblocks mit Zentralhöfen, Zentralgärten mit Zentralküchen. Jeder kann eintreten und interessierter Teilnehmer werden. Das Gesamteigentum einer Phalange verteilt sich auf 620 Aktien, die von jedem Mitglied erworben werden können. Fourier hofft, daß sich die ganze Welt zu seinem System bekennen werde, an deren Spitze er sich dann einen Omniarch, einen Allherrscher über die ganze Welt denkt, der er selber ist. Schließlich ist er in seiner Dachwohnung im Jahre 1837 enttäuscht gestorben. Das Hauptwerk von Fourier ist „Le nouveau monde industriel et sociétaire" 1829.

In England entwickelt *Robert Owen* (1771—1858) Gedanken, die Marx selbst als die bezeichnet, die ihn beeinflußt haben. Ein großer Industrieller, der Leiter einer Fabrik in Manchester von 500 Arbeitern, versucht als Unternehmer die Arbeiterfrage zu lösen. Er errichtet eine

Musterkolonie in New Lanark in Schottland. 2500 Köpfe kommen hier zusammen und werden durch ihn in bessere Zustände gebracht. Er richtet Kleinkinderschulen ein, er zahlt den vollen Lohn fort, auch dann, als Krisen kommen und kein Absatz vorliegt, aber er ist damit noch nicht zufrieden, er gründet 1823 kommunistische Kolonien zur Hebung des Elends. Drei Dinge will er beseitigen, drei Dinge, die ihm als Haupthindernisse erscheinen: das Privateigentum, die Religion und die Einzelehe. Doch seine Pläne lassen sich nicht durchführen. 1824 kauft er eine Kolonie in New Harmony in Nord-Amerika und gründet hier eine kommunistische Siedlung. Auch sie schlägt fehl. Die gleichen Versuche wiederholt er in Orbiston und Queen Wood in Großbritannien und auch in Mexiko, sie alle lassen sich nicht durchführen, sie scheitern an der Natur des Menschen.

So versucht er zum Schluß das Privateigentum zu belassen und genossenschaftliche Gemeinden zu begründen, und deshalb schafft er 1832 die Arbeitsbörse in London, eine Einrichtung, ähnlich dem Syndikalismus. Er ist der Vater der Genossenschaften in England, in hohem Alter stirbt er am 17. November 1858. Sein wichtigstes Buch ist „Social System" 1826.

Überblickt man rückschauend das Denken um den Sozialismus, und die Versuche, ihn zu verwirklichen, dann ergeben sich einige immer wieder durchgehende einheitliche Gesichtspunkte. Der oberste Grundsatz des Sozialismus, oder was theoretisch dasselbe ist, des Kommunismus, ist die Überordnung der Gemeinschaftsziele über die individuellen Zwecksetzungen. Das soziale Ganze wird der Sinn, das Ziel, die Aufgabe, der Zweck. Der Einzelne ist nur ein dienendes, untergeordnetes, im Grunde wertloses Glied.

Diese Grundhaltung, die allem sozialistischen Denken eigentümlich ist, die ihr den Wesenszug aufprägt, diese Haltung realisiert sich in vier Grundgedanken. Es sind die folgenden:

Erstens die Beseitigung des Eigentums. Das Eigentum drückt sich in drei Gebieten aus, einmal der Produktion, zweitens der Konsumtion, drittens der Frauen. In der Frage der Übernahme dieser drei Elemente aus der privaten Sphäre in die der Gesamtheit, des Staates, haben die einzelnen Denker sozialistischer Systeme verschiedene Stärkegrade der Durchführung. Plato denkt nur an die Sozialisierung des Konsums und der Frauen, Thomas Morus nur an die Sozialisierung von Produktion und Konsumtion, Campanella an die Sozialisierung aller drei Prinzipien,

Fichte denkt vor allem an die Sozialisierung der Produktion, genau wie Marx.

Der zweite Punkt ist der Arbeitszwang. Er erscheint gleichmäßig bei allen Systematikern ohne Ausnahme, er ist eine Grundforderung zur Sozialisierung jeder Schattierung.

Das Dritte ist die Gewaltregierung einer Gruppe. Auch sie wird bei allen Denkern gleichmäßig gefordert, denn ohne diese Gewaltregierung, ohne die rücksichtslose Diktatur ist ja die Durchführung des Kommunismus, des Sozialismus überhaupt nicht möglich. Die Freiheit des Einzelnen wird also systematisch, bewußt und absichtlich ausgeschaltet. Und an dieser Stelle liegt der Widerspruch gegen die Vorstellungen des Gedankens des Naturrechtes. Die französische Revolution hatte in der Déclaration des droits de l'homme von 1789 im ersten Passus erklärt: „Die Menschen werden frei und gleich an Rechten geboren und bleiben es. Der Endzweck aller politischen Gesellschaft ist die Erhaltung der natürlichen und unverjährbaren Menschenrechte. Diese Rechte sind die Freiheit, das Eigentum, die Sicherheit und der Widerstand gegen Unterdrückung". In jedem sozialistischen, kommunistischen Gefüge wird genau das Gegenteil gefordert, die Aufhebung des Eigentums, der Zwang zur Arbeit und die Durchführung dieses Zwanges durch die unumschränkte Gewalt einer kleinen Gruppe, die zur Herrschaft berufen ist.

Der vierte Punkt ist der der Abschließung des Staates. Dieser Gedanke tritt nicht völlig klar bei allen Denkern heraus, er ergibt sich aber naturnotwendig, so wie Fichte sagte, daß die Schließung des Handelsstaates in einem sozialistischen Gefüge gegen das Ausland von selber erfolgt. (1. Buch 7. Kap.)

Aus der Abschließung, aus der Übernahme des Eigentums in den Staat, aus der Überbetonung des Staatsgedankens, entwickelt sich notwendig der nationalistische Gedanke.

Der Ausgangspunkt aller sozialistischen Theorien ist immer ein ethischer, er nimmt Mißstände der bestehenden Wirtschaft als Grundlage des Gedankengefüges, mögen es Mißstände der Demokratie wie bei Plato, mögen es die Schafe wie bei Morus, mögen es die Arbeiterverhältnisse wie bei Owen, Fourier, Marx sein. Der Ausgangspunkt ist das Unrecht, das in dem sozialen Geschehen der Zeit sicher enthalten ist, und dieses Unrecht soll nun ausgeglichen werden durch eine gleichmäßige Verteilung alles Vorhandenen. Diese Verteilung wieder kann aber nur mit Gewalt erfolgen, und so setzt jedes kommunistische oder sozialistische System die Gewalt, die Diktatur, die Unterdrückung der Freiheit des Einzelnen voraus. Aber diese Tatsache wird für bedeutungslos erachtet. Die Denker in ihrem Traum wollen das Wesen des Individuums in seinen Bedürfnissen, in seinem Machtstreben, in seinem Geltungstrieb, in seinem Wunsch nach Eigenart, nach Abhebung, nicht sehen und nicht erkennen. Sie wollen den Menschen verändern. Sie wollen ihn nicht so haben, wie er ist, sie wollen ihn wandeln, sei es durch Erziehung und Bildung, sei es durch Gewalt. Die Welt zu verändern, den Menschen zu verändern, das ist der überall zugrunde liegende, wenn auch nicht immer ausgesprochene Grundgedanke.

Ist die sozialistische Gesellschaft gegründet, dann erfüllt sich das messianische Ziel, dann entfaltet sich der glückliche Staat, dann gibt es Gerechtigkeit, Glück, Zufriedenheit, dann hört der Staat überhaupt auf, dann leben alle Menschen in Harmonie, genau so wie sie im Urzustand in Harmonie und in Glück gelebt haben. So wird diese Frage nach dem Sozialismus zum Schluß immer die Frage nach dem Menschen und nach seinem Sein. Es wird die Frage aller Zeiten und aller Epochen: Wie ist der Mensch, was ist der Mensch? Und diese Frage ist immer wieder eine prähistorische Frage und es ist die Frage der philosophischen Anthropologie, die Frage der philosophischen Deutung und Erkenntnis des Urzustandes der Menschheit.

Die Fortführung des Gedankens des Sozialismus

Der Gedanke der Gemeinschaft ist immer ein ethischer Gedanke, er verlangt die Zurückstellung der Wünsche, Zwecke, Ziele des Einzelnen zugunsten der Gesamtheit, er verlangt die Unterordnung des Ich unter das Ganze, er verlangt die Zurückstellung der eigenen Interessen vor denen der anderen, und darin liegt der ethische Gehalt.

Dieser Grundzug ist es, der Plato zu der Ausbildung seines Gedankengefüges von der Gemeinschaft der Menschen im kommunistischen Staate brachte, dieser Gedanke ist es, der Thomas Morus leitete, Campanella, Fichte, die Saint-Simonisten und Marx.

Dieser Gedanke, von edelsten Gesichtspunkten ausgehend, führt aber notwendig weiter zu Zwang, zu Gewalt, zu Tyrannei, zum Terror.

Der europäische Mensch, in der Freiheit der Möglichkeiten, kann sich entscheiden für den Gedanken des Individuums, für den Gedanken seiner Erhöhung und Entfaltung, er kann sich auch entscheiden für den Gedanken der Unterordnung des Einzelnen, für seine Vernichtung und Zertretung zugunsten der Gesamtheit, zugunsten der Masse.

Beide Wege sind in der gedanklichen Konstruktion immer wieder gegangen worden, sind gegangen worden durch die Jahrtausende, von den Griechen bis zur Gegenwart, und so wie damals schon beide Formen nebeneinander standen, genau so heute, ja, heute schärfer, rücksichtsloser, fordender, als damals.

Und so werden auch wir wieder zur Entscheidung gerufen, wir, wie jedes Jahrhundert.

Und wir sind verpflichtet, Stellung zu nehmen. Es gibt niemand, der sich dem Problem entziehen kann, es gibt niemand, der ihm ausweichen könnte.

Wenn Fichte einmal sagte: „Welche Philosophie man habe, hängt davon ab, was für ein Mensch man sei“, dann gilt das besonders in dieser Frage von Individuum und Gemeinschaft.

Es war am 30. Oktober 1830, als *Goethe* Eckermann fragte, welche Meinung er über die Saint-Simonisten habe. Eckermann antwortete: „Die

Hauptrichtung ihrer Lehre scheint dahin zu gehen, daß jeder für das Glück des Ganzen arbeiten solle als unerläßliche Bedingung seines eigenen Glücks."

Mit diesen Worten hat Eckermann das Entscheidende getroffen, das Glück des Ganzen wird bei den Saint-Simonisten und bei allen Kommunisten, Sozialisten, in den Vordergrund gestellt, das Glück des Einzelnen hat zurückzutreten.

Goethe antwortete Eckermann darauf, und in diesen Worten liegt seine Haltung allen sozialistischen Ideen gegenüber überhaupt. Goethe sagte: „Ich dächte, jeder müsse bei sich selber anfangen und zunächst sein eigenes Glück machen, woraus denn zuletzt das Glück des Ganzen unfehlbar entstehen muß."

Es ist bezeichnend zu sehen, daß Goethe sofort das Wesentliche faßt, und daß er sogleich erkennt, wie es Aristoteles ausdrückte, daß man in einem solchen Staat nicht leben kann, weil er der Natur des Menschen widerspricht. Goethe fuhr fort: „Übrigens erscheint jene Lehre mir durchaus unpraktisch und unausführbar. Sie widerspricht aller Natur, aller Erfahrung und allem Gang der Dinge seit Jahrtausenden. Wenn jeder nur als Einzelner seine Pflicht tut und jeder nur in dem Kreise seines nächsten Berufes brav und tüchtig ist, so wird es um das Wohl des Ganzen gut stehen. Ich habe immer nur dahin getrachtet, mich selbst einsichtiger und besser zu machen, den Gehalt meiner eigenen Persönlichkeit zu steigern."

Die eigene Persönlichkeit steigern, das ist der Gedanke Goethes. Durch die Entfaltung der Persönlichkeit der Gesamtheit nützen, das ist seine Weise, seine Art. Und er nennt die Gedanken des Kommunismus unpraktisch und unausführbar, denn sie widersprechen aller Natur.

Die Natur des Menschen, seine Anlage, sein Wesen, sein So-Sein ist ihm das Wichtigste. Die Natur des Menschen ist ihm der Ausgangspunkt, und in dieser Grundhaltung liegt das Geheimnis von Goethes Bedeutung, das Geheimnis seiner Wirkung bis in die Gegenwart.

Goethe will den Menschen nicht verändern, er will ihn nicht gewaltsam einschnüren in eine vorgefaßte Form, in eine vorgefaßte Idee, die dann als Ideal bezeichnet wird, und die doch gar kein Ideal ist und sein kann, weil sie sich von dem Grundzug alles Menschlichen entfernt. Das Wesen des Menschen ruht gerade in der Persönlichkeit, sie ist das Geheimnis der menschlichen Größe, sie ist das Rätsel der überragenden Kraft des Einzelnen, sie ist der weite Umkreis der Energie, der Leistung, der Forderung, die gegründet in der Seele des Menschen ruht.

Der Kommunismus, der Sozialismus, will auch dem Einzelnen nützen, ja, er will ihn befreien von Zwang, Unterdrückung, Ausbeutung. Doch weil er sich von der Natur des Menschen entfernt, führt er ihn noch tiefer in den Zwang, in die Versklavung, in die Tyrannei. Denn die Tyrannei einer Gesamtheit ist viel unerträglicher als die Tyrannei eines Einzelnen. Die Gesamtheit nämlich hat immer nur das dunkle, unausgesprochene Wollen, jede Besonderheit, jede Persönlichkeit, jede Leistung des Einzelnen zu brechen und zu vernichten zum Ziele der Gleichschaltung, der Einordnung, der Vereinheitlichung. Die Tyrannei der Masse ist die schlimmste Tyrannei, denn sie duldet nicht mehr das Hervorgehobene, sie duldet nicht mehr die Heraushebung zur Größe.

Der Mensch muß verändert werden, das ist der Gedanke des Sozialismus, sein Eigentrieb muß ausgelöscht und vernichtet werden, und deshalb sagt Marx am Ende seines Buches über Feuerbach: „Die Philosophen haben die Welt nur verschieden interpretiert, es kommt aber darauf an, sie zu verändern."

Der Grundgedanke von *Marx* ist es, die Welt zu verändern, den Menschen so zu erziehen, daß die Persönlichkeit in ihm ertötet wird, daß des Menschen Eigenwesen ausgelöscht wird, und deshalb wendet er sich von Anfang an gegen den Gedanken der Freiheit und damit auch gegen die Menschenrechte. Er nennt sie „die Rechte des Mitgliedes der bürgerlichen Gesellschaft, das heißt, des egoistischen, vom Menschen und vom Gemeinwesen getrennten Menschen". (Zur Judenfrage, Deutsch-französische Jahrbücher, Paris 1844, S. 417). Und schon in dieser Arbeit, die 1844 erschienen ist, nennt er die Freiheit „die Freiheit des egoistischen Menschen, die Anerkennung der zügellosen Bewegung der geistigen und materiellen Elemente" (S. 422). Es ist nur konsequent, wenn er schon damals, sechsundzwanzigjährig, der Entfaltung des Individuums bewußt entgegentritt, wenn er gegen den Gedanken der Persönlichkeit und der Freiheit sich ausspricht, wenn er die Entwicklung des Menschen als Gattungswesen fordert und wenn er nur noch die gesellschaftlichen Kräfte im Menschen wünscht und anerkennt. Er glaubt an die Möglichkeit der Änderung des Menschen, ja, sie wird ihm die grundlegende Forderung. Und so sagt er am Schlusse des Aufsatzes zur Judenfrage: „Erst wenn der wirkliche individuelle Mensch den abstrakten Staatsbürger in sich zurücknimmt, und als individueller Mensch in seinem empirischen Leben, in seiner individuellen Arbeit, in seinen individuellen Verhältnissen Gattungswesen geworden ist..., erst dann ist die menschliche Emanzipation vollendet" (S. 424).

Es ist kein Zweifel: Der Ausgangspunkt von Marx ist ein durchaus ethischer, er ist genauso ethisch wie bei Plato, wie bei Thomas Morus, wie bei Fichte, und es ist immer der gleiche Gedanke, die menschliche Emanzipation, wie Marx es ausdrückt, die Befreiung des Menschen aus der Ungleichheit, aus der Spannung. Aber dieser Weg gerade führt in die Gewaltsamkeit, führt in den noch stärkeren Zwang, führt in die wirkliche Unterdrückung, denn er löst den Menschen von der ihm gegebenen Freiheit, er fordert Unterordnung und Unterwerfung, und da gerade, wo Marx den Menschen erlösen will von der Ausbeutung, wie er sagt, da führt er ihn in die Unterjochung, und darum ist es konsequent und logisch, wenn Lenin in klarer Durchführung der Gedanken von Marx erklärt: „Die Rechte des Individuums sind eine bürgerliche Fiktion" (Staat und Revolution, 1918. Dennewitz, Die Verfassung der modernen Staaten, Hamburg 1947, S. 124).

Es sind drei Elemente in der Erscheinung von Marx, die sich als die entscheidenden herausheben:

Erstens der ethische Ausgangspunkt, die philosophische Grundlegung seiner Haltung.

Als zweites erscheint die Lehre, die wieder in zwei Gruppen sich gliedert, einmal in die historische mit dem Gedanken des Klassenkampfes, mit dem Gedanken der dialektischen Bewegung der Geschichte und ferner die ökonomische Seite der Lehre. Man kann sie vierfach gliedern, in die Frage des Mehrwertes, in die Frage der Akkumulation des Kapitals, in die Frage der Konzentration der Betriebe und damit der Krisen und zuletzt in die Überführung der Produktionsmittel in den Staat.

Die Lehre zerfällt also in mehrere Untergruppen, die einerseits historisch, andererseits ökonomisch zu fassen sind.

Als drittes steht neben der philosophischen Grundlegung und der Lehre, das messianische Ziel, das Eschatologische, die Hoffnung, daß die Veränderung des Menschen, herbeigeführt durch die Aufhebung des Eigentums der Produktionsmittel, zu einer Besserung der Lage des Menschen und zu einer Hebung des Menschen über sich selbst hinaus führen müsse.

Die Erscheinung von Marx ist eine durchaus philosophische, und man kann sie nur verstehen, wenn man sie von der Seite der Philosophie her begreift. Das Ökonomische an ihm, das Wirtschaftswissenschaftliche, ist nur ein Seitenzweig, und ist nur die ausgefüllte Stelle des Gemäldes in der großen Anlage der menschheitlichen Sicht überhaupt, die mit dem Namen Marx umschrieben ist. Marx hat nur einen Teil seines Lebenswerkes vollenden können. Er hat sich immer als den Philosophen betrachtet, bis zuletzt hat er sich als Schüler Hegels gefühlt und hat das im Vorwort zur zweiten Auflage des „Kapitals" von 1873 noch ausdrücklich betont.

Er ist am 5. Mai 1818 in Trier geboren, wo sein Vater Rechtsanwalt, später Justizrat war. Ursprünglich jüdischer Konfession, wird er schon mit 6 Jahren protestantisch, als der Vater 1824 zum protestantischen Christentum übertritt. Er stammt aus einer wohlhabenden und gebildeten Familie. In Trier besucht er das Gymnasium und studiert dann in Bonn, später in Berlin Jura, vor allem aber Philosophie und Geschichte. In einem Brief vom 10. November 1837 (Neue Zeit XVI, 1, S. 4—21) berichtet er, daß er vor allem Drang nach der Philosophie verspüre, er nennt seinen philosophischen Standpunkt Idealismus und erklärt, daß er ihn an Kant und an Fichte genährt habe. Immer aber spricht er von Hegel, und religiöse Fragen sind es, die ihn stark bewegen, so wie er schon als Abiturient einen Aufsatz geschrieben hat über die Vereinigung der Gläubigen mit Christo nach Johannes 15, 1—14 (C. Grünberg, Archiv XI, 3). In seiner Studentenzeit entwirft er eine Einleitung zu Hegels „System", eine philosophisch dialektische Entwicklung der Gottheit, wie sie als Begriff an sich, als Religion, als Natur, als Geschichte sich manifestiert. In Berlin lebt er in einem Kreis von Junghegelianern, und dann schreibt er eine Doktorarbeit, mit der er 1841 zum Doktor der Philosophie an der Universität Jena promoviert, sie hat den Titel, „Differenz der demokratischen und epikureischen Naturphilosophie" (Mehring, Gesammelte Schriften von Marx und Engels, 1841—1850, Stuttgart 1902, 2. Aufl. 1913, S. 63).

Es ist eigentümlich, daß auch Lassalle von Heraklit und Demokrit ausgeht, und daß beide Philosophen im Jahre 1857 einen Briefwechsel über die vorsokratische Philosophie führen.

Marx hat die Absicht, sich in Bonn für Philosophie zu habilitieren. Doch weil 1841 dem jungen Professor Bruno Bauer durch die Preußische Regierung das Recht auf Vorlesungen entzogen worden war, gab Marx den Plan auf. Um diese Zeit erscheint „Das Wesen des Christentums" von Ludwig Feuerbach, 1841, und 1843 Feuerbachs „Grundsätze der Philosophie der Zukunft."

Damals wird in Köln ein oppositionelles Blatt gegründet „Die Rheinische Zeitung", sie beginnt am 1. Januar 1842 zu erscheinen, im Oktober wird Marx Chefredakteur und übersiedelt von Bonn nach Köln. Doch die Regierung verbietet zum 1. Januar 1843 die Zeitung. Marx legt seinen

Redakteurposten nieder, im März 1843 muß die Zeitung ihr Erscheinen ganz einstellen.

In diesem Jahre verheiratet er sich in Kreuznach mit Jenny von Westphalen, einer Jugendfreundin, der Tochter einer aristokratischen Beamten- und Offiziersfamilie. Ihr Bruder wird preußischer Innenminister in der auf die Revolution folgenden konservativen Epoche von 1850 bis 1858.

Im Herbst 1843 geht Marx nach Paris und gibt hier eine Zeitschrift, „Die deutsch-französischen Jahrbücher" heraus, von der jedoch nur das erste Heft erscheint. Im September 1844 kommt Engels auf einige Zeit nach Paris, und seit dieser Zeit entwickelt sich die Freundschaft, die bis zum Lebensende dauert. Auf Veranlassung der preußischen Regierung wird Marx 1845 aus Paris ausgewiesen. Er zieht nach Brüssel, und hier schließen sich Marx und Engels zu einer geheimen Gesellschaft, dem Bund der Kommunisten, zusammen. Im November 1847 ist in London ein Kongreß dieses Bundes, und in seinem Auftrag wird von Marx das berühmte Kommunistische Manifest verfaßt, das im Februar 1848 in deutscher Sprache erscheint.

Aus Anlaß der Februarrevolution von 1848 wird Marx aus Belgien ausgewiesen, er lebt einige Zeit in Paris und geht dann wieder nach Köln. Vom 1. Juni 1848 ab bis zum 19. Mai 1849 ist er hier Chefredakteur der Neuen Rheinischen Zeitung. Dann wird er aus Deutschland wieder ausgewiesen. Er begibt sich zuerst nach Paris, kann hier aber keinen Boden fassen und reist nach London, wo er bis zu seinem Tode am 14. März 1883 verbleibt. Die finanzielle Grundlage seines Lebens bereitet ihm der Großindustrielle Engels.

Sein Freund Friedrich *Engels*, geboren in Barmen, am 28. November 1820, gestorben in London am 5. August 1895, ist einer der großen und führenden Industriellen und Unternehmer dieser Zeit. Sein Vater ist ein rheinischer Großfabrikant, der ein Zweiggeschäft in Manchester hat, und um dieses Zweiggeschäft zu leiten, geht Engels nach England. Engels hat in Berlin Vorlesungen gehört und hat sich ebenfalls der Hegelschen Philosophie zugewandt. Im Jahre 1842 schreibt er eine philosophische Schrift „Schelling und die Offenbarung". 1845 erscheint sein Buch „Die Lage der arbeitenden Klassen in England". Zwischen 1850 und 1870 arbeitet er als Großkaufmann und Unternehmer im väterlichen Geschäft. Noch eine Reihe philosophischer Schriften sind von ihm veröffentlicht, 1878 „Herrn Eugen Dührings Umwälzung der Wissenschaft" und 1884 „Ludwig Feuerbach und der Ausgang der deutschen Philosophie".

So sind beide Führer der europäischen sozialistischen Bewegung der Neuzeit Philosophen, und ihr Denkgefüge ist bis zuletzt immer ein philosophisches geblieben. Von Plato an über Campanella und Thomas Morus, über Saint-Simon, Fourier und Owen bis zu Fichte und Marx und Engels sind alle sozialistischen, kommunistischen Systeme erwachsen aus der Philosophie. Es ist das reine Denken, das diese Gefüge gestaltet hat, und nur dreimal sind sie bisher Wirklichkeit geworden, einmal in Paraguay, zweitens in Rußland seit 1917, und drittens in Deutschland 1933 bis 1945.

Daß dieses Deutschland seit 1933 gerade den Kampf gegen den Marxismus auf seine Fahne geschrieben hatte, gehört zu den Eigentümlichkeiten der Weltgeschichte, wie sie immer wieder erscheinen. In Wirklichkeit erfüllte der Staat Hitlers genau das, was Marx gefordert hat.

Der Ausgangspunkt von Marx liegt in der Philosophie, und zwar in der Philosophie des Idealismus bei Hegel. Genauso wie der Staat Platos, genauso wie der Fichtes aus einer Philosophie des Idealismus erwächst, genauso bei Marx. Und das ist der Grund, weshalb Marx in seiner Auseinandersetzung mit Feuerbach den Sozialismus als den realen Humanismus bezeichnete (These 4 zu Feuerbach, 1845).

Steinbüchel sagt einmal von Marx: „Wer Marx als Philosophen ignoriert, kennt Marx nicht." (Karl Marx, Gestalt, Werk, Ethos, in Nikolaus Koch, Zur sozialen Entscheidung, Tübingen 1947, S. 10.) Das Erkennen der philosophischen Haltung bei Marx ist um so notwendiger, als Marx niemals wie die anderen sozialistischen Theoretiker das Bild des Zukunftsstaates, wie er ihn sich selber dachte, gezeichnet hat. Ausschließlich im Kommunistischen Manifest und in seinen Briefen finden sich die Hinweise. Das ist der Grund, warum sich so verschiedene Richtungen an seinen Namen anknüpfen können. Im deutschen Reichstag ist in den 80er und 90er Jahren immer wieder von den Sozialdemokraten gefordert worden, daß sie die Grundzüge ihres erstrebten Zukunftsstaates erklären sollten. Sie haben es nicht getan, sie haben mit Marx immer darauf hingewiesen, daß der Sozialismus mit Naturnotwendigkeit kommen werde, und daß sie ihn nur vorzubereiten hätten. Aus diesem Grunde hat Marx auch nicht viel Wert auf die Partei gelegt, der eigentliche Begründer der Sozialdemokratie ist Lassalle, Marx ist ihr Theoretiker. Er ist der Mann der stillen Gelehrtenstube, der Mann, der öffentliche Reden haßt, der Mann, der auch das Proletariat gar nicht kennt und gar keine Beziehungen zu ihm hat. Und darin geht es ihm genauso wie Plato, der zur griechischen Aristokratie gehört, genauso wie Thomas Morus, der Kanzler des englischen Reiches ist, und genauso wie Graf Saint-Simon, genauso wie Owen, wie all den anderen Philosophen, die den Zukunftsstaat erdachten und die mit dem Proletariat in keinerlei Beziehung standen. In der gleichen Lage ist Engels. Engels ist Großunternehmer, ein Kapitalist im Sinne von Marx, er ist Industrieller, und er hat diese Tätigkeit nie aufgegeben, genausowenig wie Owen. Er steht also auf der Gegenseite der Arbeiter, er steht auf der Seite der Unternehmer. Mit Lassalle ist es nicht anders. Lassalle gehört zu den wohlhabenden Leuten seiner Zeit, und auf ihn geht das Wort von den „Oberen Zehntausend" zurück. In seinen Briefen an seine Freundin, die Gräfin Hatzfeld, schreibt er einmal, wie schwer es ihm werde, nach Vorträgen den Arbeitern die schwielige Faust zu drücken.

Die Arbeiterbewegung kommt also nicht von den Arbeitern, sie kommt aus der Philosophie, und so ist es die Aufgabe der Philosophie, das sozialistische Gedankengefüge genauso zu untersuchen und zu analysieren wie andere Systeme der gedanklichen Formung.

Bei Marx tritt die Ausmalung des Zukunftsbildes zurück, dafür erscheint im Vordergrund seines Bildes, wenn man es im Zusammenhang übersieht, der philosophische Ausgangspunkt und das messianische Endziel. Beides steht miteinander in enger Verbindung.

Bei dem philosophischen Ausgangspunkt wird im allgemeinen nur Hegel und Feuerbach gesehen. Gewiß ist das richtig, aber diese beiden Namen erklären nicht die ganze Ideenwelt von Marx, es gilt, noch eine andere Schicht deutlich zu machen, die zutiefst darunter liegt, und das ist Rousseau.

Zuletzt wurzelt Marx in den Vorstellungen von *Rousseau*. Auf ihn geht der Urgedanke von Marx zurück, der bei ihm nie klar ausgesprochen wird, der aber als Grundhaltung und Urglaubensüberzeugung allen seinen Arbeiten und Gedanken zugrunde liegt. Es ist der, daß die Menschen ursprünglich gut sind, daß sie in der Vorzeit in kommunistischer Harmonie miteinander lebten, und daß es ein einziger Faktor ist, der sie aus dieser Harmonie herausgerissen hat, das ist das Eigentum. Die Beseitigung dieses Eigentums stellt die ursprüngliche Harmonie, stellt den Kommunismus wieder her. Liest man einige Seiten im „Kapital", besonders an den mittleren Stellen, dann erkennt man überall die ethische Haltung, die Empörung über Mißstände im Arbeiterdasein, Mißstände, hervorgerufen durch die zu große Verfügungsgewalt des Unternehmers über die Arbeiter, und man sieht, daß der Verfasser an immer wieder anderen Beispielen beweisen will, wie notwendig es ist, dem Arbeiter sein Menschsein, sein Recht auf seine Existenz, sein Recht auf sein Leben, wiederzugeben.

Marx lebt in der Epoche des 12-Stunden-Tages, der Kinder- und Frauenarbeit, und unzählig sind seine Beispiele über die Mißstände dieser Zeit. Das Unglück der Epoche sieht er in der Freiheit des Unternehmers zum Ausbeuten, und deshalb kämpft er gegen die Freiheit, deshalb kämpft er gegen die Grundrechte des Menschen, deshalb kämpft er gegen den Eigentumsgedanken, um dem Menschen, dem Arbeiter, seine ursprüngliche Freiheit, die Harmonie, zurückzugeben.

Von dieser Seite her erklärt sich sein messianisches Ziel. Mit der Beseitigung des Eigentums erhofft er die Wiedererringung der ursprünglichen Harmonie, mit der Beseitigung der unumschränkten Freiheit, die der Unternehmer durch seinen Besitz und durch die Möglichkeit des Ankaufes der Arbeitskraft des Menschen hat, glaubt er das Wesen des Menschen in dem ihm gemäßen und ursprünglichen Sein wiederherstellen zu können.

Der Messias, der diese Erlösung bringt, der allein die Befreiung von dem Druck des Eigentums bewirken kann, ist nach Marx das Proletariat. Das Proletariat wird der Befreier der Menschheit, wird der Befreier von der Belastung des Menschen mit Eigentum und versklavender Arbeit.

„An die Stelle der alten bürgerlichen Gesellschaft mit ihren Klassen und Klassengegensätzen tritt eine Assoziation, worin die freie Entwicklung eines jeden die Bedingung für die freie Entwicklung aller ist." So heißt es im Kommunistischen Manifest, und dieser Satz ist es, der das Messianische in Marx am besten deutet. Das Proletariat führt den letzten, den messianischen Kampf, es bringt das Heil für alle Menschen, denn es hebt dadurch, daß es sich selbst zur Herrschaft bringt, den Klassengegensatz überhaupt und damit auch seine eigene Herrschaft als Klasse auf. Erlöser und Erlöster ist das Proletariat, und sein Himmelreich liegt nicht mehr in einer jenseitigen Welt, sondern liegt im Diesseits, liegt im Hier, liegt auf dieser Erde.

Es ist ein unerhörter Glaube an Kraft, Wirkung und Erfolg im Sozialismus von Marx, und dieser Glaube ist es, der die Menschen am Ende des 19. und am Anfang des 20. Jahrhunderts so fasziniert hat, daß sie in zwei großen Mächten, in Rußland und in Deutschland, diesen Sozialismus errichtet haben, und daß es zu einer großen Kraft entfaltet wurde in Italien und Spanien.

Es ergab sich nicht die Freiheit des Einzelnen, es ergab sich, daß der Zwang, den Marx forderte, zur Erringung der Herrschaft für das Proletariat bestehen blieb, weil der Gedanke der Aufhebung des Eigentums wider den Menschen, wider sein urgegebenes Wesen, wider sein eigentliches

Sein ist. Die Arbeiterklasse, als sie die Herrschaft errungen hatte — in Deutschland war es im Nationalsozialismus der kleine Mittelstand mit einem Teil der Arbeiterklasse —, gab diese Gewalt nicht auf, sondern führte sie nur rücksichtsloser durch, und die Konzentrationslager, die Rechtlosigkeit, der Arbeitszwang, die Bedrückung durch die damals herrschende Klasse und Gruppe, wurde so stark, daß der Mensch nicht atmen konnte, daß er nicht leben konnte in einem solchen Staat.

Bei Marx heißt es im Kommunistischen Manifest: „Wenn das Proletariat im Kampfe gegen die Bourgeoisie sich notwendig zur Klasse vereint, durch eine Revolution sich zur herrschenden Klasse macht und als herrschende Klasse gewaltsam die alten Produktionsverhältnisse aufhebt, so hebt es mit diesen Produktionsverhältnissen die Existenzbedingungen des Klassengegensatzes, die Klassen überhaupt und damit seine eigene Herrschaft als Klasse auf."

Und Engels sagt im Anti-Dühring, „es tritt der Sprung der Menschheit aus dem Reiche der Notwendigkeit in das Reich der Freiheit ein". (Dasselbe: Von der Utopie zur Wissenschaft, 1882, S. 52.)

In diesen Sätzen lebt das Religiöse des Sozialismus, und dieses Element ist es, das dem Sozialismus seine ungeheure Kraft über die Massen gibt. Es ist nicht ein rationaler Gedanke, es ist etwas Irrationales, etwas, was in der Sphäre des Glaubens liegt. Und dieses Element konnte nur Fuß fassen in einer säkularisierten, in einer entgötterten Welt. Das Himmelreich des Jenseits in seiner ganzen Größe und Kraft wird mit unerhörter Vision in das Diesseits gestellt. Der Jenseitsgedanke des Mittelalters wird auf die Erde gehoben. Hier ist es, wo sich das Himmelreich verwirklichen wird, hier ist es, wo der freie Mensch entstehen wird, hier ist es, wo das freie Reich des Lebens sich entfaltet. Und der Messias, der dieses Reich bringt, ist das Proletariat. Das Proletariat erlöst die Menschheit und erlöst damit auch sich selbst. Der, der mit dem Proletariat kämpft für die Erlösung dieser Menschheit, der kämpft für das höhere Ethos, der kämpft im Sinne der Menschheit, der kämpft im Sinne des wirklichen, des lebendigen, des aktiven, des existentiellen Menschen.

Das Proletariat übernimmt stellvertretend den Kampf für alle um das Menschentum aller. Das Proletariat kann den Kampf nur führen mit Gewalt; aber hat es den Kampf geführt und sich durchgesetzt mit Gewalt, dann hört die Gewalt auf, dann beginnt die Befreiung des Menschen vom Druck und vom Zwang.

Es ist eigentümlich, daß Marx nicht gesehen hat, daß er mit diesem Aufruf zum Kampf gegen das Eigentum den Neid, die niederen Triebe, die Knechtung, das Rechthaben und das Machtstreben des Menschen in der brutalsten Form entfesseln mußte. Liest man seine Briefe, so ist es rührend zu sehen, wie er an sein Ziel glaubt, wie er in der Reinheit seines Ethos steht, wie er die Gefahren, die er heraufbeschwört, gar nicht erkennt, und der Vergleich mit Nietzsche drängt sich immer wieder auf. Auch Nietzsche will den Menschen zu einem besseren, zu einem edleren Sein führen, und an der Reinheit seines Wesens und an der Reinheit seines Zieles ist ein Zweifel unmöglich, und doch beschwört er die niedrigsten Instinkte, die gemeinsten Triebe, die tiefsten Tiefen des menschlichen Erlebens, und die Konsequenz seines Denkens, die wir im Nationalsozialismus durchmachen mußten, war entsetzlich. Nietzsche, einer der weichsten Menschen, ein Mensch mit den zartesten Regungen, ein Mensch mit den edelsten Absichten, sprach die zerstörendsten Gedanken aus, die Worte vom Willen zur Macht, die Worte vom Fluch gegen das Christentum, die Worte von der Grausamkeit, die Worte von der Gewalt, die Worte von der Umwertung aller Werte, die Worte von der blonden Bestie, von der Entfesselung der Triebe, die Worte vom Übermenschen und von der Zuchtwahl.

Seine Worte haben eine grausige Saat gesät, und die Folgen dieses Willens zur Macht, die Folgen dieser Dämonie des Willens haben wir alle erschreckend erlebt.

Genauso Marx. Der Schwerpunkt liegt in seinem messianischen Ziel. Der Sinn seines Lebens und seines Werkes liegt in dem Gedanken, den Menschen zu retten, ihn zu erlösen von der Qual der Unterdrückung und der Ausbeutung, liegt in dem Gedanken, die Klassengegensätze aufzuheben. Aber für dieses Ziel entfesselt er einen Kampf, in dem der Mensch noch schlimmer ausgebeutet wurde, in dem die vollständige Versklavung sich ergab durch die regierende Gruppe, die die unumschränkte Gewalt besitzt, durch den Arbeitszwang, der jeden an die Stelle stellt, die der Staat bestimmt und die nun dem Arbeiter überhaupt kein Recht mehr gibt, sondern die ihm die letzten Rechte raubt, die er besaß. In Deutschland wurden die Arbeitsämter gegründet, es wurde die Arbeitsverpflichtung geschaffen. Der Staat konnte die Menschen verschicken, versenden an Arbeitsstellen, die er bestimmte, herausreißen aus der Familie, aus dem gegebenen Zusammenhang, Sklaven, die der Staat viel schlimmer behandelte, als es je ein privater Unternehmer hätte wagen können.

In Rußland wurde die Arbeitsgesetzgebung begründet. Schon in der Verfassung von 1918 war eines der Grundprinzipien: wer nicht arbeitet, soll auch nicht essen. Im Artikel 2 f der Verfassung von 1918 wird die allgemeine Arbeitspflicht eingeführt, wird der private Grundbesitz aufgehoben, wird das ganze Land als Eigentum des Volkes erklärt. In Abschnitt 2, Artikel 5 wird die Errichtung der Diktatur bestimmt, und es wird die Einsetzung der sozialistischen Gesellschaftsordnung festgelegt, und unter ihr gibt es, wie es wörtlich heißt, „weder eine Klasseneinteilung, noch eine Staatsmacht". Hier wird der messianische Gedanke von Marx in die Verfassung übernommen. Die Begründer des russischen Staates haben also auch in dieser Hoffnung gelebt, daß sie mit der Beseitigung des Eigentums, mit der Einführung der Arbeitspflicht, den klassenlosen Staat aufbauen könnten, den Staat, in dem es nun die Freiheit geben wird.

Es ist seltsam, daß Gedanken, auch dann, wenn sie Millionen mitdenken, so wenig bis an ihr Ende durchgedacht werden. Die Einführung des Arbeitszwanges, die Aufhebung des Eigentums, hätte dem Menschen doch sagen müssen, daß das alles nur mit Beseitigung des Rechtes, daß es nur unter drückendster Gewalt, nur unter diktatorischer Macht, nur mit dem Terror durchgeführt werden kann, und daß die Aufrufung dieser Macht, ohne die gleichzeitige Festsetzung des Rechtes des Einzelnen, zu der Verewigung dieser Macht, zu der Vernichtung der Freiheit überhaupt führen müsse.

Durch das Gesetz vom 15. Januar 1930 (G.S. Nr. 60, Art. 641) wird der eigenmächtige Wechsel des Arbeitsplatzes in Rußland untersagt. Durch ein Gesetz vom 30. Dezember 1931 (G.S. Nr. 2) wird bei einmaligem Fehlen am Arbeitsplatz die fristlose Entlassung, der Entzug aller Lebensmittelkarten und der Wohnung vorgesehen. Diese Gesetze werden noch verschärft. Durch ein Dekret des Präsidiums des Obersten Sowjets vom 26. Juni 1940 (AOS. Nr. 42 und Ergänzungsbestimmung vom 27. 6. 40, VOS. 1940, Nr. 16, Art. 385) werden Verspätungen von 20 Minuten mit strengen Strafen geahndet, im Wiederholungsfalle mit einer Höchststrafe von 6 Monaten Arbeitserziehungslager. Durch dieses Dekret vom 26. Juni 1940 erfolgt faktisch die Bindung jedes Arbeiters an seine Arbeitsstätte, und damit die Aufhebung jeder Bewegungsfreiheit, jeder Reisemöglichkeit, jedes persönlichen Lebens. Da es im sozialisierten Staat nur einen einzigen Unternehmer gibt, den Staat selbst, kann der Arbeiter auch den Unternehmer nicht wechseln, er kann nicht in eine andere Fabrik gehen. Er muß in der Fabrik bleiben, in der er arbeitet, und da der Unternehmer, der Staat, zugleich die Polizei ist, da er Militär und Waffen hat, wird der Arbeiter im wahrsten Sinne des Wortes zum Sklaven degradiert.

Doch die Bewegung zum Arbeitszwang und zur Gewalt über den einzelnen Menschen geht noch weiter. Durch ein Dekret vom 19. Oktober 1940 (AOS Nr. 42 vom 26. 10. 1940) wird die Zwangsversetzung von Ingenieuren, technischen Meistern, Angestellten und gelernten Arbeitern aus einem Betrieb und einer Behörde in andere Betriebe und andere Behörden angeordnet. Den Volkskommissaren wird die Berechtigung zur zwangsweisen Versetzung der Arbeitskräfte nach jedem beliebigen Ort zugebilligt.

Durch Verordnung vom 25. Oktober 1940 (VOS 1930, Nr. 30 Art. 730) wird die Frauenarbeit bei Untertagsarbeiten im Bergbau zugelassen. Marx hat sich im „Kapital" besonders gegen die Frauen- und Kinderarbeit gewandt. Hier wird sie durch den marxistischen Staat angeordnet. (Dennewitz, Die Verfassung der modernen Staaten, Hamburg 1943, S. 144.)

Die Gewalt ist entfesselt, die Gewalt ist unbedingt, es gibt keine Berufung gegen sie, und so ist die Freiheit des Menschen, und nicht nur des Menschen überhaupt, sondern besonders die des Arbeiters, gänzlich aufgehoben worden, wo sie doch gerade begründet werden sollte.

Der Arbeiter nämlich ist nicht frei geworden, an die Stelle der vielen privaten Unternehmer ist nun ein Unternehmer getreten, der die Arbeitskraft des Arbeiters noch viel mehr und viel rücksichtsloser verwendet als vorher der Privatunternehmer. Aber er ist nun der einzige Unternehmer, der Arbeiter kann seine Stelle nicht mehr wechseln. So ist er diesem Unternehmer, der zugleich der Staat ist, als willenloses Werkzeug ausgeliefert.

Aristoteles sagte von dem platonischen Staat mit dem gleichen Gedanken des Arbeitszwanges, daß man in einem solchen Staat nicht leben kann.

Es ist im Grunde merkwürdig zu sehen, wie Marx und Engels sich trotz der Gewaltanwendung, ja, durch sie die Entstehung der Freiheit dachten. Engels sagt einmal (Die Entwicklung des Sozialismus von der Utopie zur Wissenschaft, 1882, S. 52): „Das Proletariat ergreift die Staatsgewalt und verwandelt die Produktionsmittel zunächst in Staatseigentum. Aber damit hebt es sich selbst als Proletariat, damit hebt es alle Klassenunterschiede und alle Klassengegensätze auf, und damit auch den Staat als Staat ... Der erste Akt, worin der Staat wirklich als Repräsentant der ganzen Gesellschaft auftritt — die Besitzergreifung der Produktionsmittel im Namen der Gesellschaft — ist zugleich sein letzter selbständiger Akt als Staat. Das Eingreifen einer Staatsgewalt in gesellschaftliche Verhältnisse wird von einem Gebiete nach dem anderen überführt und schläft dann von selbst ein. An die Stelle der Regierung über Personen tritt die Verwaltung von Sachen und die Leitung von Produktionsprozessen. Der Staat wird nicht „abgeschafft“, er stirbt ab ... Mit der Besitzergreifung der Produktionsmittel durch die Gesellschaft ist die Warenproduktion beseitigt und damit die Herrschaft des Produktes über die Produzenten. Die Anarchie innerhalb der gesellschaftlichen Produktion wird ersetzt durch planmäßige, bewußte Organisation. Der Kampf im Einzeldasein hört auf. Damit erst scheidet der Mensch, in gewissem Sinn, endgültig aus dem Tierreich, tritt aus tierischen Daseinsbedingungen in wirklich menschliche. Der Umkreis der die Menschen umgebenden Lebensbedingungen, der die Menschen bis jetzt beherrschte, tritt jetzt unter die Herrschaft und Kontrolle der Menschen, die nun zum ersten Male bewußte, wirkliche Herren der Natur, weil und indem sie Herren ihrer eigenen Vergesellschaftung werden. Die Gesetze ihres eigenen gesellschaftlichen Tuns, die ihnen bisher als fremde, sie beherrschende Naturgesetze gegenüberstanden, werden dann von den Menschen mit voller Sachkenntnis angewandt und damit beherrscht. Die eigene Vergesellschaftung der Menschen, die ihnen bisher als von Natur und Geschichte aufgenötigt gegenüberstand, wird jetzt ihre freie Tat. Die objektiven, fremden Mächte, die bisher die Geschichte beherrschten, treten unter die Kontrolle der Menschen selbst. Erst von da an werden die Menschen ihre Geschichte mit vollem Bewußtsein selbst machen, erst von da an werden die von ihnen in Bewegung gesetzten gesellschaftlichen Ursachen vorwiegend und in stets steigendem Maß auch die von ihnen gewollten Wirkungen haben. Es ist der Sprung der Menschheit, aus dem Reich der Notwendigkeit in das Reich der Freiheit.“ ... „In dem Maße, wie die Anarchie der gesellschaftlichen Produktion schwindet, schläft auch die politische Autorität des Staates ein. Die Menschen, endlich Herren ihrer eigenen Art der Vergesellschaftung, werden damit zugleich Herren der Natur, Herren ihrer selbst — frei. Diese weltbefreiende Tat durchzuführen, ist der geschichtliche Beruf des modernen Proletariates.“

Der messianische Gedanke wird hier ganz klar und deutlich ausgesprochen. Das Proletariat ist der Messias. Seine Aufgabe ist die Befreiung der Welt von der Last der freien ungehinderten Wirtschaft. Das Ziel ist die Planwirtschaft, die durch den Staat geordnete Wirtschaft, der Arbeitszwang, die Enteignung von Grund und Boden, und damit — so glauben Marx und Engels — wird der Mensch frei. Ja, sie nennen diesen Akt der Gewaltanwendung in der Enteignung den geschichtlichen Augenblick, in dem der Mensch sich aus der Tierreihe heraushebt und sich endlich menschliche Daseinsbedingungen schafft. Der Mensch wird Herr der Natur. Er tut den Sprung aus dem Reich der Notwendigkeit in das Reich der Freiheit.

Es ist nach den Erfahrungen, die die Welt in Rußland und Deutschland gemacht hat, gar nicht mehr zu begreifen, wie philosophische Denker, wie Marx und Engels, und auch ihre Nachfolger, solche Gedanken denken und ernsthaft glauben konnten. Der Weg in den Zwang des Staates, in die überbetonte Gewalt des Staates, kann ja niemals ein Sprung von der Notwendigkeit in die Freiheit, sondern kann nur umgekehrt ein Sprung aus der Freiheit in die Notwendigkeit sein.

Der Zwang des Staates, die Niederhaltung des Menschen durch den Staat, und nicht nur des Unternehmers, sondern ebenso des Arbeiters, muß viel furchtbarer und drückender sein als je in der Privatwirtschaft, wo der Arbeiter ja die Möglichkeit des Wechsels seines Arbeitsplatzes hat, wo er das Streikrecht besitzt, wo er durch Gewerkschaft und Parlament Einwirkung hat auf die Regierung. Hat der Arbeiter nur einen Unternehmer, den Staat selbst, dann ist er ihm völlig ausgeliefert, und es besteht für ihn keine Möglichkeit, aus den Händen des Staates zu entfliehen. Dieser Staat aber, in diktatorischer Form, kann mit seinen Mitgliedern, die wahrhaft seine Untertanen sind, tun, was ihm beliebt. Es gibt kein Gegenmittel gegen diese Macht der herrschenden Gruppe, kein Gegengewicht, keine Ausgleichung. Die Spannung der Gruppen und Parteien, die im politischen Leben so nötig ist, ist aufgehoben durch das Rätesystem oder durch das Einparteiensystem, so wie es in Deutschland war, so wie es in Rußland ist. Von despotischen Eingriffen in das Eigentum spricht Karl Marx im Kommunistischen Manifest. Und von diesem despotischen Eingriff, von der Diktatur des Proletariates, erwartet er die Entstehung der Freiheit.

In der messianischen Hoffnung des Sozialismus bei Marx liegt die Entfaltung der Massenpsychose. Die Massen glaubten wirklich an jenes herrliche Reich der kommenden Freiheit, sie glaubten wirklich, daß es dann keinen Streit, keinen Haß, keinen Neid mehr gäbe, ja, sogar, daß dann die Kriege aufhören würden. Die Übernahme der Produktionsmittel in den Staat, die Herrschaft des Staates über alle Rohstoffe, über alle Fabriken, über alles Land, muß dagegen zu einem ungeheuren Unternehmer führen, zu einem Unternehmer, der auch Waffen hat, der die ihm fehlenden Rohstoffe sich mit Gewalt holen wird, der, wie kein Unternehmer sonst, die Möglichkeit hat, das ihm Fehlende zu erzwingen. Es sollte nicht schwer sein bei logischer Überlegung, sich klarzumachen, daß die Durchführung des Sozialismus besonders zum Nationalismus und besonders zu Kriegen führen muß.

Bei allen sozialistischen, kommunistischen Bildern des Staates steht dieses Messianische, steht die Zukunftshoffnung im Vordergrund. Von ihr aus muß man alle diese Gefüge sehen. Von ihr aus muß man auch das Bild von Marx begreifen.

Mag es Plato, mag es Thomas Morus, mag es Campanella, mag es Fichte oder Marx sein, die Grundgedanken sind immer die gleichen: Der Ausgangspunkt, die Kritik an dem Bestehenden, und die Zukunftshoffnung, die Beseitigung der Spannungen und Gegensätze durch die Aufhebung des Eigentums und damit das allen gleiche Leben, das in Friede und Harmonie, in Glück und in Eintracht verläuft.

Allerdings haben nicht alle Denker wie Engels und Marx dieses Zukunftsleben als das Leben in Freiheit erhofft. Morus, Fichte haben wohl gesehen, daß es ein Leben in Zwang, in Gewalt ist, aber sie haben doch geglaubt, daß der Mensch die Harmonie, die Gleichheit der Freiheit vorziehen könnte, wenn er dazu erzogen wird. Marx glaubt nicht mehr an die Erziehung, und darin unterscheidet er sich von Rousseau.

Er hat von Hegel den Gedanken der Notwendigkeit in der Geschichte übernommen, und so glaubt er an einen naturnotwendigen Ablauf, er glaubt, daß dem Feudalismus des Mittelalters mit Notwendigkeit der Kapitalismus gefolgt sei, und daß auf ihn mit der gleichen Notwendigkeit der Sozialismus folgen müsse.

Alles Glaubensüberzeugungen, die er selbst als wissenschaftlich sicher betrachtet, so sicher, daß er sich in seiner Wissenschaftlichkeit weit erhaben über die Utopien dünkt, während alles, was er denkt und fordert, genauso utopisch ist wie das Denken der Utopisten. Es ist utopisch, weil es sich von dem Wesen des Menschen entfernt, weil der Mensch anders ist, als ihn Marx denkt. Denn der Mensch sieht als sein großes Ziel nicht die Gleichheit, sondern seine Besonderheit, seine Persönlichkeit, die Entfaltung seiner Eigenart, die Entwicklung der in ihm liegenden Möglichkeiten.

In den Staaten, die sich sozialistisch organisiert hatten, in Rußland und Deutschland, hat sich genau das Gegenteil von dem gezeigt, was Marx als Zukunftsbild messianisch entwickelte. Die Macht des Staates ist übersteigert, der Zwang auf den Einzelnen ist so groß geworden, daß der Mensch seine Eigenart nicht mehr entfalten kann, von neuem strebt er nach Freiheit, nach wirklicher Freiheit, strebt er nach Persönlichkeit, strebt er nach Beseitigung des Staatsdrucks, des Terrors, nach Aufhebung der ewigen Planung, strebt er nach Selbstentfaltung, nach Selbstverwirklichung.

Die Welt hat sich in zwei Lager geschieden, wie Eisenhower und Adenauer es ausdrücken. Auf der einen Seite stehen die, die die Freiheit des Individuums verteidigen: die Liberalen; auf der anderen Seite stehen die, die die Gewalt des Staates verteidigen, den Zwang, das autoritäre System: die Sozialisten.

Die Begründer des sozialistischen Systems mochten noch glauben können, daß sie durch die Gewalt die Freiheit schaffen, daß der Staat absterben würde, daß der Mensch nach der Einführung des Sozialismus frei werden könnte. Die Generation, die die Verwirklichung dieser Pläne erlebt hat, glaubt das nicht mehr.

Engels hat einmal gesagt, daß die Zeit kommen wird, wo man den Staat in das Museum stellt zu den Steinwerkzeugen, zu den Bronzegeräten. Er erklärt in seinem Buch: „Der Ursprung der Familie" 1884: „Mit den Klassen fällt unvermeidlich der Staat. Die Gesellschaft, die Produktion auf Grundlage freier und gleicher Assoziation der Produzenten, neu organisiert, versetzt die ganze Staatsmaschine dahin, wohin sie dann gehören wird: Ins Museum der Altertümer, neben das Spinnrad und die bronzene Axt." (S. 146, Berlin 1946.)

Als die russische Revolution durchgeführt war, wurde an Stalin die Frage gerichtet, warum der Staat nun nicht absterbe. Stalin hielt im Jahre 1939 eine Rede auf dem 18. Parteitag der Kommunistischen Partei. Damals behandelte er die Frage, und es ist bezeichnend zu sehen, wie er zu ihr Stellung nahm. Er beginnt seine Rede mit folgenden Worten: „Manchmal wird gefragt: die Ausbeuterklassen sind bei uns vernichtet, feindliche Klassen gibt es bei uns im Lande nicht mehr, es ist niemand mehr da, der unterdrückt werden müßte, also braucht man den Staat nicht mehr, er muß absterben — warum tragen wir nicht zum Absterben unseres sozialistischen Staates bei, warum bemühen wir uns nicht, mit ihm Schluß zu machen, ist es nicht an der Zeit, diesen ganzen Plunder der Staatlichkeit über Bord zu werfen? ... Ist es nicht an der Zeit, den Staat in ein Museum für Altertümer zu versetzen?"

Stalin sagt weiter, daß die, die so fragen, wohl einige Leitsätze der Lehre von Marx und Engels gewissenhaft auswendig gelernt haben, daß es aber darauf ankomme, das Land vor Spionen, Mördern und Schädlingen zu bewahren, daß in dem sozialistischen Staat das Militär-, Straf- und Nachrichtendienstwesen (G.P.U., später NKWD) zum Schutze des Landes und des Sozialismus unbedingt erforderlich ist. Er verweist auf die Spionage- und Verschwörertätigkeit der Aufrührer, der Trotzkisten und Bucharin-Leute, und sagt, daß sie und die den Sowjetstaat umgebenden bürgerlichen Staaten bestrebt sind, die Schwächen der Menschen, ihre Eitelkeit, ihre Charakterlosigkeit auszunutzen. Er fährt fort, daß „einige allgemeine Leitsätze der Lehre des Marxismus vom Staate nicht völlig ausgearbeitet und unzureichend waren." Er verweist darauf, daß schon Lenin die Marxsche Theorie nicht als etwas Abgeschlossenes und Unantastbares betrachtete. Er sagt weiter: „An Stelle der Funktion der Unterdrückung erhielt der Staat die Funktion des Schutzes des sozialistischen Eigentums vor Dieben und Vergeudern des Volkstums. Die Funktion des militärischen Schutzes des Landes vor Überfällen von außen blieb völlig erhalten, es blieben folglich auch die Rote Armee, die Kriegsmarine, ebenso wie die Straforgane und der Nachrichtendienst (GPU), die notwendig sind, zur Aufdeckung und Bestrafung von Spionen, Mördern und Schädlingen."

Der Schluß der Rede von Stalin ist dann dieser: „Wird bei uns der Staat auch in der Periode des Kommunismus erhalten bleiben? Ja, er wird erhalten bleiben, wenn die kapitalistische Umkreisung nicht liquidiert, wenn die Gefahr kriegerischer Überfälle von außen nicht beseitigt wird.

Nein, er wird nicht erhalten bleiben, er wird absterben, wenn die kapitalistische Umkreisung liquidiert, wenn sie durch eine sozialistische Umwelt abgelöst wird. So steht es um die Frage des sozialistischen Staates."

Diese Rede von Stalin ist sehr bezeichnend. Sie gibt das eigentlich Messianische von Marx, sie gibt die Zukunftshoffnung völlig auf, sie verzichtet auf das Paradiesische des Sozialismus.

Wozu dann aber die ganze Bewegung, wozu die Enteignung, wozu die Beseitigung des Eigentums, wozu der Arbeitszwang, wozu die Konzentrationslager und Arbeitsstraflager, wenn das große sozialistische Ziel nicht mehr den Gedanken des künftigen neuen besseren Staates der Gleichheit und Freiheit trägt?

Der Weg, den Stalin weist, führt in das Nationale, er muß in das Nationale führen, wie aller Sozialismus. Stalin verweist auf die Umklammerung des Staates durch die kapitalistischen Mächte. Er verweist darauf, daß es notwendig ist, diese Mächte zu zerstören, so daß nur noch ein sozialistischer Staat auf der Welt besteht — dann stirbt der Staat ab.

Wir können mit Sicherheit sagen, daß er auch dann nicht abstirbt, daß es auch dann nicht die Freiheit des Einzelnen, die Eintracht, die Harmonie, die Liebe unter den Menschen und die gegenseitige Hilfe gibt, daß es dann noch mehr Zwang und noch mehr Gewalt geben muß, weil der

Staat dann noch viel mehr von einer Stelle gelenkt werden muß, und weil er ständig verpflichtet ist, die menschliche Natur in ihrem Streben nach Persönlichkeit niederzuhalten und zu unterdrücken.

Das messianische Ziel also, der Schwerpunkt aller sozialistischen Systeme, hat sich als ein leeres Ziel gezeigt, als eine falsche Hoffnung, als ein Irrwahn, als ein Fehlgedanke, und Stalin selber ist es, der das bestätigt.

Wenn dieses messianische Ziel, das der Sinn alles Sozialismus ist, sich aber nicht verwirklicht hat, wenn es sich auch nicht verwirklichen kann, weil der Sozialismus ja Zwang, höchsten Zwang bedeutet, wozu ist dann der Kampf um die Erreichung dieses Zieles noch nötig? Was nützt dem Menschen dann der Sozialismus? Was nützt er dem Arbeiter, der im Sozialismus viel mehr geknechtet und viel mehr ausgebeutet ist, als er es je in der Privatwirtschaft war?

Es kann auch nicht verschiedene Stufen innerhalb des sozialistischen Systems geben, etwa mehr oder weniger sozialistisch, mehr oder weniger kommunistisch, wie die Parteien es vorgeben. Es gibt nur einen Sozialismus, nur einen Kommunismus, und das ist der gleiche von Plato über Thomas Morus, Campanella, Fichte, Marx, Hitler, Stalin und Lenin. Seine Grundprinzipien sind immer dieselben und müssen immer dieselben sein. Im Gedanklichen die Kritik an Bestehendem, der Hinweis auf ein besseres zu errichtendes Reich, das dem Menschen die Freiheit von der Unterdrückung bringt. Im Praktischen: Die Beseitigung des Eigentums, und hier liegen kleine Unterschiede, je nachdem ob Produktion, Konsumtion oder Frauen betroffen werden; der Arbeitszwang, die Gewaltregierung einer Gruppe, die Abschließung des Staates. Diese vier Prinzipien sind auch bei Marx die führenden, wenn auch Marx aus verständlichen Gründen das Bild seines Zukunftsstaates nie gezeichnet hat, aber seine Forderungen klingen durch und werden besonders im Kommunistischen Manifest bestimmt und eindeutig formuliert.

Aber der Mensch ist zuerst ein Einzelner, und für sich als Einzelner verlangt er die Freiheit, verlangt er die Möglichkeit zur Entfaltung seines Ichs, verlangt er den Schutz seines Eigentums, verlangt er die Freiheit seiner Arbeitswahl, verlangt er die Freiheit seines Lebens, verlangt er das Recht, das ihm Eigentum und Leben garantiert. Denn der Zusammenschluß der Einzelnen zu einer Gesamtheit hat nur dann einen Sinn, wenn die Einzelnen durch diese Gesamtheit in ihrem Sein und in ihrer Existenz gestärkt und gekräftigt werden. Indem die Einzelnen sich zusammenschließen zur Gemeinschaft, geben sie von ihren Rechten auf, aber sie geben nur auf, um stärker beschützt und gesichert zu sein, um Leben und Eigentum, die ständig in Gefahr sind, wirksamer verteidigen zu können als im Alleinsein.

Diese Gemeinschaft selbst kann und darf daher nicht Eigentum und Leben des Einzelnen nehmen, außer wenn dieser Einzelne Verbrechen begangen hat, und auch dann nur nach genauester und ruhigster Abwägung, nach Verteidigung und Anklage, nach Gerichtsbeschluß und sorgfältigster Erwägung aller Argumente des Für und des Wider.

Der sozialistische Staat kann diese Menschenrechte nicht anerkennen. Durch seinen Zwang, den er einführen muß, um die Gleichheit zu erreichen, muß er das Recht beanspruchen, das Eigentum zu nehmen, das Recht, jede Arbeit anordnen zu können, auch gegen den Willen des Arbeitenden, muß er Strafen verhängen und vollführen können, Strafen wegen Verfehlungen, die in freien Staaten nicht geahndet werden, Strafen wegen Nichterfüllung der Arbeitspflicht, Strafen wegen der Warentransporte, Strafen wegen Übertretung sozialistischer Anordnungen. Ein solcher Staat muß gegen das natürliche Recht stehen, gegen das menschliche Recht, gegen das göttliche Recht. Ein solcher Staat kann nur der Durchführung des einen Gedankens leben, der Durchführung des Prinzips der Gleichheit, das ohne Gewaltanwendung nicht erfüllt werden kann.

Dem sozialistischen Gedanken, dem sozialistischen System, steht auf das schärfste die Freiheit des Menschen, die Humanitas, das Naturrecht des Menschen gegenüber. Die Menschenrechte, wie sie in der Verfassung von Virginia, wie sie in der amerikanischen Verfassung, in der französischen Verfassung, in der von Weimar und in vielen anderen Staaten niedergelegt worden sind, sie bedeuten das genaue Gegenteil des sozialistischen Gedankens. Das Eigentum wird in der französischen Verfassung von 1789 ein geheiligtes und unverletzliches Recht genannt, dessen niemand beraubt werden kann. Die Erklärung der Menschenrechte von 1789 geht zurück auf die Declaration of Rights von Virginia im Jahre 1776. In ihnen heißt es an erster Stelle: „Daß alle Menschen von Natur aus gleich frei und unabhängig sind und bestimmte angeborene Rechte besitzen, nämlich das Recht auf den Genuß des Lebens und der Freiheit, auf die Mittel zum Erwerb und Besitz von Eigentum, das Streben nach Glück und Sicherheit und das Erlangen beider."

Darum heißt es auch in der Frankfurter Verfassung von 1849: „Das Eigentum ist unverletzlich. (Art. IX, Abschn. VI.) Die Freiheit der Person ist unverletzlich. (Art. III, Abschn. VI.) Es steht einem jeden frei, seinen Beruf zu wählen und sich für denselben auszubilden, wie und wo er will.

Die Wohnung ist unverletzlich. Art. III, Abschn. VI.) Jeder Deutsche hat das Recht, durch Wort, Schrift und Druck und bildliche Darstellung seine Meinung frei zu äußern. (Art. IV Abschn. VI.) Die Wissenschaft und ihre Lehre ist frei. (Art. VI, Abschn. VI.)"

In diesen Verfassungen wird der liberale Gedanke der Freiheit des Menschen niedergelegt. Er ist das genaue Gegenteil zu dem sozialistischen Gedanken.

Die Nachfolger von Marx — Bernstein, Kautsky, Cuno — und die anderen haben zwischen diesen beiden Prinzipien vermitteln wollen, und die Geschichte der Sozialdemokratie ist nichts anderes als der Versuch, unter diesen beiden Gegensätzen einen Ausgleich zu finden. Doch er kann nicht gefunden werden. Der Sozialismus ist der Gedanke der staatlichen Gewalt, und der Liberalismus ist der Gedanke der Freiheit. Beides schließt sich aus, wie sich Feuer und Wasser ausschließt, wie Schwarz und Weiß, Dunkel und Hell, Kalt und Heiß. Es kann entweder die Gleichheit geben, dann wird die Freiheit beschränkt, oder es kann die Freiheit geben, dann kann die Gleichheit nicht durchgeführt werden.

Goethe sagt einmal, „Gesetzgeber oder Revolutionäre, die Gleichheit und Freiheit zugleich versprechen, sind Phantasten oder Charletans" (Unveröffentlichte Aphorismen, Deutsche Literaturzeitung 1901, Nr. 26, 29. Juni, S. 1632).

Marx hat beides versprochen, doch er wußte, daß beides zugleich unmöglich ist, und so versprach er es nacheinander. Zuerst verlangt er die Gewalt, sie ist nötig zur Durchführung des sozialistischen Staates, doch ist der Staat geschaffen, hat das Proletariat die Herrschaft errungen, ist das Eigentum beseitigt, dann hört die Gewalt auf, dann beginnt die Freiheit.

Marx konnte solch ein Versprechen noch geben, der sozialistische Staat war damals außer in Paraguay nicht verwirklicht worden, der Staat von Münster war ja ein Staat während der Belagerung und konnte daher als Beispiel nicht recht herangezogen werden. Jetzt aber wissen wir genau, daß der Staat im sozialistischen System noch stärker als vorher die Gewalt gebraucht, die Gewalt, um überhaupt bestehen zu können, wir wissen, daß er nur leben kann mit Konzentrationslagern und überfüllten Gefängnissen, mit Denunziationen und Deportationen.

Marx und Engels, und auch Lenin, haben an die Selbstaufhebung des Staates, haben an das Absterben des Staates geglaubt, sie haben geglaubt, daß dann die Freiheit eintreten müsse; aber sie haben gewußt, daß die Erringung der Macht nur mit Hilfe der Gewalt durchgeführt werden kann.

Sie verwenden schon das Wort autoritär, sie sprechen von autoritär im stärksten Sinne. Es gibt einen Artikel, den Marx im Jahre 1873 in einem italienischen sozialistischen Almanach geschrieben hat, Almanacco repubblicano per l'anno 1874, abgedruckt Neue Zeit 32. Jahrgang Band I, 1913/14, S. 39. In ihm heißt es: „Eine Revolution ist gewiß die autoritärste Sache, die es gibt, ein Akt, durch den ein Teil der Bevölkerung seinen Willen dem anderen Teil durch Flinten, Bajonette und Kanonen, alles sehr autoritäre Mittel, aufzwingt; und die Partei, die gesiegt hat, muß ihre Herrschaft durch den Schrecken, den ihre Waffen den Reaktionären einflößen, behaupten."

In demselben Artikel steht aber auch das folgende: „Alle Sozialisten sind darin einig, daß der Staat und mit ihm die politische Autorität infolge der künftigen sozialen Revolution verschwinden werden; das heißt, daß die öffentlichen Funktionen ihren politischen Charakter verlieren und sich in einfache administrative Funktionen verwandeln werden, die die sozialen Interessen überwachen."

Der Aufsatz wandte sich gegen die Anarchisten, die den Staat sogleich abschaffen wollten, und nach deren Vorstellung jede Gewalt im Staat aufgehoben werden kann.

Die Spannung, die schon bei Marx und Engels zwischen dem Gedanken der Gewalt und dem der künftigen Freiheit im sozialistischen Staat besteht, diese Spannung ist es, die alle nachfolgende Diskussion durch die Zeit von 1870 bis zur Gegenwart durchzogen hat, und die sie noch durchzieht.

Die sozialdemokratischen Parteien der verschiedenen Länder haben sich von dem Gedanken der Gewalt abwenden wollen, sie wollen den Sozialismus in evolutionistischem Sinne durchführen und haben sich damit von dem marxistischen System und vom Sozialismus selbst notwendig entfernen müssen. Der Sozialismus setzt aber die Gewalt voraus, wie es Marx in diesem Aufsatz deutlich ausgedrückt hat; der Sozialismus setzt die Gewalt voraus, und deshalb ist der Sozialismus von Lenin und der von Hitler der konsequente und der logische Sozialismus.

Beide Diktatoren haben erkannt, daß auch nach der Erringung der Macht, und gerade dann, die Gewalt des Staates besonders notwendig ist, und daß der Staat dann noch autoritärer sein muß, weil er sich nur in dem System der Autorität erhalten und durchsetzen kann.

Diese Spannung zwischen dem Gedanken der Freiheit einerseits und dem der Gewalt andererseits ist es, die heute die ganze Welt durchzieht, diese Spannung ist es, die heute von jedem Einzelnen die eigene Stellungnahme erfordert, es ist die Frage der Bedeutung der Persönlichkeit oder der Bedeutung der Gemeinschaft, es ist die Frage, steht der Einzelne voran, ist er das Entscheidende, das Richtungsverheißende, das Ausschlaggebende, oder ist es die Gemeinschaft.

Im Grunde ist es unbegreiflich, wie so scharfe Logiker wie Marx und Engels auf den Gedanken kommen konnten, daß der Staat absterbe, daß er sich aufheben würde nach der Erringung der Herrschaft, daß in einem sozialistischen Staat überhaupt Freiheit *bestehen* könne.

Es ist nie der Herkunft dieses Gedankens nachgegangen worden, und die Lösung liegt in der Tat sehr tief, sie liegt in dem Ausgangsgedanken bei *Rousseau,* daß der Mensch ursprünglich im Paradies, in Harmonie, in einem Urkommunismus gelebt habe, und daß die sozialistische Gesellschaft diesen Urkommunismus durch die Beseitigungn des Eigentums wieder schaffen müsse. Das ist die Glaubensüberzeugung von Marx, und man kann seine ganze Welt überhaupt nur verstehen und begreifen, wenn man immer wieder von dieser Glaubensüberzeugung ausgeht. Aus ihr stammt der Gedanke, daß der Mensch wieder zur Freiheit zurückkommen müsse, stammt der Gedanke „des Sprunges von der Notwendigkeit in die Freiheit". Es ist ein romantischer Gedanke, der in der ersten Hälfte des 19. Jahrhunderts wurzelt, ja, der bis ins Ende des 18. Jahrhunderts zurückgeht. Aus ihm erwächst die messianische Hoffnung, aus ihm erwächst das große eschatologische Ziel, und im Grunde steht und fällt der ganze Marxismus und Sozialismus mit der Lösung dieser Frage, die eine prähistorische und anthropologische ist.

Zu dieser romantischen Grundhaltung des Glaubens tritt bei Marx die Hegelsche Philosophie, und Hegel ist es, von dem ein anderer Ausgangspunkt von Marx stammt, nämlich der, daß der Staat ein Instrument zur Niederhaltung der Klassen sei, daß alle Geschichte eine Geschichte von Klassenkämpfen bedeute. Zwar ist das bei Hegel nicht so deutlich ausgedrückt wie bei Marx. Nach Hegel ist der Staat die konkrete Realisation der sittlichen Idee, der Staat ist die Selbsterfüllung des objektiven Geistes, aber da Hegel als erster zugleich den Gedanken der Entwicklung durchbildet, entfaltet sich sein Grundgedanke dahin, daß der absolute Geist sich im historischen Prozeß in verschiedenen Formen nacheinander objektiviert. So wendet er den Gedanken der Dialektik, den Gedanken von These, Antithese und Synthese auf den Staat und seine Entwicklung an. Der Mensch wird dadurch ein durch und durch geschichtliches Wesen, und der Staat kann nur da erscheinen, wo historisch die Gegensätze der Dialektik auftreten. Der Staat kann also nicht in der Vorzeit bestehen, der

Staat entsteht erst da, wo Klassen und Klassengegensätze aufreten, und so sagt Hegel einmal (Philosophie der Weltgeschichte, Die Vernunft in der Geschichte, Lasson 1930 I, S. 197 [II, 2]): „Ein wirklicher Staat und eine wirkliche Staatsregierung entstehen nur, wenn bereits ein Unterschied der Stände da ist, wenn Reichtum und Armut sehr groß werden und ein solches Verhältnis eintritt, daß eine große Menge ihre Bedürfnisse nicht mehr auf eine Weise, wie sie es gewohnt ist, befriedigen kann."

Hier ist das angedeutet, was Marx später ausgeführt hat, und es ist nicht so, wie es die Darsteller der Gedankenwelt von Marx immer wieder betonen, daß Marx nur der Gegensatz zu Hegel sei, im Gegenteil, die materialistische oder, wie Lenin sie nennt, die dialektische Geschichtsauffassung ist gerade bei Hegel vorgebildet, und Marx bringt nur die Erfüllung der Vorstellungen von Hegel.

Weil Hegel der Meinung ist, daß der Staat nur da lebt, wo Unterschiede der Stände sind, ist also demzufolge in der Urgesellschaft der Staat nicht gegeben. Führt man nun die Urgesellschaft wieder ein, führt man den sozialistischen, urkommunistischen Staat im Sinne von Rousseau wirklich durch, dann muß der Staat wieder aufhören, er muß erlöschen. In diesem Sinne sagt Engels in der Einleitung zur dritten Auflage des Bürgerkrieges in Frankreich von Marx im Jahre 1891 (18. März): „In Wirklichkeit aber ist der Staat nichts als eine Maschine zur Unterdrückung einer Klasse durch eine andere, und zwar in der demokratischen Republik nicht minder als in der Monarchie; und im besten Falle ein Übel, das den im Kampf um die Klassenherrschaft siegreichen Proletariat vererbt wird, und dessen schlimmste Seiten es, ebensowenig wie die Kommune, umhin können wird, sofort möglichst zu beschneiden, bis ein in neuen, freien Gesellschaftszuständen herangewachsenes Geschlecht imstande sein wird, den ganzen Staatsplunder von sich abzutun."

Der so völlig verfehlte Gedanke des messianischen Reiches, des Reiches ohne Staatsplunder, des Sozialismus, der dem Menschen die Freiheit bringt — dieser Gedanke beruht also auf der Rousseauschen Idee der ursprünglichen Harmonie in Verbindung mit einer Fehldefinition des Staatsbegriffes bei Hegel.

Es ist ein falscher Gedanke von Hegel sowohl wie von Marx, daß der Staat nur da erscheint, wo Klassengegensätze bestehen. Im Gegenteil, der Staat ist immer da, wo Menschen sind, genauso wie der Bienenstaat immer da ist, wo Bienen sind, denn er ist mit den Bienen urgegeben. Der Staat tritt also nicht erst mit der Entstehung der Klassen auf, der Staat ist sofort da, wo Menschen sind, in der Horde der Urmenschen, genauso wie in der Dorfgemeinschaft des Neolithikums, und genauso wie in den ersten Ansätzen des persönlichen Reichtums in der Bronzezeit.

Zum Begriff des Staates gehören vier Elemente: Land, Volk, Macht und Recht. Diese vier Elemente sind schon in der Urzeit gegeben. Auch die Horde der Eiszeit hat ein bestimmt abgegrenztes Land anderen Horden gegenüber, auch die Horde der Eiszeit hat ein bestimmtes Volk als Träger: nämlich die Horde; auch die Horde der Urzeit setzt für ihr Gefüge eine bestimmte Macht und einen Träger der Macht, den Zauberer, voraus; auch die Horde der Urzeit hat ein bestimmtes Recht, das jedem Einzelnen eingeräumt wird.

Der Staat besteht also schon in der Urzeit, und die Gegensätze der Klassen gehören nicht zur Definition des Staates, sie sind ein späteres Akzidenz, das den Staat weder bestimmt noch bezeichnet. Der Satz von Hegel also, den ich anführte, ist in seiner Grundhaltung falsch, und falsch sind daher alle Folgerungen, die Marx daraus zieht, falsch sind alle die Konsequenzen die sich aus dieser falschen Vorstellung für den Sozialismus und seine Theorie ergaben.

Falsch ist das erste Wort des Kommunistischen Manifestes: „Die Geschichte aller bisherigen Gesellschaft ist die Geschichte von Klassenkämpfen", falsch ist das Wort von Engels „der Staat ist nichts als eine Maschine zur Unterdrückung einer Klasse". (Einl. zur dritten Aufl. des „Bürgerkrieg in Frankreich" 1891.) In Wirklichkeit gehört die Klasse überhaupt nicht zu dem Begriff des Staates und auch nicht die Unterdrückung einer Klasse durch die andere.

Aus dieser falschen Definition des Begriffes Staat, aus diesem falschen Denken um den Staat überhaupt, konnte dann die Vorstellung entstehen, daß die Aufhebung der Klassen zur Aufhebung des Staates an sich führen könne.

Mit dieser Erkenntnis fällt das eschatologische Ziel, fällt die messianische Hoffnung des Sozialismus dahin. Es gibt keine Gemeinschaft der Menschen ohne Staat.

Es kann aber auch keine sozialistische Gesellschaft mit dem Prinzip der Freiheit geben. Gewiß kann der Sozialismus durchgeführt werden, aber seine Durchführung und Erhaltung kann nur, wie es Marx, Lenin und Stalin sehr richtig erkannten, getragen werden von despotischer Gewalt, vom Zwang, von der Vergewaltigung des Menschen im autoritären System. Der Sozialismus ist gegen die Natur des Menschen, er ist gegen das ursprüngliche Sein des Menschen, und daher kann er niemals in der Freiheit durchgeführt und entfaltet werden, er ist möglich nur mit der

Diktatur und unter der Diktatur. (Lenin, Marx, Engels, Marxismus. Moskau 1942. 2. Aufl., S. 299, S. 330.)

Diese Diktatur wieder ist denkbar für den asiatischen Menschen, sie ist undenkbar für den europäischen Menschen, für den europäischen Menschen, der seit den Tagen der Griechen immer wieder den Kampf geführt hat für die Freiheit und für die Erhaltung der Persönlichkeit.

Der Schwerpunkt liegt also immer in der Frage des Zieles, in der Blickrichtung auf die Endzeit. Eine romantische Epoche, ja auch noch das späte 19. Jahrhundert, konnte an eine romantische, messianische Zielsetzung glauben. Das 20. Jahrhundert, das die Verwirklichung der marxistischen Staatsidee in zwei Staaten erlebt hat, das 20. Jahrhundert, das also die Zielsetzung des Sozialismus auf dieser Erde erreicht hat, es kann nicht mehr an das messianische Ziel glauben. Das 20. Jahrhundert hat gesehen, daß der Sozialismus die Unterdrückung, die Vergewaltigung, die Diktatur, das Autoritäre, den Terror bedeutet. Das 20. Jahrhundert hat gesehen, daß der Sozialismus die Vernichtung der europäischen Tradition und der Überlieferung darstellt. Das 20. Jahrhundert hat gesehen, daß der Sozialismus der Gegensatz ist von Humanismus, und daß er nur bestehen kann, wenn er sich wendet gegen die Würde und den Wert des Menschen.

Man könnte denken, daß man zwischen diesen beiden Prinzipien, dem Sozialismus auf der einen Seite und dem Menschheitsgedanken, dem Liberalismus auf der anderen Seite, einen Ausgleich schaffen könnte. Die sozialdemokratischen Parteien, die das Gegensätzliche der Begriffe schon in ihrem Namen tragen, haben es in allen Ländern Europas versucht. Der Versuch ist undurchführbar. Es kann keine Verbindung geben von Liberalismus und Sozialismus, von Diktatur und Freiheit.

Gerade das Wesen des Sozialismus, und das haben alle Denker von Plato bis Marx erkannt, verlangt dadurch, daß er das Eigentum abschafft, immer und notwendig und zu jeder Zeit die Gewalt, die Diktatur, den rücksichtslosen Zwang. Setzt man nämlich den ersten der vier Punkte, die Berechtigung des Staates, das Eigentum zu beschränken, es aufzuheben, es zu sozialisieren, dann setzt man im gleichen Zuge die Aufhebung des Rechtsstaates überhaupt. Der Sinn des Staates ist gerade die Erhaltung von Eigentum und Leben. Das ist seine Aufgabe, das ist seine Verpflichtung, das ist sein Gehalt und seine Idee von der Urzeit bis zur Gegenwart: der Schutz des Eigentums und des Lebens des Einzelnen, das der Einzelne allein nicht immer zu bewahren vermag. Räumt man deshalb dem Staat die Möglichkeit ein, selber das Eigentum zu nehmen, dann löst man den Staat und damit das Recht überhaupt auf. Dann kann Regierung nur noch in Gewalthabern bestehen, die nicht mehr das Recht setzen, sondern die außerhalb des Rechtes Konzentrationslager, Arbeitslager, Folterkammern, Gaskammern und eine ergebene Gruppe haben, die bereit ist, nicht Gesetze, sondern Aufträge zur Vernichtung von Menschenleben außerhalb des Rechtes durchzuführen.

Der erste Schritt also, die Aufhebung des Eigentums, das Hauptziel aller sozialistischen Gedanken, hebt schon den Sinn des Staates, hebt den Sinn des Rechtes, hebt den Sinn der Freiheit des Individuums auf. Die übrigen drei Punkte, die in jedem sozialistischen Gedankenbilde erkennbar sind, sind dann nur noch die logische Folge. Die drei übrigen Punkte sind diese: der Arbeitszwang, die Zwangsherrschaft einer Gruppe, die Abschließung des Staates. Alle drei Punkte sind das Gegenteil von individueller Freiheit und sind überhaupt nur durchführbar in einem Staat, der die individuelle Freiheit abgeschafft hat.

Sozialismus und Freiheit sind also unvereinbare Widersprüche, und es ist das große Unglück Europas, daß es zur Erkenntnis dieser ganz einfachen Tatsache so vieler Ströme Blutes, so vieler Tränen, so vieler Verzweiflungen bedurfte. Der russische Sozialismus ist konsequent, er hat niemals vorgegeben, die Freiheit des Einzelnen in seiner Durchführung verteidigen zu wollen, dagegen hatte er bis zur Verfassung von 1936 noch das eschatologische, messianische Ziel der staatenlosen, gewaltlosen, freien zukünftigen Gesellschaft. Die Praxis hat hier die Klarheit gebracht, und Stalin hat in seiner Rede von 1939 deutlich ausgeführt, daß der Staat nicht absterben kann, daß er also die Freiheit nicht durchführen kann. Der sowjetische Staat muß stärker als andere Staaten auf seiner Funktion der Gewalt bestehen.

Das Ziel in der Vorstellung der Sozialisten war die klassenlose, freiheitliche, staatenlose internationale Gemeinschaft. Vier Ziele, die sich alle als irrtümlich, alle als unausführbar, alle als nebelhaft und in den Wolken gelegen, offenbart haben. Seit dem Kommunistischen Manifest sind mehr als 100 Jahre vergangen. In diesen 100 Jahren hat die Welt gelernt. Sie glaubt nicht mehr an die Ziele des Sozialismus und kann nicht mehr an sie glauben, weil Erfahrungen dagegen stehen. Statt der klassenlosen Gesellschaft ergab sich in Rußland und Deutschland die Entwicklung einer neuen herrschenden Klasse, die, mit diktatorischer Gewalt ausgestattet, ungleich brutaler herrschte als je zuvor die herrschende Klasse in der kapitalistischen liberalen Epoche. Statt der demokratischen, freiheitlichen Form der Gesellschaft hat sich in beiden Staaten eine Diktatur entwickelt, die alle Freiheit vernichtet hat. Aufgehoben wurde die Freiheit der Presse, die

Freiheit der Rede, die Freiheit der Lehre, die Freiheit des Lernens. Aufgehoben wurde die Freiheit vor dem Gesetz, aufgehoben wurde die Habeas-Corpus-Akte, nach der niemand verhaftet werden darf ohne richterliche Bestimmung, und nach der der Verhaftete binnen drei Tagen dem Richter vorgeführt werden muß. Nach dieser Verordnung ist dem Verhafteten Grund und Veranlassung der Verhaftung mitzuteilen. Dieser Erlaß von 1679 in England ist die Grundlage für das praktische Rechtswesen in allen europäischen Staaten geworden. In ihm ist die Freiheit des Individuums gegenüber Übergriffen von der Obrigkeit festgelegt. Beide diktatorischen Staaten haben diese Habeas-Corpus-Akte nicht beachtet und haben sie nicht beachten können, weil sonst die Durchführung des Sozialismus gar nicht möglich gewesen wäre.

Der dritte Punkt des Zukunftzieles ist die staatenlose Gesellschaft. Dieser Gedanke hat sich als völlig verfehlt erwiesen. Die menschliche Gemeinschaft kann niemals ohne Staat bestehen und hat nie ohne Staat bestanden. Die Gedanken von Marx beruhten auf den irrtümlichen Vorstellungen Rousseaus von der prähistorischen Gesellschaft in Verbindung mit irrtümlichen Begriffen bei Hegel. Wo Menschen sind, gibt es den Staat, und eine staatenlose Gesellschaft bedeutet soviel wie die Quadratur eines Kreises.

Der vierte Punkt ist die internationale Gemeinschaft, die sich in dem immer wiederholten Wort: „Proletarier aller Länder, vereinigt euch", im Kommunistischen Manifest zum ersten Male ausdrückt. Der Zusammenbruch der zweiten Internationale im Jahre 1914 und der der dritten Internationale im Jahre 1939 hat gezeigt, daß die internationale Verbundenheit der Arbeiterschaft beim geringsten Nahen der Kriegsgefahr zerbrach. Sie besteht nur in der Illusion und kann nur in der Illusion bestehen, weil aller Sozialismus Übernahme der Produktionsmittel in den Staat, also stärkste Steigerung zum Staatsgedanken hin bedeutet, weil Sozialismus notgedrungen der Weg zum Nationalismus ist.

Zweiter Teil:

Persönlichkeit und Gemeinschaft in der Vorzeit

Der Schwerpunkt der sozialistischen Idee liegt in ihrer messianischen Hoffnung. Nie hätte diese Idee die Herzen und Sinne der Menschen in diesem Maße ergreifen können, wenn der Sozialismus nicht an Stelle des Paradieses im Himmel das Paradies auf Erden gesetzt hätte. Wäre der Sozialismus nur eine gedankliche, eine philosophische Konstruktion gewesen, dann hätte er die Massen nicht so ungeheuer packen und beherrschen können. Dadurch, daß er durch Marx eine religiöse Form bekam, die die Religion und die Erfüllung des religiösen Hoffens auf die Erde verlegte, dadurch gewann er eine Kraft wie keine Bewegung vorher. Auch bei Lenin ist dieser Gedanke der tragende. Er weiß genau, daß der Weg des Sozialismus zur Gewaltherrschaft führt, zur Diktatur des Proletariates, und er selbst wird dieser Diktator sein. Diese Diktatur kann er nur ausüben mit dem Traumbild des Paradieses auf Erden. Und immer wieder spricht er davon, vor allem in der Vorlesung, die er in der Swerdlow-Universität am 11. Juli 1919 gehalten hat, mit dem Titel „Über den Staat". (W. J. Lenin: Marx, Engels, Marxismus, 2. Aufl. Moskau 1947, S. 355.) In diesem Vortrag hat er so deutlich wie an keiner Stelle die Gedanken des Sozialismus ausgesprochen. Er hat immer vom Sozialismus und nur selten vom Kommunismus gesprochen, und an mehreren Stellen hat er darauf hingewiesen, daß der Unterschied zwischen Sozialisten und Kommunisten ein Geschwätz ist. (Lenin, ebenda, S. 307.)

Für Lenin, genau wie für Marx, bedeutet der Begriff Staat eine Maschine zur Ausbeutung einer Klasse. Er ist der festen Meinung, daß es bei dem wirklichen Menschen, dem Menschen der Urzeit, keinen Staat und daher keine Ausbeutung gegeben habe. Er verweist dabei (S. 358) auf die Schrift von Engels von 1884: „Der Ursprung der Familie, des Privateigentums und des Staates."

Über dieses Buch sagt er folgendes: „Das ist eines der grundlegenden Werke des modernen Sozialismus, worin man zu jedem Satz Vertrauen haben, worauf man sich verlassen kann, daß kein einziger Satz aufs Geratewohl ausgesprochen, sondern jeder auf Grund eines riesigen historischen und politischen Materials niedergeschrieben worden ist." Er sagt,

„dieses Werk beginnt mit einer historischen Skizze der Entstehung des Staates. Und man kann an die große Frage, wie der Staat entstanden ist, nur dann solide und zuversichtlich herangehen, wenn man vorher einen Blick auf die gesamte geschichtliche Entwicklung als Ganzes geworfen hat". Und er sagt, „in dieser Frage muß die Aufmerksamkeit vor allem darauf gelenkt werden, daß es nicht immer einen Staat gegeben hat. Es hat eine Zeit gegeben, wo kein Staat existierte. Der Staat kommt erst dort auf, wo die Teilung der Gesellschaft in Klassen ensteht, wo Ausbeuter und Ausgebeutete auftreten". Und nun erklärt er, „man kann ein beliebiges Werk über die *Urzeit* zur Hand nehmen, man wird stets auf mehr oder weniger bestimmte Beschreibungen, Hinweise und Überlieferungen stoßen, die daran erinnern, daß es eine Zeit gegeben hat, in der der *Urkommunismus* herrschte, und in der es noch keine Teilung der Gesellschaft in Sklaven und Sklavenhalter gab".

Er fährt dann fort: „Und damals gab es keinen Staat, gab es keinen besonderen Apparat zur systematischen Gewaltanwendung und Unterwerfung der Menschen unter die Gewalt. Ein solcher Apparat heißt eben Staat. Die geschichtliche Teilung der Gesellschaft in Klassen ist die grundlegende historische Tatsache, die den Staat erst schafft. So ist der Staat eine Maschine zur Aufrechterhaltung der Herrschaft einer Klasse über eine andere."

Und von diesen Sätzen sagt er (Seite 362): „Sie müssen diese Tatsache stets im Auge behalten, denn nur, wenn Sie dieser grundlegenden Tatsache eingedenk sind, nur wenn Sie alle politischen Lehren in diesen grundlegenden Rahmen hineinstellen, werden Sie imstande sein, diese Lehren richtig einzuschätzen und herauszubringen, worauf sie hinauslaufen."

Hier erklärt Lenin deutlich die *Vorgeschichte*, diejenige Wissenschaft, die prähistorische Archäologie genannt wird, als die Grundlage des sozialistischen Systems. An dieser Stelle also liegt der entscheidende Punkt, an dem es sich erweisen muß, ob der Sozialismus in seiner Idee berechtigt ist. Es ist der Gedanke, daß der Mensch im Urkommunismus gelebt hat, daß das Wesen des Menschen der Sozialismus ist. Von dem Gedanken aus, daß das Wesen des Menschen in seinem Sozialismus liegt, sieht Lenin die geschichtlichen Perioden als die Perioden der Ausbeutung, der Sklaverei und des Verbrechens an und verspricht als Ziel des sozialistischen Kampfes einen zukünftigen Kommunismus, der dem Menschen die Freiheit bringt.

Damit setzt er Ausgang und Ziel gleich, er sieht den Menschen als das paradiesische Wesen, das das Paradies verloren hat durch die Bildung des Eigentums, und das unter seiner Führung nach Beseitigung des Eigentums das Paradies wieder gewinnen wird. Er sagt, daß diese Frage die allergrößte Bedeutung gewonnen habe (Seite 369), „daß sie zur brennendsten Frage, zum Mittelpunkt aller politischen Fragen und aller politischen Auseinandersetzungen der Gegenwart geworden ist".

In dieser Rede verweist er auch auf das paradiesische Ziel. Er sagt (Seite 373): „Wir haben diese Maschine den Kapitalisten genommen, haben sie an uns gebracht. Mit dieser Maschine oder mit diesem Knüppel werden wir jede Ausbeutung vernichten, und wenn auf der Welt keine Möglichkeit mehr zur Ausbeute geblieben ist, wenn es keine Grundbesitzer, keine Fabrikbesitzer mehr gibt, wenn es nicht mehr so sein wird, daß die einen schlemmen, während die anderen hungern, — erst dann, wenn dafür keine Möglichkeiten mehr bestehen, erst dann werden wir diese Maschine zum alten Eisen werfen. Dann wird es keinen Staat, keine Ausbeutung mehr geben. Das ist der Standpunkt unserer kommunistischen Partei."

Seitdem Rousseau diese Gedanken in ihren Grundlagen zum erstenmal geäußert hatte, seitdem Marx und Engels diesen Gedanken übernommen haben, und seitdem Lenin mit ihnen die blutigste Revolution auf dieser Erde geschaffen hat, seitdem hat die Wissenschaft sehr klare Erkenntnisse gewonnen, Erkenntnisse, die vollkommen deutlich machen, daß alles das, was Lenin hier sagt, falsch ist. Ist die Voraussetzung einer Idee aber falsch, dann muß auch ihre Zielsetzung falsch sein.

Wo der Mensch ist, gibt es auch den Begriff des Eigentums, und nie hat der Mensch ohne Eigentum bestanden. Der Gedanke, zur Durchführung des wahren Menschseins das Eigentum zu nehmen, gerade das ist die Vernichtung des Menschseins.

Es ist an der Zeit, einmal deutlich auszusprechen, daß alle Voraussetzungen des Sozialismus und alle messianischen Vorstellungen, die aus diesen Voraussetzungen entwickelt werden, vollkommen den Tatsachen widersprechen. Der Mensch ist anders, als ihn Marx und Lenin deuteten, die Sicht auf den Menschen ist verfehlt, und diese falsche Sicht ist es gewesen, für die Millionen von Menschen ihr Leben haben lassen müssen.

Der Mensch der Eiszeit lebt nicht im Kommunismus, sondern in der individuellen Nahrungssuche, wie es Bücher ausgedrückt hat. (Die Entstehung der Volkswirtschaft, Karl Bücher, 1893 und 1912.) Marx fand eine Bestätigung seiner Vorstellungen in einer Arbeit von Lewis H. Morgan, einem Buch mit dem Titel „Ancient Society", New York 1877. In Deutschland erschien 1891 eine Übersetzung mit dem Titel die „Urgesellschaft", Stuttgart. Und Engels sagt geradezu in seinem Buch „Der Ursprung der Familie, des Privateigentums und des Staates", 1884: „Es ist das große Verdienst Morgans, die vorgeschichtliche Grundlage unserer geschriebenen Geschichte in ihren Hauptzügen entdeckt und wiederhergestellt zu haben." (Aus dem Vorwort zur ersten Auflage.) Auf Morgan fußend, sagt er (S. 147): „Die Produktion aller früheren Gesellschaftsstufen war wesentlich eine gemeinsame, wie auch die Konsumtion unter direkter Verteilung der Produkte innnerhalb größerer oder kleinerer kommunistischer Gemeinwesen vor sich ging." Und weiter folgert er, daß der Staat nicht von Ewigkeit her war (S. 146): „Es hat Gesellschaften gegeben, die ohne den Staat fertig wurden, die von Staat und Staatsgewalt keine Ahnung hatten. Auf einer bestimmten Stufe der psychologischen Entwicklung, die mit Spaltung der Gesellschaft in Klassen notwendig verbunden war, wurde durch diese Spaltung der Staat eine Notwendigkeit. Wir nähern uns jetzt mit raschen Schritten einer Entwicklungsstufe der Produktion, auf der das Dasein dieser Klassen nicht nur aufgehört hat, eine Notwendigkeit zu sein, sondern ein positives Hindernis der Produktion wird. Sie werden fallen, ebenso unvermeidlich, wie sie früher entstanden sind. Mit ihnen fällt unvermeidlich der Staat. Die Gesellschaft, die die Produktion auf Grundlage freier und gleicher Assoziation der Produzenten neu organisiert, versetzt die ganze Staatsmaschine dahin, wohin sie dann gehören wird: Ins Museum der Altertümer, neben das Spinnrad und die bronzene Axt."

In diesen Worten ist die ganze Gedankenwelt des Sozialismus enthalten, und es ist gleichzeitig ersichtlich, daß sie auf der *Vorgeschichte* beruht. Im Anfang bestand ein Kommunismus, so glauben Marx und Engels, durch die Arbeitsteilung, durch die Entstehung des Eigentums ist die Spaltung der Gesellschaft in Klassen entstanden. Jetzt aber stehen wir in einem Augenblick, wo diese Klassen aufhören, notwendig zu sein, wo sie fallen werden, ebenso wie sie früher entstanden sind, und mit ihnen fällt der Staat und beginnt der Zustand des Paradieses. Hier liegt die Wurzel für den Gedanken der Selbstaufhebung des Staates bei der Begründung des Sozialismus. Kehrt der Mensch zu den klassenlosen Zuständen des Anfangs zurück, dann wird der Staat überflüssig, dann löst er sich auf, dann hört er auf zu bestehen, genauso wie er in der Urgesellschaft nach der Anschauung von Marx und Engels nicht bestanden hat. Der Urzustand, der als paradiesischer angenommen wird, wird also dem Endzustand gleich gesetzt, und hier liegt das Messianische, das ähnlich dem christlichen Gedanken ist.

Bei Marx ist dieser Gedanke deshalb viel einschneidender, weil er das Paradies in dieses Leben legt, und das Paradies ist ihm der Sozialismus.

Der Sozialismus oder Kommunismus hat am Anfang gestanden, er muß notwendig auch am Ende stehen. Der Mensch hat im staatenlosen Leben sein Dasein auf dieser Erde begonnen, sein Weg wird ihn wieder zu einem staatenlosen Dasein hinführen.

In der russischen Verfassung ist dieser Gedanke paragraphenmäßig verankert worden. In der Verfassung der Russischen Sozialistischen Föderativen Sowjet-Republik, angenommen in der Tagung des 5. Allrussischen Sowjet-Kongresses vom 10. Juli 1918 heißt es unter Abschnitt 2, Artikel 5: „Die Grundaufgabe der für den gegenwärtigen Übergangsaugenblick bestimmten Konstitution der Russischen Sozialistischen Föderativen Sowjet-Republik besteht in der Errichtung der Diktatur des städtischen und ländlichen Proletariates und der ärmeren Bauernschaft in Form einer machtvollen Allrussischen Sowjetregierung zum Zweck der völligen Niederhaltung der Bourgeoisie, der Beseitigung aller Ausnutzung des Menschen durch den Menschen und der Einsetzung der sozialistischen Gesellschaftsordnung, unter der es weder eine Klasseneinteilung noch eine Staatsmacht geben wird."

Es hat vielleicht nie eine Verfassung gegeben, die so gläubig Anschauungen und Theorien, Vorstellungen und Begriffe übernommen und als tatsächlich gesetzt hat wie diese Verfassung. Als dann die Staatsmacht nicht aufhörte, sondern als die Staatsmacht viel rücksichtsloser, diktatorischer, gewaltmäßiger und brutaler sich entfaltete als je zuvor, hat es eine Fülle von Diskussionen gegeben, und Stalin hat mehrfach mit Reden und Ansprachen auf den Gedanken des Aufhörens der Staatsmacht geantwortet. (J. Stalin, Zur Frage des Staates, 1939.)

Es war ein Gedankenfehler, der zugrunde lag. Der Gedankenfehler, daß der Mensch einmal in kommunistischem Zustande gelebt habe, in völliger Harmonie, ohne Eigentum und ohne Staat. Wäre das der Fall gewesen, dann allerdings bestünde die Möglichkeit, daß dieser frühere und ursprüngliche Zustand sich einmal wiederholen könnte. Es ist jedoch nicht der Fall gewesen. Wie schon die Funde der Eiszeit und der Nacheiszeit ergeben, hat es immer Liebe gegeben unter den Menschen, immer aber auch Kampf, es hat aber auch immer das Eigentum gegeben und immer den Staat, wenn auch in kleiner Ausdehnung und Größe. Mit dem Menschen ist Liebe gegeben und Haß, mit dem Menschen ist aber auch das Eigentum gegeben und auch der Staat, der Gedanke der Gemeinschaft, der überall da ist, wo der Mensch ist. Und die Spannung zwischen Individuum und Gemeinschaft ist genauso groß in der *frühesten Vorzeit* wie in der Gegenwart.

In der Frage des Eigentums geben den klarsten Aufschluß die Bestattungen. Dem Toten wird das mitgegeben, was er besitzt, was ihm gehört, das, was er in seinem weiteren Leben braucht. Dieses andere Leben ist nicht ein jenseitiges Leben, nicht zuerst eine Ablösung der Seele vom Körper, sondern ist in der Eiszeit ein wirkliches Weiterleben, zwar an anderer Stelle, aber unter gleichen Bedingungen, unter gleichen Formen und in gleicher Lebensart. In diesem anderen Leben braucht der Mensch sein Eigentum, braucht er den Feuerstein zum Ausweiden der Tiere, braucht er das Fleisch zur Nahrung, braucht er den Ocker zur Bemalung des Körpers, braucht er seine Schmuckstücke.

In der letzten Warmzeit, und in der ersten Hälfte der letzten Eiszeit, nach den astronomischen Berechnungen etwa zwischen 150 000 und 50 000 v. Chr., lebte der Neandertaler. Von ihm stammen die ältesten Grabfunde der Erde, die ältesten absichtlichen Bestattungen.

Ein bedeutender Fund eines Neandertalers ist der von *Le Moustier*, aufgedeckt am 7. März 1908. Es ist das Skelett eines 16 Jahre alten jungen Mannes, der auf der rechten Seite nahe dem Herde lag. In der Gegend der linken Hand fanden sich zwei gut bearbeitete Feuersteine der Epoche des Acheuléen, einer Zeit, die dem Beginn der Warmzeit und der vorletzten Eiszeit zuzurechnen ist. (H. Klaatsch und O. Hauser, Homo Mousteriensis Hauseri, Archiv für Anthropologie N. F. Bd. 7 1909, S. 288.)

Der älteste Fund von ganzen Skeletten der Neandertalrasse stammt aus *Spy* bei Namur in Belgien. Hier wurden im Jahre 1885—86 auf der Terrasse vor einer Grotte zwei Skelette männlichen Geschlechtes 2,50 m voneinander entfernt gefunden. Die Ausgräber waren Marcel de Puydt, Max Lohest und Julien Fraipont. (J. Fraipont und M. Lohest, La race humaine de Néanderthal. Bulletins de l'Académie Royale de Belgique. 3. sér. tome 12, Nr. 12 1886, S. 1—46.) Das erste Skelett lag 8 m entfernt vom Eingang der Höhle, quer zu dem Eingang, in ostwestlicher Richtung auf der rechten Seite, die Hand ruhte am Unterkiefer. Das zweite Skelett fand sich 6 m vom Eingang entfernt, es war durch spätere Felsabstürze stark zerstört, die Knochen waren zerstreut, der Schädel zerschlagen. Dicht neben den Skeletten lagen Feuersteinwerkzeuge, und zwar die des Moustérien. Beide Skelette befanden sich in einer einen Meter starken Strate, die Knochen enthielt von Mammut, vom wollhaarigen sibirischen Nashorn, vom Wildpferd, Rentier, Hirsch, Urrind, Höhlenbär und Höhlenhyäne. Den Toten waren also Nahrungsmittel, Fleischstücke mit den Knochen der Tiere, die damals lebten, mitgegeben worden. Es sind die Tiere der kalten Zeit, der letzten Eiszeit, die von 118 000 bis 10 000 dauerte. Die Werkzeuge sind die des Moustérien, der Epoche, die von der Warmzeit hinüberführt in die letzte Eiszeit, und die auch noch die erste Hälfte der letzten, der vierten Eiszeit umfaßt. Den Toten ist also ihr Eigentum, das Wichtigste, was sie besaßen, das Werkzeug, mitgegeben worden, dazu die Nahrung.

Sehr gut beobachtet ist der Fund eines Skelettes der Neandertalrasse in *La Chapelle-aux-Saints* im Tal der Sourdoire im Département Corrèze. Das Skelett wurde gefunden am 3. August 1908 durch A. und J. Bouyssonie und L. Bardon, zur Hebung wurde der große Anthropologe von Paris, Boule, zugezogen. (A. und J. Bouyssonie und L. Bardon, Découverte d'un Squelette humain Moustérien à la Bouffia de la Chapelle-aux-Saints [Corrèze]. L'Anthropologie 1908, S. 513—518. M. Boule ebenda S. 519—525.)

Das Skelett lag 3 m im Inneren der Höhle in einer eigens ausgehobenen Grube, es war das Skelett eines Mannes von 1,60 m Größe, der etwa 50 Jahre alt war. Er lag auf dem Rücken in der Richtung von Südwest nach Nordost, die Schenkel waren gekrümmt und auf die rechte Seite gelegt, die Hand lag am Kopfe, der linke Arm war ausgestreckt. Der Tote ruhte auf einigen Steinen, die kissenartig untergelegt worden waren. Unterhalb des Schädels lagen mehrere flache Knochen, die zum Schutze dienen sollten. Als Speisebeigabe war das Fußstück eines Rindes mitgegeben worden. Um das Skelett herum lagen Ockerstücke, ferner gut bearbeitete Feuersteinwerkzeuge des Moustérien.

Wieder war dem Toten also sein wichtigstes Eigentum, die Werkzeuge, mit in den Tod gegeben worden.

Die ergebnisreichste Fundstelle von Skeletten der Neandertalrasse ist *La Ferrassie* bei Le Bugue im Tale der Vézère in der Dordogne. Die Höhle brachte insgesamt das Skelett eines erwachsenen Mannes, einer Frau und die Skelette von vier Kindern.

Zuerst wurde das Skelett des Mannes gefunden, und zwar am 17. September 1909 durch D. Peyrony. (L. Capitan und Peyrony, Station préhistorique de la Ferrassie [Dordogne], Revue anthr. t. 22, 1912, S. 29 und 76.) Das Skelett lag in einer Schicht des Moustérien und war noch in die darunter lagernde Strate des Acheuléen eingetieft. Der Leichnam war auf den Rücken gelegt, die Beine waren angezogen, der Rumpf leicht nach links gedreht, der Schädel auf die linke Seite gewendet. Die Beine jedoch lagen nach rechts, ebenso der rechte Arm. Drei flache Steine von etwa 20 cm Umfang waren zum Schutz über den Schädel gelegt, weiter lag ein Steinblock vor dem Becken, ein anderer an den Lendenwirbeln. Über dem Skelett fanden sich große Mengen zertrümmerter Knochen von Tieren, Speisebeigaben, und in der Nähe des Skelettes lagen die Feuersteinwerkzeuge.

Auch diesem Toten war sein Eigentum, die Werkzeuge, mitgegeben worden.

Im September 1910 ist durch Peyrony das Skelett einer Frau gefunden worden, 50 cm von dem ersten Fund entfernt, und so gelegen, daß die Scheitel der beiden Skelette gegeneinander gerichtet waren, und daß die Füße in entgegengesetzter Richtung lagen. Die Frau war alt und etwa 1,48 m groß. Das Skelett war auf die rechte Seite gelegt, die Beine waren an den Rumpf gepreßt und die Arme stark nach oben gebogen. Die Leiche war offenbar gefesselt worden, um das Wiederkehren zu verhindern. In der Nähe der rechten Hand fand sich eine Feuersteinspitze des Moustérien. Auch hier war also das Eigentum der Frau mit in das Grab gegeben worden.

Später, 1912, 1920 und 1921 wurden noch vier Kinderskelette gefunden, alle sorgfältig bestattet und meistens mit Steinplatten bedeckt, jedoch ohne Beigaben, denn Kinder haben noch kein Eigentum. Auch in Le Moustier hat Peyrony 1914 ein zweites Skelett gefunden, und zwar das eines neugeborenen Kindes, das in einer runden Grube bestattet war. (Obermaier, Reallexikon der Vorgeschichte Band IV, 1926 S. 450.) Dieses Kinderskelett hatte ebenfalls keine Beigaben.

Die Bestattung des Neandertalers, eines Menschen mit noch fliehender Stirn und fehlendem Kinn, eines Menschen, der noch nicht zur homo-sapiens-Gruppe gerechnet werden kann, des frühesten Menschen also, von dem geistige Äußerungen zu erwarten sind, sie ergaben schon Eigentum. Und das bestätigt nicht ein einzelner Fund, sondern mehrere. Der Mensch der letzten Warmzeit (183 000—118 000) und der beginnenden Eiszeit (118 000—50 000) kannte schon die wirkliche Bestattung, er hatte schon Vorstellungen über den Tod. Ja, er hatte schon den Gottesbegriff, wie man aus anderen Höhlen mit Opferbeigaben erkennen kann, wie Wildkirchli und Wildemannlisloch über St. Gallen, Schweiz. Wo aber das Opfer ist, ist immer die Vorstellung von dem, dem es gebracht wird, der Gottheit. (Kühn, Das Problem des Urmonotheismus, Wiesbaden 1951.)

Von der Rasse des Neandertalers ist scharf geschieden die Rasse des Crô Magnon-Menschen, des Menschen, der im Höhepunkte und am Ende der letzten Eiszeit lebte. Dieser Mensch ist der Schöpfer der vielen Werke der Kunst, sowohl der Kleinkunst auf Horn und Knochen und beweglichen Steinen wie auch der Wandkunst, der großen Gemälde und Gravierungen an den Höhlenwänden.

Die Zeit, in der dieser Mensch lebte, wird in drei Perioden gegliedert, in das Aurignacien, das mit dem Höhepunkt der Eiszeit zusammenfällt, in das Solutréen und in das Magdalénien, an dessen Ende das Eis abschmilzt. Aus dieser Zeit sind etwa 100 Überreste von verschiedenen Menschen erhalten, der Mensch der Epoche ist also seinen äußeren Formen nach gut bekannt. Manchmal sind es nur Schädel oder Bruchstücke von Schädeln, manchmal sind es aber auch ganze Skelette, die gefunden worden sind, und immer ist den Toten ihr Eigentum mitgegeben worden.

Man hätte das niemals getan, wenn der Begriff des Eigentums nicht voll entwickelt gewesen wäre. Der Mensch ohne Eigentum besteht also überhaupt nicht, er ist lediglich eine Konstruktion, eine Konstruktion, die nicht den Tatsachen entspricht. Da, wo der Mensch erscheint, da gibt es die Vorstellung von Gott, da gibt es den Begriff des Eigentums, da gibt es die Sprache, da gibt es das Denken, da gibt es das Feuer und das Werkzeug. Schon bei dem Neandertaler sind alle diese Elemente deutlich festzustellen, bei dem Menschen von Crô Magnon tritt noch die Kunst dazu, die bei dem Neandertaler nur Körperbemalung ist, wie sich aus den Funden von Ocker bei den Skeletten ergibt.

Die ältesten unter diesen Skelettfunden der Gruppe des Crô Magnon-Menschen sind die von *Crô Magnon*, einer Höhle in der Nähe des Ortes Les Eyzies in der Dordogne. (G. P. Hamy, La race de Crô Magnon, Annexe B in Bertrand, La Gaule avant les Gaulois. Paris 1891.) Die Skelette wurden 1868 gefunden und sind die, von denen oben gesprochen worden ist, eine Frau mit der Stirnwunde und einem noch ungeborenen Kinde, ferner die Skelette eines Greises und zweier jüngerer Männer. Bei den Skeletten lagen 300 durchbohrte Muscheln, vor allem der Seemuschel Litorina Litorea, ferner durchbohrte Zähne und eine runde durchbohrte Schmuckscheibe aus Elfenbein. Bei den Männern lagen Feuersteingeräte. Es handelt sich vielleicht nicht um Bestattungen, sondern um einen Unglücksfall. Die Frau trug ihren Schmuck, die Männer aber hatten ihre Feuersteinwerkzeuge bei sich.

Eine große Anzahl von Bestattungen hat sich in den *Grimaldi-Höhlen* bei Mentone in Oberitalien gefunden. Hier liegen mehrere Höhlen dicht beieinander, und in ihnen wurden 15 Skelette des Crô Magnon-Menschen aufgedeckt. (René Verneau, Cartailhac u. a., Les grottes de Grimaldi, Tome I und II, Monaco 1906.) Ein Jüngling lag neben einer älteren Frau in enger Umschlingung, der Kopf des Jünglings war mit Muscheln bedeckt, Nassa neritea, die in vier Reihen um das Haupt lagen und ehemals den Schmuck einer Kopfbedeckung bildeten. Nahe am Körper lagen wieder die Feuersteinklingen. Die Schädel waren durch Steinplatten geschützt, die auf zwei aufrecht stehenden Steinen ruhten. Der Jüngling war ganz mit Rötel bestreut. Die Frau trug am Arm zwei Armbänder, eines am Ellenbogen, eines am Handgelenk, sie bestanden aus einer Reihe der gleichen Muscheln.

Über dieser Doppelbestattung liegt eine 1,65 m starke fundleere graue Schicht. Über dieser Schicht liegt in einer Tiefe von 7,05 m wieder ein Herd mit einer neuen Bestattung, ein männliches Skelett, auf dem Rücken ausgestreckt, von Süden nach Norden orientiert. Um den Schädel fand sich Ocker. Schädeldach und Füße waren durch Steine geschützt. Zwischen den Rippen lagen durchbohrte Muscheln, der Tote hat also eine Muschelkette getragen, auch am Schädel lagen Muscheln und durchbohrte Zähne des Hirsches, Reste eines Kopfschmuckes. Dicht neben dem Toten fand sich das Stück eines bearbeiteten Geweihes vom Hirsch. Dies war das Werkzeug des Mannes, und es war ihm wieder im Tode mitgegeben worden.

4,35 m höher, also in einer Tiefe von 2,70 m, fanden sich zwei Kinderskelette mit etwa 1000 durchbohrten Muscheln der Nassa neritea, ein Schmuckbesatz der Röckchen der Kinder.

Noch 70 cm höher, also in einer Tiefe von 2,00 m, lag auf einer Feuerschicht ein weibliches Skelett. Es war ganz eingeschlossen in ein Bett von kleinen Steinen aus Mergel. Hier hat sich ein Werkzeug nicht gefunden, dagegen war der Schädel stark von Rötel gefärbt.

In der Nähe dieser Höhle liegt eine andere Höhle, die den Namen *Grotte du Cavillon* führt. Sie wurde von E. Rivière 1872 ausgegraben. Es fand sich in einer Tiefe von 6,55 m das Skelett eines erwachsenen Mannes, 7 m vom Höhleneingang entfernt. Er ruhte auf der linken Seite in Schlafstellung, die Oberschenkel waren leicht angezogen, die Arme gebeugt, die Hände lagen am Kinn. Unter dem ganzen Skelett fand sich eine künstlich hergestellte Schicht von pulverisiertem Ocker, und dadurch waren alle Knochen und die Grabbeigaben stark rot gefärbt. Der Schädel und der Rumpf waren gegen einige Steine geschützt, rings um den Schädel lagen durchbohrte Nassa-Muscheln und 22 durchbohrte Augenzähne vom Edelhirsch, besonders in der Nähe der Schläfe. Der Mann hat also einen Kopfschmuck oder eine Haube gehabt, die mit Muscheln und Augenzähnen benäht gewesen war. Neben der Stirne lag ein 17 cm langer Dolch aus Knochen, scharf zugespitzt. Hinter dem Kopfe lagen zwei lange feine Klingen aus Feuerstein.

Diese Bestattung ist besonders bedeutungsvoll für die Frage des Eigentums. Dem Toten war nicht nur seine Kopfbedeckung mitgegeben worden, die besonders wichtig war für den Jäger durch die 22 durchbohrten Augenzähne des Edelhirsches, sondern er hatte auch im Tode seinen langen

Knochendolch bei sich und seine zwei besonders ausgesuchten langen feinen Klingen aus Feuerstein. Der Jäger hat sich also als besonders erfolgreich von den anderen Jägern unterschieden, zu ihm gehörte dieser Kopfputz mit den 22 Augenzähnen des Hirsches, und so wurde ihm das als sein Eigentum mitgegeben. Auch der Knochendolch ist etwas Eigentümliches und etwas Seltenes bei den Bestattungen, die Klingen waren besonders ausgewählt, sie müssen das Eigentum eines großen und geachteten Jägers gewesen sein.

Nicht weit von dieser Höhle liegt eine dritte, genannt Grotte *Barma Grande*. In dieser Grotte fanden sich sechs Skelette.

Das erste Skelett lag ganz im Grunde der Höhle, es war das Skelett eines Mannes, der mit Nassa-Muscheln geschmückt war. Er war in hockender Stellung und mit angezogenen Beinen beigesetzt worden und ruhte auf einer Brandschicht von 60 cm Stärke. Der Körper lag auf einem Herde auf, der Gedanke ist immer, daß der Tote friert, und daß er deshalb erwärmt werden muß. In diesem Falle muß der Herd noch warm gewesen sein, als der Tote auf ihm gebettet wurde, das Skelett war angekohlt.

Im Jahre 1894 ist das zweite Skelett gefunden worden. Während das erste ohne Beigaben war, hatte das zweite einen Schmuck von Muscheln und Hirschzähnen. Die linke Hand hielt ein großes Gipsstück umfaßt. Auch hier war also das Eigentum und das, was der Tote als besonders Wertvolles besaß, im Tode mitgegeben worden.

Noch etwas höher wurden im Jahre 1892 drei Skelette gefunden, die in einer absichtlich hergestellten Grube nebeneinander ruhten. Alle drei Toten waren mit Ockerstückchen überschüttet, so daß die Skelette völlig rot erschienen. Sie lagen auf der linken Seite und hatten das Gesicht nach Süden gewandt. Ganz links lag das Skelett eines Mannes in Rückenlage, rechts neben ihm das Skelett einer jungen Frau, auf der linken Seite ruhend, und rechts neben ihr das Skelett eines etwa 15jährigen jungen Mädchens. Alle drei Toten waren sorgfältig geschmückt mit Muscheln der Arten Nassa und Cypraea, mit durchlochten Hirschzähnen, mit Fischwirbeln und mit Anhängern aus Knochen. Jedem Toten war eine gut gearbeitete große Feuersteinklinge mitgegeben worden.

Das sechste Skelett lag in einer Entfernung vom vorigen, aber immer noch in einer Tiefe von 8,50 m. Es ist 1884 aufgefunden worden von Louis Julien. Es lag auf einem Steinbett und war bedeckt von einer Schicht Asche und verbrannter Erde. Die Asche war zum Erwärmen über den Körper hingeschüttet worden. Es war das Skelett eines erwachsenen Mannes in ausgestreckter Rückenlage in der Richtung von Norden nach Süden. Der

Schädel lag geschützt zwischen zwei großen Steinen, er war mit einer dicken Kappe roten Ockers bedeckt, in der Nähe des Schädels und an den Schultern lagen die Feuersteinmesser, das Eigentum des Toten.

In einiger Entfernung von dieser Höhle liegt die vierte, genannt Grotte *Baousso da Torre.* In ihr wurden durch Emile Rivière 1873 drei Skelette gehoben.

Das erste, das eines Mannes, lag in einer Tiefe von 3,75 m. Es war auf einem Herd gebettet und ruhte auf dem Rücken, nur das linke Knie war ein wenig erhoben. Wieder lag das Skelett auf der Oberfläche der Asche eines Herdes in einer starken Schicht von Rötel. Der Tote hatte seinen Schmuck von Muscheln und mehrere Werkzeuge.

Das zweite Skelett, wieder das eines Mannes, lag in einer Tiefe von 3,90 m fast parallel zu dem ersten, ebenfalls auf einem Herde. Es ruhte auf der linken Seite, unter dem Skelett fand sich eine starke Rötelschicht, mehrere Werkzeuge und Muscheln waren dem Toten mitgegeben.

Das dritte Skelett lag 80 cm von dem zweiten entfernt und war gegen die Höhlenwand gestützt. Es war das Skelett eines etwa 15jährigen Jungen. Waffen, Werkzeuge, Schmuck oder Rötel waren ihm nicht beigegeben.

Die Höhlengruppe bei Mentone erbrachte also 15 Skelette des Crô Magnon-Menschen, des Menschen der Eiszeit, des Menschen, der die großen Kunstwerke an den Höhlenwänden, der die vielen Skulpturen geschaffen hat. Bei allen Skeletten ergab sich das gleiche: es ist den Toten Schmuck mitgegeben worden, ihr privates Eigentum und das Werkzeug, das Gerät, der wichtigste Gegenstand des Menschen dieser Zeit. Und diese Tatsache ergibt sich auch bei den anderen Funden der gleichen Epoche.

Ein schon früher gefundenes Skelett ist das der Höhle von *Paviland in Wales* in England, auf der Halbinsel Gower, zwischen Oxchurch und Oxchurchbay und Wormshead. Hier hat im Jahre 1823 W. Buckland ein gestrecktes weibliches Skelett aufgedeckt, das in der Richtung der Höhlenachse lag und das von Ocker vollständig eingehüllt war. Es wurde von den Ausgräbern deshalb Red Lady genannt. (W. Buckland, Reliquiae Diluvianae, 1823, S. 82.) Der Toten war ihr Eigentum mitgegeben worden, die Steinwerkzeuge und die Muscheln, natica neritalis und Schmuckstücke aus Elfenbein.

Der Fund eines Skelettes in *Raymonden* bei Chancelade in der Nähe von Périgueux in der Dordogne, im Jahre 1888 gefunden, ist das Skelett eines etwa 55 Jahre alten Mannes, das dem Magdalénien, also der letzten Periode der Eiszeit, angehört. (L. Testut, Recherches anthropologiques sur le squelette quaternaire de Chancelade [Dordogne], Bull. de la Société d'Anthropologie de Lyon 1889.) Diesem Skelett war nur Rötel beigegeben worden.

In *Laugerie-Basse* bei Les Eyzies im Tale der Vézère in der Dordogne wurde 1872 das Skelett eines Mannes in einer Tiefe von 2,45 m gefunden. (G. P. Hamy, Bull. de la Société anthr., Paris 1874, S. 625.) Am Schädel, an den Ellenbogen, über dem Knie und auf dem Fuße fanden sich je zwei durchbohrte Mittelmeermuscheln, die ehemals auf ein Gewand aus Pelz aufgenäht waren.

In der Höhle *Duruthy* bei Sordes im Département Landes wurde 1872 durch Lartet und Chaplain-Duparc ein Skelett in 2,70 m Tiefe gefunden, das wieder auf einem Herde lag, und dem zahlreiche Klingen und Messer des Magdalénien beigegeben waren. Auch Fleisch zum Essen war dem Toten mitgegeben worden, so daß noch eine Fülle von Bison- und Rentierknochen um das Skelett herum zerstreut zu finden waren. Der Tote war geschmückt mit 40 Zähnen des Höhlenbären und mit drei Zähnen des Höhlenlöwen, alle durchlocht zum Anhängen und zum Teil versehen mit Zeichnungen, die Harpunen, Ornamente und Tiere darstellen. (Lartet et Chaplain-Duparc, Une sépulture des anciennes troglodytes des Pyrénées, 1874).

In der Höhle *Les Hoteaux* bei Rossillon im Département Ain wurde 1894 in einer Höhle, auf einem Herde liegend, 2 m tief das Skelett eines jungen Mannes gefunden. (Abbé Tournier et Charles Guillon, Les hommes préhistoriques dans l'Ain. Bourg 1895.) Das Skelett war ganz in roten Ocker eingehüllt, der besonders am Schädel, aber auch am Rumpf sehr stark aufgetragen war. Eine größere Anzahl von Steinwerkzeugen des Magdalénien war dem Toten beigegeben, ferner ein Kommandostab mit Durchbohrung und mit undeutlichen Zeichnungen, dazu ein Hirschzahn. Der Tote war also ein Zauberer, er war der Träger eines Kommandostabes, eines Zauberstabes, und so war ihm dieses wichtige Stück seines Eigentums mitgegeben worden in den Tod.

In der Höhle *Mas d'Azil* im Département Ariège fand E. Piette 1887/88 zwei Skelette, stark mit Ocker gefärbt. (E. Piette, Bull. de la Société d'Anth., Paris 1895, S. 485.)

In *Combe Capelle* bei Montferrand-du-Périgord in der Dordogne fanden im Jahre 1909 Hauser und Klaatsch ein männliches Skelett, das dem Aurignacien zugehört. (Hauser und Klaatsch, Der neue Skelettfund Hausers aus dem Aurignacien, Prähistorische Zeitschrift, Bd. 1, 1909, S. 180.) Für den Toten war eine kleine Mulde ausgehoben worden, am Schädel lagen durchbohrte Muscheln und Schnecken, auf der Brust, an den Füßen und am Schenkel Steinwerkzeuge des Aurignacien.

In *Oberkassel* bei Bonn in der Rheinprovinz wurden 1914 in einem Steinbruch zwei Skelette gefunden, ein männliches und ein weibliches. Die Arbeiter bargen die Funde, ohne auf die Lagerung der Skelette zu achten, jedoch konnten durch Verworn und Bonnet noch einige Feststellungen getroffen werden. (Verworn, Bonnet, Steinmann, Der diluviale Menschenfund von Oberkassel bei Bonn, 1919.) Die Skelette waren bedeckt mit großen Platten von Basalt, sie lagen in einer dicken Schicht von kleinen Steinen, in einer Art Bett, das völlig durchtränkt war von roter Farbe. Den Toten war ein Haarpfeil mitgegeben worden, gearbeitet aus Knochen, den vielleicht die Frau getragen hatte. Am Ende des Stückes findet sich ein geschnitzter Tierkopf. Ferner war dem Toten eine Speerschleuder beigegeben worden, die die Gestalt eines liegenden Tieres hatte. (Breuil und Kühn, Die Magdalénienskulptur von Oberkassel, Ipek 1927, S. 193.) Neben den Skeletten lagen die Knochen von Wolf, Höhlenbär und Reh und Spuren von Holzasche und Feuersteingeräte.

Auch im Osten haben sich Skelette der gleichen Zeit gefunden.

In *Brünn* in Mähren wurde in der Franz-Josef-Straße im Jahre 1891 durch A. Makowsky (Makowsky, Der diluviale Mensch im Löß von Brünn. Mitteilungen der Wiener Anthropologischen Gesellschaft 1892) im Spätaurignacien, in 4,50 m Tiefe im Löß das Skelett eines Mannes mittleren Alters gefunden. Es lag in einem Bett von rotem Ocker und war geschmückt mit 600 durchlochten Muscheln, mit größeren und kleineren Scheiben aus Kalkstein, aus Rhinozeros- und Mammutrippen und aus Mammutknochen. Neben dem Skelett lagen Knochen von Mammut und Rhinozeros, die Überreste der Speisebeigaben. Die Schmuckscheiben waren verziert mit Ornamenten, und bei dem Skelett fand sich eine kleine männliche Figur aus Mammutelfenbein von etwa 25 cm Länge.

In *Předmost* bei Prerau in Nordmähren wurde ein besonders ausgedehnter eiszeitlicher Fundplatz aufgedeckt. Seit 1880 wird hier gegraben, und es sind jetzt die Knochenüberreste von weit über tausend Mammuten aufgefunden worden, dazu über 50 000 Werkzeuge. Insgesamt haben sich an diesem großen Jagdplatz der Eiszeit 20 Skelette gefunden. (Maška, Ausgrabungen in Předmost. Mitt. der k. u. k. Central-Commission für Kunst und Historische Denkmale, 1884, D. 129. — Obermaier, L'Anthropologie, 1905, S. 393.) Die Skelette waren untergebracht in einem einzigen Grabe von 4 m Länge, 2,05 m Breite und 2,06 m Tiefe. Das Grab war sorgfältig ausgehoben worden und war mit einer 40 cm starken Lage von kleinen Steinen bedeckt. An beiden Seiten war es geschützt durch Mammutschulterblätter, an einer Seite noch durch Mammutkiefer. Bei den Skeletten fanden sich die Schmuckbeigaben, überall Ockerspuren, Werkzeuge und durchlochte Muscheln.

Der östlichste Fund der Eiszeit ist der der Ortschaft *Malta*, etwa 60 km westlich von Irkutsk in Sibirien. Hier ist im Jahre 1928 ein Skelett des Aurignacien gefunden worden, das M. Gerassimov, der Direktor des Museums in Irkutsk, auf das sorgfältigste geborgen hat. (E. A. Golomshtok, L'Anthropologie 1933, S. 346.) Der Forscher hat eine große Fundstelle eiszeitlicher Kultur entdeckt mit einer Anzahl weiblicher Statuetten, geschnitzt aus Mammutelfenbein und mit anderen Werken der Kleinkunst. Auf diesem Fundplatz fand sich auch ein menschliches Skelett, bedeckt von zwei Steinen, die auf einem dritten ruhten. Bestattet war ein Kind von drei Jahren. Das ganze Skelett war mit Rot gefärbt, über dem Kopf fand sich im Halbkreis aus Knochen gearbeitet eine Art Diadem, um den Hals lag ein Halsband von 112 durchbohrten Knochenscheiben, das in der Mitte einen Anhänger in Kreuzesform trug. Am rechten Unterarm lag ein Armband aus Elfenbein, nicht weit davon ein Messer aus Feuerstein und in der Nähe der Wirbelknochen eine durchbohrte Schmuckscheibe mit konzentrisch eingepunzten Kreisen und mit Spiralen. An den Füßen lag eine Knochenspitze aus Elfenbein, dazu eine andere Spitze, eine Art Nadel und zwei Messer des Aurignacien.

So ist also eine Fülle von Bestattungen der Eiszeit bekannt, von den Pyrenäen bis an die Grenze von China, der Raum ist unermeßlich groß, er überdeckt Tausende von Kilometern, und doch ist die Art der Bestattung immer gleich. Die Menschen sind beigesetzt worden, so wie sie lebten. Sie liegen auf dem Herd, damit sie warm werden, sie sind blaß im Tode, und sie brauchen ihre Körperbemalung, und darum gibt man ihnen Ocker mit. Sie haben Hunger, und man gibt ihnen Nahrungsmittel, damit sie zu essen haben. Man bestattet sie, als wenn sie schliefen, oder man bindet ihre Beine, vielleicht, damit sie in der Stellung sterben, in der sie im Mutterleib liegen vor der Geburt. Vor allem aber gibt man ihnen ihr Eigentum mit, das sind die Schmuckstücke, die sie im Leben getragen haben, das sind ein paar persönliche Gegenstände, wie die Speerschleuder in Tiergestalt in Oberkassel, wie die Statuetten in Brünn. Die wichtigste Beigabe aber ist das Werkzeug, das Gerät. Es ist das persönlichste Eigentum des Menschen, und deshalb kann er es auch im Tode nicht entbehren.

Das Eigentum besteht also schon seit der frühesten Zeit des Menschen auf dieser Erde. Das Eigentum wird für so wichtig erachtet, daß es auch dem Menschen nach dem Tode belassen wird. Von Anfang an ist der Mensch verbunden mit dem Eigentum, und der Wunsch nach Eigentum, nach Besitz ist einer der großen Urinstinkte und Urtriebe des Menschen, genauso wie der Trieb zur Erhaltung der Gattung, genauso wie der Trieb nach Nahrung, genauso wie der Trieb nach Schlaf. Es ist dem Menschen nicht möglich, mit Hilfe seines Verstandes diesen Trieb aus der Menschheit auszurotten, wohl kann es der Einzelne zu irgendeinem höheren Ziel und einem höheren Zweck, aber die Menschheit kann es nicht, sie ist so angelegt und so geschaffen, daß der Trieb zum Eigentum immer wieder alles rationale Planen und Ordnen durchbrechen wird. Denn der Mensch muß mehrmals täglich essen, der Mensch braucht seine Ernährung auch in den Jahreszeiten, in denen es schwierig ist, die Nahrung zu beschaffen, der Mensch muß die Kinder ernähren, die Alten und Kranken. Darum muß er wirtschaften, das heißt vorsorgen, darum muß er Eigentum haben, Nahrungsmitteldepots, um gesichert zu sein in der Not, in der Gefahr und im Alter. So ist der Gedanke des Eigentums nicht getrennt von dem Menschen, er ist verbunden mit dem Menschen und ist ein Teil von ihm.

Die Frage des Kommunismus der Urzeit ist aber zuerst eine Frage des Eigentums, Kommunismus heißt Aufhebung des Eigentums.

Die gesamte Wirtschaftslage des Menschen der Eiszeit widerspricht also dem Gedanken des Kommunismus, und es war der Fehler von Morgan, auf dem Marx fußt, daß er die Ackerbaustufe für das Älteste hielt. In Wirklichkeit liegt vor dem Ackerbau die Jagd und das Sammeln. Und unsere Kenntnis dieser Epoche ist so ausgedehnt, so weitgehend und so klar, daß man mit Sicherheit sagen kann, der Mensch der Eiszeit, der Mensch der ältesten Wirtschaftsstufe auf Erden, lebt nicht in kommunistischen Zuständen.

Die Kenntnis stammt aus vielen Hunderten, ja Tausenden von gut gegrabenen Fundstellen des Menschen der Eiszeit. Diese Fundstellen sind dreifacher Art, einmal die Wohnhöhlen mit den Wohnschichten des Menschen, bei der Ausgrabung deutlich geschieden in frühere und ältere Wohnstraten, die übereinanderliegen, meistens getrennt von sterilen Schichten. Zweitens die kultischen Höhlen mit den Malereien der Tiere, die der Mensch gejagt hat und die er an die Wände der Höhlen malte zum Zwecke der Jagd, des Zaubers bei der Jagd. Die dritte Erkenntnisquelle sind die Freilandstationen, Rastplätze der eiszeitlichen Menschen, die immer wieder aufgesucht wurden, wahrscheinlich weil die weggeworfenen Samen der Pflanzen Frucht trugen und so den Platz immer wieder anziehend machten. Es gibt viele Freilandplätze, meistens günstig gelegen in bezug auf die Wasserversorgung, in bezug auf die Höhenlage, von der aus die Täler zu übersehen sind, Wohnstätten, die viele Wohnschichten übereinander tragen.

Die vielen Funde aus diesen drei verschiedenen Arten von Fundplätzen, vor allem aber die Bilder und die Kleinkunst auf Horn, Knochen und Stein, ermöglichen dem Menschen der Gegenwart eine so genaue Kenntnis der Lebensart des eiszeitlichen Menschen wie von kaum einer anderen Epoche der Vorzeit sonst. Der eiszeitliche Mensch hatte die Angewohnheit, seine ganze Umwelt darzustellen. Nicht nur die jagdbaren Tiere, auch die Insekten, die Grashüpfer, die Käfer wurden dargestellt, auch Skulpturen von Ähren und Gravierungen von Bäumen und Pflanzen kommen vor. Im Vordergrund stehen natürlich die jagdbaren Tiere, die immer wieder gemalt und gezeichnet werden, und deren Knochen sich in den Abfällen in der Nähe des Herdes und in den Wohnschichten in riesiger Anzahl finden. Häufig erscheint das Mammut (Elephas primigenius). Ein wichtiges Tier ist weiter der Bison oder Wisent (Bison priscus), ferner der Urstier (Bos primigenius). Zu den am meisten gejagten Tieren gehört das Wildpferd (Equus caballus) und das Rentier (Rangifer tarandus). Auch das wollhaarige Nashorn (Rhinozeros tichorhinus) kommt vor, ebenso der Elch (Alces latifrons). Gemalt und gejagt wird weiter das Wildschwein (Sus scrofaferus), der Riesenhirsch (Cervus megaceros), der Edelhirsch (Cervus elaphus), das Reh (Capreolus capreolus), der Steinbock (Capra ibex), die Gemse (Capella rupicapra), der braune Bär (Ursus arctus), der Höhlenbär (Ursus spelaeus), der Wolf (Canis lupus), die Wildkatze (Felis catus), der Eisfuchs (Canis lagopus), der Vielfraß (Gulo borealis), die Fischotter (Lutra vulgaris), der Schneehase (Lepus variabilis), das Alpenschneehuhn (Lagopus alpinus), Halsbandlemming (Myodes torquatus), Birkhuhn, Wildente, Wildgans und Singschwan.

Um ein Beispiel zu geben, fanden sich bei der Ausgrabung von *E. Peters* am Petersfels bei Engen im Hegau (E. Peters, Die altsteinzeitliche Kulturstätte Petersfels, Augsburg 1930) folgende Knochenüberreste, die die Verteilung der Jagd klar erkennen lassen. Sie wurde in dieser Gegend allerdings nur im Sommer vorgenommen, und so kommt es, daß die kälteliebenden Tiere zurücktreten. Erlegt wurden von den eiszeitlichen Menschen am Petersfels: 870 Schneehasen, 640 Rentiere, 100 Wildpferde, 45 Eisfüchse, 10 Wildrinder, 8 Edelhirsche, 6 Rehe. Die Gebiete in Mitteleuropa bis hin nach dem Osten sind Jagdgebiete nur im Sommer gewesen, und das ergibt sich aus dem Fundmaterial der Plätze einwandfrei, es finden sich nämlich die ausgewachsenen Fötusreste oder die Knochen ganz junger Tiere, deren Geburtszeit in die Monate April bis Juni fällt. Auch die Rengeweihfunde ergeben, daß die Eiszeitjäger in Mitteleuropa und Osteuropa nur im Sommer gejagt haben. Die erwachsenen männlichen Tiere tragen nämlich im Winter kein Geweih. In den mitteleuropäischen Stationen werden nun aber kräftige, schädelechte Stangen mit den noch anhaftenden Bruchstücken der gewaltsam abgeschlagenen Schädelkapseln gefunden. Diese Tatsache ergibt, daß die Tiere zur Sommerszeit erlegt worden sind. (Hugo Obermaier, Streiflichter in das Leben der späteiszeitlichen Rentierjäger der Urschweiz, Jahrbuch der Schweizerischen Gesellschaft für Urgeschichte, 31, 1939, S. 123 und Georg Bandi, Die Schweiz zur Rentierzeit, 1947, S. 62.)

Aus den Tierfunden, aus den Bildern, folgt deutlich, daß der Mensch der Eiszeit ein Jäger ist, und daß die Frauen die Pflanzen sammeln, die wild wachsen. Diese Stufe der Wirtschaft ist die Stufe der Jäger und Sammler. Es ist eine aneignende Wirtschaft, eine konsumtive Wirtschaft. Noch besteht keine Produktion, der Mensch stellt noch nichts her, er produziert noch nicht, er nimmt auf, was die Natur ihm bietet. So fanden sich in den eiszeitlichen Schichten noch niemals Haustiere, niemals Tongefäße, keine Überreste des Ackerbaues. Es ist eine einfache Nutzung der Natur, und heute noch leben Völker auf der Erde, die in gleicher Wirtschaftsstufe verblieben sind, die Polarvölker, die Buschmänner in Südafrika, die Australier, die Vedda auf Ceylon. Es besteht also die Möglichkeit, die Lebensweise des Menschen der Eiszeit zu erkennen bei den heute lebenden Völkern der gleichen Wirtschaftsstufe, vor allem bei den Eskimos, die ja auch in einem ähnlichen Klima leben.

Sie alle müssen große Wanderungen unternehmen zum Zwecke der Jagd und des Sammelns. Das setzt eine geringe Bevölkerungsdichte voraus. Feste Wohnsitze sind bei dieser Lebensform nicht geeignet. Die Jäger streifen über ungeheuer große Räume, sie folgen den Tieren, genau wie heute die Eskimos. Daß diese Wanderungen auch in der Vorzeit üblich waren, ergibt sich aus der Gleichförmigkeit der Werkzeugtypen und der Fanggeräte, vor allem der Harpunen, über unerhört große Flächen. Im wesentlichen sind die Werkzeuge der Eiszeit dieselben, ob man sie in Spanien oder an der Grenze Chinas findet. Im Aurignacien gibt es überall die gleichen Stichel, Spitzen, Bohrer, Kratzer, Kielkratzer und konische Kratzer. Im Magdalénien leben in Europa die gleichen Klingen mit Kratzerenden, die gleichen Stichel und Bohrer, die gleichen Pfeilspitzen mit gespaltener Basis und die gleichen Harpunen, im Beginn des Magdalénien einreihig, später zweireihig. Eine solche Gleichförmigkeit des Fundmaterials wäre gar nicht denkbar, wenn die Jäger nicht über so große Strecken gewandert wären.

Ein Grundzug der Wirtschaft ist also die starke Beweglichkeit der Menschen, und doch ist zu sehen, daß sich einzelne Gruppen innerhalb der Einheitlichkeit herauslösen. So gibt es eine kantabrische Variante bei den Pfeilspitzen im Beginn des Magdalénien, so gibt es im Fundmaterial um Hamburg zinkenartige Geräte, die sich etwas unterscheiden von dem übrigen Material Europas. Doch diese Unterscheidungen sind geringer Art und treten erst bei genauestem Studium in Erscheinung. Aus diesen Unterschieden ergibt sich, daß es innerhalb des Gesamtgefüges kleinere Gruppen gegeben hat, Gruppen, deren Jagdgründe abgetrennt waren, und die dann irgendeine kleine Besonderheit entwickelten in der Herstellung der Geräte, die andere Gruppen nicht hatten.

Innerhalb der Gruppe, abgegrenzt durch bestimmte Jagdgebiete, ist die tragende Kraft die Großfamilie. Sie wohnt in dem Eingang der Höhle oder in einfachen Hütten, wie sie besonders in Rußland, in *Kostienki*, 30 km südlich von Voronez, ausgegraben worden sind. (F. Hančar, Zum Problem der Venusstatuetten im eurasiatischen Jungpaläolithikum, Prähistorische Zeitschrift 1939/40, S. 89.) Die Wohnstätte selbst bedeckte eine Fläche von 12×20 m, eingetieft in den Boden mit besonders kenntlichen Wohnstellen. 1931 wurden zwei Wohngruben festgestellt, breite Mulden von eirunder Form in der Größe von 6 m mal 4 m. 1933 wurde eine andere Grube gefunden, die ganz innerhalb der Erde lag, 1 m unter der Erdoberfläche, ein schmaler Gang führt in die Grube hinein. In jeder Wohngrube fand sich die Herdstelle, die Wände waren stark angebrannt.

Auch in *Gagarino*, am oberen Don, ist ein Hüttengrundriß gefunden worden, dessen Funde der Eiszeit angehören. Es fand sich eine mit Ocker gefärbte Kulturschicht mit 600 Feuersteinwerkzeugen und mit einer Menge zerbrochener Tierknochen. Die Wohngrube war umstellt von Steinplatten, großen Mammutzähnen, am Rande der Wohngrube, in einer Nische, lagen Frauenstatuetten.

In *Timonovka*, am rechten Ufer der Desna, 4 km südwestlich von Brjansk, sind zwischen 1927 und 1933 sechs Wohngruben, vier Vorratsgruben und zwei Werkstätten mit Feuersteingeräten aufgedeckt worden. Die Wohngruben haben eine Länge von 6 m mal 10 oder 3 m mal 3. Es fanden sich in ihnen der Herd, Tierknochen, Stein- und Knochengeräte, Flintabsplisse, kleine Kohlenstückchen und Asche. Ein Gang von 2,50 m Länge führt in die Wohngrube hinein, ein Rauchabzug war vorhanden, die Wände waren mit Holz verkleidet. In den Wohngruben fanden sich allein 2400 messerartige Klingen, Bohrer, Gravettespitzen, zusammen 33 400 Feuersteingegenstände. Das Dach war flach, es bestand aus quergelegten Holzbalken und einer darüber gehäuften Erdschicht von 20 cm Dicke.

Diese Funde ergeben, daß der Mensch der Eiszeit, da, wo er keine Höhle hatte, Wohngruben baute, sie ergeben eine gewisse Seßhaftigkeit, die zum Bilde des Eiszeitmenschen gehört. Er ist also nicht nur umherschweifender Jäger, der nachts unter Bäumen schläft, unter Felsdächern oder unter Steinen, er hat vielmehr eine Wohnung, und diese Wohnung ist groß genug, um die Horde aufzunehmen. Das ist der Grund, warum manche dieser Häuser eine Länge von 10 m haben. Der Mensch lebte also nicht nur alleine, er lebte mit seiner Familie, und zwar vorherrschend in Einehe, wie gerade der Fund aus Oberkassel ergibt. Innerhalb der Familie gab es die Jäger, die Söhne, Schwiegersöhne des Familienvaters und deren Frauen, die für die Kleidung und das Sammeln der Pflanzen zu sorgen haben. Jeder hat so seinen Aufgabenkreis, und das Leben dieser Familie ist nicht anders als das Leben der heutigen Eskimos.

Es gibt über die Eskimos eine sorgfältige Arbeit, die Gabus geschrieben hat, der lange mit den Eskimos lebte. (J. Gabus, So leben die Eskimos, Olden 1942.) (Ders. Vie et Coutumes des Esquimeaux Caribous, Lausanne 1944.) Gabus sagt, der Eskimo, der Mensch der Jäger- und Sammlerstufe überhaupt, kann sich nur in seltenen Fällen bei einem Nachbar Rat und Hilfe suchen, er führt ein weitgehend individuelles Leben, die große Selbständigkeit und Verantwortung eines jeden Jägers läßt ihn, ganz besonders das Familienoberhaupt, stolz werden.

In der Tat, dieses Leben in solcher Wirtschaft ist individualistisch. Die Familie lebt für sich, sie muß für sich leben, weil andere Familien in der Nähe die Ernährung gefährden würden. Der Jäger braucht große Räume für sein Leben. Sein Jagdgebiet muß weit sein, wenn er bestehen will. Der Jäger muß auch für sich allein das Glück der Jagd erstreben. Wenn er das Tier verfolgt, wenn er es stundenlang jagt und müde hetzt, dann hängt es von seiner eigenen Geschicklichkeit, von der Treffsicherheit seines Pfeiles, von der Kraft seines Speerwurfes, von der Sicherheit seines Auges ab, ob er das Tier erlegen kann. Unter diesen Umständen kann nie der kollektive Gedanke in den Vordergrund treten. Die große Masse, die Menge, die Bindung des Einzelnen an eine Gesamtheit, ist hindernd für die Jagd, nicht förderlich. Je weniger Menschen da sind, um so größer ist der Ertrag der Jagd, je weniger der Jäger auf seinen Zügen von anderen Jägern und ihren Fährten gestört wird, um so größer ist sein Erfolg. Wenig wirtschaftliche Zustände sind so auf den *Individualismus* gestellt wie gerade diese der frühen Jagd.

Zwar gibt es auch Treibjagden, und sie sind nötig, um die großen Tiere zu jagen, die Mammute, die Bisons, die Rhinozerosse, Wildpferde, Urrinder. Es gibt auch mehrere Darstellungen der Treibjagd, wie etwa die Zeichnung auf einem Knochen in Les Eyzies (Kühn, Kunst und Kultur der Vorzeit Europas. Das Paläolithikum, 1929, S. 496, Abb. 168) oder auf einem Knochenstück von Chancelade (Dordogne) (Kühn, ebenda, S. 71, Abb. 13). Das Knochenstück hat am oberen Ende ein Loch und eine Öse und ist selbst ein Schwirrholz, wie es genau ebenso noch jetzt für die Treibjagden von Jägern benutzt wird. Die Jäger haben durch das Geräusch der Schwirrhölzer die Tiere locker gemacht. Sie haben auch Flöten gehabt, Hasenquäken, wie sie noch ganz ähnlich jetzt bei der Hasenjagd verwendet werden, um die Hasen heranzurufen. Es wurden auch Hirschrufe verwendet, und ein interessantes Bild aus der Höhle Trois Frères zeigt einen Jäger mit der Maske eines Bisons tanzend, der den Hirschruf bläst. Vor ihm stehen zwei Hirsche, die sich zur Flucht wenden, das letzte Tier dreht den Kopf, ein weibliches Tier. (Ipek 1932/33, S. 146.) So zeigen also die Bilder die Treibjagd, so zeigen die Bilder die Geräte der Treibjagd, und ebenso zeigen die Bilder die Fallenjagd.

Da gibt es viele Darstellungen von Tieren, die auf *Fallen* zugetrieben werden. (Kurt Lindner, Die Jagd der Vorzeit, 1937, S. 35 f.) Es gibt Schwerkraftfallen, ich selbst konnte ein bis dahin unbekanntes Bild dieser Art in der Höhle *Niaux* (Ariège) aufdecken. (Kühn, Kunst und Kultur, S. 59.) Da gibt es Zeichnungen von Fallgruben, von Tretfallen und von Wildgattern. So ist die Jagd mit Fallen für die Eiszeit also gesichert, diese Fallenjagd aber, ebenso wie die Treibjagd, erfordert eine gemeinsame Aktion. Hier müssen Mehrere sich zusammenschließen zu der Gruppenjagd, und so tritt das individuelle Leben des Jägers schon in diesem frühen Stadium in die Spannung mit der Aufgabe der Gruppe. Aber diese Gruppe kann nicht in den Vordergrund treten, sie kann nur geleitet werden von einem Einzelnen, dem Führer der Horde, dem Vater der Familie.

Es kann auch der Zauberer an der Spitze gestanden haben, der Zauberer war es auch, der die Bilder malte, der Zauberer trägt die Zauberstäbe, die Kommandostäbe, die so vielfach gefunden werden. Es gibt also Einzelne, die sich herausheben aus dem Ganzen, so wie es auch besonders tüchtige Steinschläger gibt, und an mehreren Stellen sind Ateliers der Werkzeughersteller gefunden worden. Sie sind dadurch kenntlich, daß noch unbearbeiteter Feuerstein in Knollen auf der Erde liegt, daß sich Steinplätze zum Sitzen finden, auf denen der Arbeiter saß, und daß eine Fülle von Steinabsplissen um diese Plätze herum liegt. Ein gut gegrabener Platz dieser Art ist die Raststelle vom *Linsenberg in Mainz*, auf der Höhe über dem Rhein gelegen, da, wo der Jäger die Möglichkeit hat, die Jagdreviere zu übersehen. (Ernst Neeb, Eine paläolithische Freilandstation bei Mainz, Prähistorische Zeitschrift, 1924, S. 1—8.) So gibt es Einzelne, die sich durch ihre Leistungen herausheben, und auch heute noch machen die Eskimos weite Wanderungen, um einen berühmten Zauberer, der sich hervorhebt, zu besuchen. Genauso treten bekannte Jäger hervor, und diese sind es dann, die mit den Abzeichen ihrer Jagderfolge, etwa mit 23 Hirschzähnen, mit Bärenzähnen, mit Elfenbeinscheiben von Mammutzähnen, als Schmuck bestattet werden. Überall ist es also die *Schätzung der Einzelleistung*, so liegt auch die Verteilung der erlegten Beute in den Händen des Familienvaters, so wird die Oberleitung der Jagd bei gemeinsamer Jagd einem anerkannten und erfolgreichen Jäger übertragen.

Das Eigentum an Jagdgeräten wird durch Eigentumsmarken auf Speerspitzen, Knochen, Harpunen, wie etwa denen aus dem Keßler Loch bei Thayngen deutlich kenntlich gemacht. (Bandi, Die Schweiz zur Rentierzeit, 1947, S. 80.) Bei den Eskimos wird derjenige, der sich hervorhebt, der Ihumator genannt, das heißt, derjenige, der denkt. Er hat aber keinerlei Kommandogewalt. Die Familien, die einen Stamm bilden, kommen nur im Frühjahr und Herbst zusammen. Dann trennen sich die Familien wieder, und die Befehlsgewalt in der Gruppe hat nur das Familienoberhaupt, der Vater. Die Ordnung ist vaterrechtlich, auf dem Mann ruht die Verpflichtung zum Nahrungserwerb durch die Jagd und damit auch die Frage der Bekleidung. Die Aufgabe der Frau ist es, Felle und Häute zuzubereiten, die Kleider zu nähen, die Küche zu besorgen, das Brennmaterial zu verschaffen. Frauenraub ist selten. Als Eheform gilt die Monogamie. Wenn ein Gast in die Hütte kommt, ist es üblich, ihm die eigene Frau für die Dauer des Aufenthaltes zu überlassen. Das geschieht in voller Natürlichkeit. Feste werden bei den Eskimos gefeiert, sie stehen unter der Leitung des Zauberers, Trommeln werden geschlagen, es gibt Gesang und Tanz.

Genau dasselbe ergeben die Funde der Eiszeit. Viele Flöten sind gefunden (Otto Seewald, Steinzeitliche Musikinstrumente Europas, Wien 1934), und die Tanzschritte der Menschen wie in Tuc d'Audoubert (Ariège) sind noch jetzt im Lehm der Höhle zu sehen. (Kühn, Kunst und Kultur, 1929, S. 157.)

Die Eigentumsfragen sind bei den Eskimos genauso geordnet wie in der Vorzeit. Waffen, Geräte, Fallen, Spielzeug, Schmuck, Kunstgegenstände sind persönliches Eigentum. Zelt, Boot und Schlitten gehören der Familie gemeinsam. Auf das Entschiedenste lehnt J. Gabus, der die Eskimos so eingehend studiert hat, den Gedanken eines primitiven Kommunismus ab. Im Vordergrund steht der Einzelne, und genauso ist es in der Vorzeit gewesen, das Leben dieser Menschen ist individualistisch, und die Gruppe tritt in den Raum des Einzelnen nur so weit hinein, wie er wieder die Gruppe braucht.

Die Rechtsfragen werden genau geregelt. Plünderungen von Nahrungsmitteldepots, die Nichtachtung des Tabus, das Fernhalten des Wildes von den Jagdflächen und außereheliche Beziehungen zu einer Frau ohne Einwilligung ihres Gatten, Morde, werden streng bestraft. Die Rechtsprechung erfolgt durch das Familienoberhaupt, durch den Zauberer oder durch die ganze Familie. Die Strafen bestehen in der Verhöhnung des Übeltäters durch satirische Gesänge bei gemeinsamen Festen, bei schwereren Verbrechen in der Tötung. Der Mörder verfällt der Blutrache der Familie des Ermordeten. Solche Hinrichtungsszenen aus der frühen Nacheiszeit sind die der Gasulla-Schlucht in der Provinz Castellón in Ostspanien. (Juan B. Porcas, Hugo Obermaier, Enrique Breuil, Excavaciones en la Cueva Remigia, Castellón. Madrid 1935. — Herbert Kühn, Felsbilder Europas. Stuttgart 1952, S. 73, 74.)

Das Ergebnis der Betrachtung der ältesten Kulturverhältnisse und der ältesten Sozialbeziehungen der Menschen auf dieser Erde ist ganz eindeutig: Es hat nicht ein Kommunismus am Anfang gestanden, wie Marx es dachte, das Leben des Jägers kann nie zu Kommunismus führen, es steht viel zu sehr auf der Leistung des Einzelnen, auf der Geschicklichkeit bei der Jagd. Natürlich hat es auch eine Gemeinschaft gegeben, wie es niemals einen reinen Individualismus geben kann, aber vorherrschend ist die Bedeutung des Einzelnen. Im Vordergrund steht das Eigentum, und das ergibt die Fülle der gut beobachteten Bestattungen der Eiszeit. Dem Toten wird sein Eigentum mitgegeben. Und dieses Eigentum sind die Geräte, sind die Werkzeuge, sind die Waffen, sind die Schmuckgegenstände. Diese Schmuckgegenstände sind oft recht wertvoll und sind durch Tauschhandel erworben. So ist im Keßler Loch bei Thayngen eine Muschel als Schmuckgegenstand gefunden worden (Pectunculus glycimeris L.), die nur im Mittelmeer und im Atlantischen Ozean vorkommt, eine andere Art Pectunculus fichteli stammt aus Oberbayern, eine dritte Art, Ostrea cucullata, lebt rezent im Roten Meer, drei andere Arten, darunter Pectunculus abgicostattus Lam., kommen im Mainzer Becken vor, wieder andere, Dentalium sexangulare, stammen aus Italien. In Mainz sind 1921 zwei Muschelarten, Trochus striatus und Turbo sanguineus, gefunden worden, die nur im Mittelmeer vorkommen. (Kühn, Kunst und Kultur, S. 38.) Es muß also Tauschhandel gegeben haben, und diese Muscheln müssen sehr selten und bedeutungsvoll gewesen sein, so wichtig, daß häufig auch Fälschungen schon in der Eiszeit vorkommen. In Isturitz sind falsche durchbohrte Eberzähne als Schmuckstücke getragen worden. Sie waren in Wirklichkeit aus Elfenbein, echten Stücken genau nachgearbeitet. (Kühn, Kunst und Kultur, S. 39.)

Die Untersuchung des sozialen Lebens in der Eiszeit klärt gleichzeitig eine andere Frage, nämlich die der Entstehung des Staates. Nach Marx und nach Engels, nach Lenin und Stalin entsteht der Staat erst in dem Augenblick der Klassenschichtung. Hört deshalb die Klassenschichtung auf, beseitigt man die Klassengegensätze, muß der Staat absterben.

Ein irrtümlicher Gedanke, und ein Gedanke, der unsägliches Unglück und Unheil über die Menschen brachte. Die Wirtschaft der Vorzeit ist vielmehr so organisiert, daß da, wo der Mensch erscheint, in der Eiszeit, schon ein staatliches Leben besteht. Da gibt es den Zauberer, den Priester, der sich selbst oft gezeichnet hat, es gibt über 80 Bilder von Zauberern, (Kühn, Menschendarstellungen im Paläolithikum, Zeitschrift für Rassenkunde, 1936, S. 225—47; Saccasyn della Santa, Figurations humaines. Antwerpen 1951) zumeist in Tierverkleidung und im Tanzschritt, das Interessanteste das des Zauberers von Trois Frères. (Kühn, Kunst und Kultur, Taf. 76.) Der Zauberer leitet die Gruppe, und der Familienvater leitet die Familie, die Horde. Das Recht ist festgelegt, das Eigentum ist bestimmt, die Jagd ist organisiert; die Treibjagd, die Fallenjagd, ist geordnet, die Eheverhältnisse sind durch Sitte und Brauch als Einehe bestimmt, die Familien kommen im Frühling und Herbst an bestimmten Plätzen zusammen, und solche Versammlungsplätze der Vorzeit sind die großen Jagdgebiete, wie die von Solutré, Předmost oder die von Unterwisternitz in Mähren. Das Leben ist einheitlich, und das ergeben die Geräte und Werkzeuge, die die gleichen sind von Spanien bis zur Grenze Chinas. Alles ist geordnet und gegliedert. Es gibt ganz bestimmte Typen dieser Werkzeuge, die in klarer Nomenklatur und Typologie festgelegt werden können, so genau, daß der Prähistoriker an einem einzigen Feuerstein sagen kann, ob die Station drei verschiedene Stadien des Aurignacien, den dreien des Solutréen oder den sechs Epochen des Magdalénien zugehört. Eine Welt, die eine so klare Gliederung in ihrem Werkzeugmaterial hat, hat auch eine klare Gliederung in ihrem organisatorischen Aufbau. Hier besteht ein Staatssystem, nicht von der Größe und Durchbildung unseres heutigen Staates, aber ein Staatssystem, das den Menschen bewußt und sicher an seine Stelle stellt, das ihm sein Leben sichert und sein Eigentum, und das auch die Macht und das Recht hat, Vergehen gegen Leben und Eigentum zu bestrafen. Die vier Elemente des Staatsbegriffes überhaupt (Kühn, Gegenwart und Vorzeit, 1948) Land und Volk, Macht und Recht, sie sind hier schon gegeben. Und es war einer der folgenschweren Denkfehler von Marx, daß er glaubte, der Staat entsteht erst durch das Eigentum, und das Eigentum schafft die Klassenschichtung. Das Eigentum besteht, solange der Mensch besteht, und der Staat besteht, solange der Mensch besteht, und der Staatsbegriff ist mit dem Begriff des Menschen urgegeben.

Das individualistische Leben dieser Epoche ergibt sich auch aus dem individualistischen und völlig naturhaften Charakter der Kunst. Eine Kunst, die so lebendig, die so wirklichkeitsnahe, die so lebensvoll ist, kann nur in einem Klima des Denkens gedeihen, das ganz in der Freiheit des Einzelnen ruht, in einem Klima, das fern von allen Bindungen ist. Wo gibt es aber naturhaftere Kunst als die der Eiszeit? Nur noch die individualistische Epoche des Impressionismus ist mit dieser Kunst im Stile zu vergleichen. Alle Äußerungen des Lebens des Menschen der Eiszeit sprechen also von seinem Individualismus, sprechen von der Freiheit des Einzelnen, die am Anfang steht, sprechen völlig klar und sicher gegen den Gedanken von Marx, daß ein primitiver Kommunismus *am Anfang* gestanden habe.

In der folgenden Periode, im Neolithikum, in der Neusteinzeit, verändert sich die Wirtschaft und damit das soziale Leben. Es sind sehr grundlegende Wandlungen, die sich nur langsam vollziehen, und die besonders in Mittel- und Nordeuropa die ganze mittlere Steinzeit und die Neusteinzeit, vom Ende der Eiszeit, also von etwa 10 000 v. Chr. bis um 2000 v. Chr., erfüllen. In dieser langen Übergangsepoche lebt der Mensch noch weiter vorwiegend von der Jagd und besonders vom Fischfang in den Flüssen und Seen. Daneben aber entwickelt sich schon langsam ein einfacher Hackbau, der aus dem Vorderen Orient, zuletzt aus Mesopotamien, in Mittel- und Nordeuropa eindringt.

Es sind zwei Ströme, auf denen dieser Einfluß sich ausdehnt, einmal durch Europa hindurch, die Donau aufwärts, und dieser Strom ist gekennzeichnet durch eine besondere Art der Keramik, die Bandkeramik. Die Träger dieser Kulturgruppe sind Ackerbauern, sie schieben sich in den reichen Lößgegenden vor, das ganze Donaugebiet entlang durch die Rheinebene bis nach Belgien. Die Gruppe ist bestimmt durch ein kumpfartiges Gefäß mit Spiral- oder Mäanderverzierung. An Geräten ist führend ein Werkzeug, das geschliffen ist, der Schuhleistenkeil.

Ein zweiter Strom vorderasiatischen Kulturgutes gelangt von Spanien und Portugal an der Küste entlang nach England, Irland, Skandinavien und Deutschland. Es ist die Megalithkultur, eine Kulturgruppe mit ganz anderer Art der Gefäße sowohl in Form wie Verzierung. Die Formen sind eckig und scharf an den Umbruchstellen, die Verzierung ist eingestochen, nicht eingeritzt wie bei der Bandkeramik, sie deutet das Gefäß an seinen wesentlichen Stellen aus, konzentriert sich an den Griffen, an den Henkeln, an den Randstellen, an den Umbruchpartien, ist also tektonisch in Beziehung zum Grunde, nicht atektonisch wie bei der Bandkeramik.

Beide Gruppen sind wirtschaftlich bestimmt durch die Kenntnis des Ackerbaues. Die Herstellung des Brotes ist so kompliziert, daß die Erfindung nur an einer Stelle der Erde vor sich gegangen sein kann. Das Säen und Ernten des Getreides, das Zermahlen zu Mehl, das Wiederbinden mit Wasser und vielleicht sogar mit Sauerteig, das Backen im Backofen, das alles setzt so viele Überlegungen und solche Kenntnis voraus, daß nur an einer Stelle dieser Prozeß erfunden sein kann, und dieses Gebiet ist Mesopotamien. Dort wachsen die meisten Getreidearten wild. Das älteste Getreide ist die Gerste (hordeum), sie wird auch in Babylon zusammen mit dem Emmer (triticum dicoccum) gefunden.

Die Getreidewirtschaft und der Pflugbau führen gewiß mehr zu einer Bedeutung der Gesamtheit, als es die Welt des Jägers tut. Der Wert knüpft sich bei ihm an die Jagdtiere, an die eßbaren Früchte und Kräuter und an die Erdfarben und Steine.

Anders ist das bei dem Ackerbauer. Jetzt hat der Boden eine Bedeutung, jetzt wird der Boden wichtiger als der Raum, der die Ernährung beschafft. Das private Eigentum besteht weiter an den Geräten des persönlichen Lebens, an Haus und Hof, an Garten und Vieh, und das beweisen die Grabfunde des Neolithikums auf das genaueste. Den Toten werden weiter ihre Geräte, ihre Werkzeuge, ihr Schmuck und ihre Pflughacken mitgegeben. Der Eigentumsbegriff besteht also mit gleicher Festigkeit und Bestimmtheit wie vorher bei den Jägern. Die Mühe des Ackerbaues, die oftmals gemeinsame Arbeit voraussetzt beim Pflügen, beim Säen, bei der Ernte, schafft nun eine Gemeinsamkeit des Bodens für ein ganzes Dorf. Und dieser Punkt ist es, der häufig für den Kommunismus dieser Zeit ins Feld geführt worden ist. Für die Germanen sind es zwei Stellen, die immer wieder herangezogen wurden, Stellen, die auch Engels zitiert, und er spricht schon 1891 von dem heißen und endlosen Streit darüber, ob die Deutschen des Tacitus das Ackerland schon endgültig aufgeteilt haben oder nicht, er nennt die soziale Gliederung die der kommunistischen Familiengemeinden. Die Frage ist also von Wichtigkeit auch für die gegenwärtige Stellung des Problems von Individuum und Gemeinschaft, und deshalb sei der Satz von Caesar (Bellum gallicum IV, 1) hier angeführt, wo er von den Sweben sagt: „Privati ac separati agri apud eos nihil est." (Eigenes und abgeteiltes Feldeigentum gibt es bei ihnen nicht.) Und von den Germanen allgemein (VI, 22): „Neque quisquam agri modum certum aut fines habet proprios." (Niemand hat eine eigene Feldmark oder besondere Grundstücke.) Gleich folgend wird dann die Frage noch näher erklärt. Es heißt dort: „Sed magistratus ac principes in annos singulos gentibus cognationibusque hominum quique una coierunt, quantum et quo loco visum est agri, attribuunt" (sondern die Obrigkeiten und Fürsten weisen jährlich den Stämmen und Verwandtschaften, die sich zusammenhalten, Feld an, soviel und wo sie es gut finden). Hier wird also ein Gegensatz festgestellt zwischen öffentlichem Grundeigentum und Privateigentum. Die Tatsache des privaten Eigentums ergibt sich aus der Herkunft des Wortes Erbe, das ursprünglich gerade die bewegliche Habe bedeutet, insbesondere den Viehstand. Das Wort stammt von dem gotischen Wort arbi, altschwedisch orf, altnordisch arfr, und dieses Wort bedeutet zu gleicher Zeit Ochse. Angelsächsisch heißt dasselbe Wort orf, ierfe, und das bedeutet Vieh, Gut.

Auch das Wort eigen führt auf die bewegliche Habe zurück. Angelsächsisch heißt das Wort agen und agan. Gotisch aihts, angelsächsisch aeht, althochdeutsch eht, unser echt, und das bedeutet die Gesamtheit der eigenen Güter. Das Individualeigentum ist also zuerst vererblich, es ist das Recht an den Sachen, die der Mensch für sich hatte und die er frei beherrschte, an seinen Kleidern, seinem Schmuck, seinen Waffen, die er auch nach seinem Tode in das Grab mitnahm. Allmählich wird dann der Begriff ausgedehnt auch auf den Viehstand (arbi, erbe) und noch später auf das Recht an Grund und Boden, und dafür sind im Mittelalter die Worte eigen und erbe die technischen Bezeichnungen geworden. (von Amira, Grundriß des germanischen Rechts. Straßburg 1913, Herbert Meyer in Hoops, Reallexikon der germanischen Altertumskunde, Bd. 1, S. 530.)

Bei Tacitus lautet die Stelle (Germania, Kap. 26): „Agri pro numero cultorum ab universis in vices occupantur, quos mox inter se secundum dignationem partiuntur; facilitatem partiendi camporum spatia praestant.

Arva per annos mutant et superest ager." (Das Ackerland wird je nach der Anzahl der Bebauer von der Gesamtheit zu abwechselnder Bestellung in Besitz genommen und jeweils unter die Volksgenossen nach Rang und Würde verteilt. Erleichtert wird dieses Verteilungsverfahren durch die große Ausdehnung der Gemarkungen. Alljährlich wechseln sie mit der Anbaufläche, und immer noch bleibt Ackerland brach.) Hoops hat angenommen, daß nach dieser Schilderung des Tacitus ein Privateigentum am Ackerboden bei den Germanen noch nicht bestanden habe, sondern daß Ackerland wie Weide Gemeingut gewesen seien (Hoops, Waldbäume und Kulturpflanzen, 1905, S. 483), Dopsch sieht in diesen Worten mehr die Dreifelderwirtschaft. (Alfons Dopsch, Grundlagen der europäischen Kulturentwicklung, Bd. 1, Wien 1923, S. 72.) Die Diskussion über diesen Gegenstand war sehr eingehend und reich. Und bedeutende Etappen auf dem Wege sind bezeichnet durch die Namen von Inama Sternegg, A. Meitzen, R. Hildebrand, von Amira, Lamprecht, Hübner, Konrad Maurer, Hoops, v. Schwerin, Planitz. Das Ergebnis wird am besten bezeichnet durch die Feststellung von G. Hanssen (Agrarhistorische Abhandlungen 1, S. 132), daß neben der gemeinschaftlichen Feldmark, der Allmende, der Markgenossenschaft, das Grundeigentum jedes Einzelnen in völliger Freiheit um sein von ihm angelegtes und bewirtschaftetes Gehöft bestanden hat. Es war eben ein Zusammenbestehen von gesonderter Einzelwirtschaft und Dorfwirtschaft.

Die Allmende, althochdeutsch alagimeinida, später Gemeinde, ist alles Land, das nicht in das Eigentum von Einzelnen übergegangen ist, also alles Land außerhalb der Höfe und der Privatgrenzen. Die Allmende umfaßt also besonders den Wald, silva communis, die Weide, fiuvaida, lateinisch pascua communia und das Wasser, ferner Lehmgruben, Sandgruben und Steinbrüche. Das gleiche ist etwa heute der Fall mit dem Gemeindewald, den jede größere Gemeinde in waldreichen Gegenden hat. Die Benutzung des Allmendegebietes stand ursprünglich jedem einzelnen Mitglied der Markgenossenschaft zu. Allmählich, bei dem Anwachsen der Bevölkerung, war eine Begrenzung der Nutzungen erforderlich, manchmal wurden Einzelnen gewisse Nutzungsanteile zugegeben, und diese Anteile hatten die Bezeichnung mark, were, wara, wariscaph, scara, echtwort.

Ein Kommunismus, ein Sozialismus, wie Marx und Engels es wollten, ist auch diese Wirtschaftsverfassung nicht. Es ist niemand zur Arbeit verpflichtet, es besteht keine Aufsichtsbehörde der Arbeit, es besteht keine Ablieferung in ein gemeinsames Magazin, es fehlt der Arbeitszwang, und es fehlen die Aufseher, die Phylakes in platonischem Sinne. Jeder hat sein

Eigentum, jeder hat das, was er sich erarbeitet, und er hat außerdem Nutzen an einem gemeinsamen Boden, der allen zusteht.

Engels sieht in dieser Gliederung noch nicht die Form des Staates, erst später, bei der Einrichtung des Königtums, wurde diese Gentilordnung gesprengt, er sagt: „Der Staat trat an ihre Stelle." (Engels, Der Ursprung der Familie, des Privateigentums und des Staates, 1884, S. 119.) In Wirklichkeit ist die Dorfordnung, wie sie bei Caesar und Tacitus erscheint, schon eine Staatsordnung. Ein ganz bestimmtes System, das der demokratischen Gemeindeverwaltung, liegt diesem System zugrunde.

Die Ausgrabungen von ganzen neolithischen Dörfern, wie der Pfahlbaudörfer im Federseemoor (H. Reinerth, Das Pfahldorf Sipplingen, 2. Aufl., Leipzig 1938) und Köln-Lindenthal mit dem bandkeramischen Dorf haben ergeben, daß die Häuser in gleicher Größe nebeneinanderstehen, bei den Pfahlbaudörfern in rechteckiger Form, bei dem bandkeramischen Dorf ebenfalls. (Buttler-Haberey, Das bandkeramische Dorf Köln-Lindenthal. Berlin 1936.) Herrenhäuser treten nicht hervor. Eine Gemeinschaft Gleicher besteht, Gleicher, die einen gewissen Reichtum haben. Bei den Häusern des Federseemoores (H. Reinerth, Das Federseemoor. 4. Aufl., Augsburg 1929) hat jedes Haus zwei Zimmer und einen geräumigen Boden, jedes Haus besitzt einen Herd und einen Backofen, an den Wänden finden sich Schlafgestelle. Der Einzelne hat durchaus sein Recht und seine Freiheit in diesem Gefüge, er hat sein Eigentum, das ihm im Tode mitgegeben wird.

Dieses Wirtschaftssystem und das soziale Gefüge dieser Epoche zum Ausgangspunkt eines kommunistischen Systems und zur Begründung seiner Verfechtung zu nehmen, ist nicht angebracht. Kommunistisch ist diese Verfassung des Menschen nicht zu nennen, sie ist einheitlicher, denn sie beruht auf der geschlossenen Hauswirtschaft, sie ist autarker, denn sie besteht fast ohne Handel, der erst mit dem Aufkommen der Metalle beginnt, sie besteht im ganzen noch ohne Reichtum und ohne Hervorhebung des Einzelnen durch den Reichtum, aber sie läßt dem Einzelnen das Recht, sein Schicksal und seine Existenz selbst zu gestalten und zu entscheiden. Es fehlt der Arbeitszwang, das wichtigste Element im Denken um den Kommunismus, es fehlt die Aufhebung des Eigentums auch an Grund und Boden, und es fehlt die Führerschicht, die den Arbeitszwang zu beaufsichtigen hat.

Wenn also in der ältesten Wirtschaftsform des Menschen, in der Jagdkultur, nicht ein Kommunismus bestand, ebenso nicht in der folgenden Schicht, der des Ackerbaues und der Viehzucht, dann entsteht doch in der dritten Schicht, in der von Stadt, Schrift und Handel, beginnend um 4000

v. Chr., in Mesopotamien und Ägypten ein gottesstaatlicher Sozialismus. Es hat diese Stufe der Entwicklung wirklich gegeben, und ich konnte an anderer Stelle eingehender über die Lesung vieler neu gefundener Tontafeln mit Keilschrifttexten und auch über Hieroglyphentexte sprechen, die wirklich über den Sozialismus dieser Zeit in Mesopotamien und Ägypten berichten. (Herbert Kühn, Die Entfaltung der Menschheit. Frankfurt 1958, Fischer-Bücherei 221.) Zugleich aber gab es auch den Aufschrei dagegen, die Revolutionen, die Tränen, das Blut.

Diese Epoche ist jedoch nicht die Urzeit des Menschen, es ist die dritte Stufe seiner geistigen und wirtschaftlichen Entwicklung, die frühe Hochkultur.

Das Ergebnis der Betrachtung ist also das, daß die Vorstellungen von Marx und Engels und von Lenin ungeklärt sind, daß ihre Kenntnis der prähistorischen Zustände nicht ausreichend war und wohl auch nicht ausreichend sein konnte, weil in dieser Zeit die Forschungen und Funde noch nicht weit genug gediehen waren. So kamen sie zu falschen Schlußfolgerungen über die Art der gemeinsamen Wirtschaft, über die Art der Stellung des Einzelnen, über die Art der Stellung des Eigentums und über die Entstehung des Staates.

Der Staat entsteht nicht erst durch die Klassenschichtung als ein Mittel zur Ausbeutung einer Klasse durch die andere, der Staat ist da, wo der Mensch ist, und auch das Eigentum ist da, wo der Mensch ist, und die Konstruktion eines ursprünglichen Kommunismus ist eine Phantasie, die den Tatsachen nicht entspricht. Sie entspricht den Tatsachen gar nicht in der Urzeit, im Stadium des Jägertums, und sie entspricht den Tatsachen auch nicht in der folgenden Periode, in der Periode des Ackerbaues und der Viehzucht.

Die Tragik des Gedankens des Sozialismus

Von Plato über Thomas Morus, Campanella, Saint-Simon und Fichte bis hin zu Marx zieht sich durch die Geschichte des sozialistischen Gedankens eine Spannung, die, immer ungelöst, die Problematik des Sozalismus darstellt. Sie liegt in dem Auseinanderklaffen zweier entscheidender Elemente, nämlich des idealistischen Ausgangspunktes, des Gedankens der Freiheit, und demgegenüber der Durchführung, die nur mit Gewalt, mit Zwang, mit Vernichtung des idealistischen Gedankens möglich ist.

Alle sozialistischen Denker gehen aus von der Idee, von der Idee, die als Forderung gesetzt und bestimmt wird. Diese Idee ist immer der Gedanke der Befreiung des Menschen von der Ungleichheit, von der Gegensätzlichkeit, von der wirtschaftlichen Spannung. Sie wird aufgerichtet als das Ziel. Und dieses Ziel kann nur mit Gewalt erreicht werden. So entfalten sich als die beiden Gegensätze, die die Problematik des Sozialismus bedeuten, die Gegensätze Freiheit und Gewalt.

Aller Sozialismus stammt aus dieser Idee der Freiheit. Er wurzelt im Idealismus, in der philosophischen Vorstellung, daß die Idee das tragende und führende Element alles Geschehens sei, daß das Sein von Ideen, vom Geist her bestimmt ist. Der Geist ist es, der der Natur die Gesetze vorschreibt, wie es *Kant* einmal sehr scharf mit anderer Blickrichtung, aber in gleicher Haltung ausgedrückt hat. Der Geist ist demnach in der Lage, die Natur zu verändern und die Veränderung der Natur des Menschen, seiner Grundanlage, durchzuführen.

Alle Ideale des Menschen haben die seltsame Tragik des Umschlagens der Idee in ihr Gegenteil.

Die großen Ideale des Menschen sind die Religion, das Vaterland, die Gemeinschaft. Die Menschen sind bereit, für diese Ziele zu töten und sich töten zu lassen, und indem sie töten, verletzen und zersetzen sie das Ideal, das Ziel.

Für den Gedanken der Religion sind Menschen umgebracht worden, Scheiterhaufen haben gebrannt, die Inquisition hat Menschenleben ausgelöscht. Für den Gedanken Vaterland sind immer wieder Menschen umgebracht und getötet worden. Für den Gedanken der Gemeinschaft, für den

Sozialismus, werden die Opfer wohl die größten gewesen sein, weil der Kampf in unsere neuere Zeit fällt, die mit Maschinen zu töten vermag.

Jedes Ideal also trägt die Möglichkeit des Umschlags in sich, wenn es sich von der Realität entfernt, wenn es dem Fanatismus verfällt.

Im Sozialismus ist das Ziel die Freiheit des Menschen, die durch die Gleichheit erreicht werden soll. Die Durchsetzung der Gleichheit ist aber nur zu erreichen mit Gewalt, mit der Niederhaltung der Gegner, der Emigranten und Rebellen, wie Marx im Kommunistischen Manifest sagt, und so verewigt sich die Gewalt, und das Ziel selbst hebt sich auf.

Auch die Anschauung von Marx ruht ganz im Idealismus, obgleich er immer seinen Materialismus betont, aber mit Materialismus meint er das Ökonomische, die Wirtschaft. Er hat sich gegen die philosophischen Materialisten in mehreren Schriften gewandt, Engels besonders gegen Dühring. Seine idealistische Grundhaltung zeigt sich vor allem in seiner Zielsetzung. Seine Idee ist die Befreiung des Menschen von der Unterdrückung und Knechtung durch Arbeit und Mensch. Dafür will er die Wirtschaftsform ändern, dafür will er das Eigentum aufheben, dafür will er die Produktionsmittel in den Staat überführen; das Ziel ist, menschliche Verhältnisse, die Freiheit des Wollens zu schaffen. Marx betrachtet den Menschen als versklavt durch Besitz und Macht, also will er ihn erlösen von dieser Versklavung, und zu dieser Erlösung braucht er die Veränderung der Wirtschaft. Es gibt ein Wort des frühen Marx, daß der Mensch das höchste Wesen für den Menschen sei. Um dem Menschen seine Höhe zu geben, setzt er ihm die Idee, genau wie Plato, aber diese Idee muß nun durchgeführt werden mit Gewalt.

Marx selbst ist dieser Widerspruch nicht zum Bewußtsein gekommen. Ihm ist auch nicht zum Bewußtsein gekommen, daß er in seiner Bewegungsauffassung der Wirklichkeitsvorgänge wieder die Idee als Absolutes setzt. Marx kommt her von Hegel, und Hegels Bedeutung ist es, in das statische Denken das dynamische Element hineingetragen zu haben. Hegel als erster spricht von dem Werden und der Bewegung des absoluten Geistes, das heißt von der Geschichte. Hier liegt auch der Faden, der von Hegel zurückführt zu Heraklit, bei dem ja auch der Gedanke des Werdens und der Bewegung zum Zentralgedanken wird.

Marx sieht die Bewegung als das treibende Element des Lebens überhaupt, er übernimmt den Gedanken der These, Antithese und Synthese, den Gedanken der Dialektik von Hegel, und seine materialistische Geschichtsauffassung — unglücklicherweise belastet mit dem Wort materialistisch — ist in Wahrheit nicht materialistisch, sondern ist idealistisch im Sinne Hegels, es ist die Vorstellung, daß die Idee, daß der Geist in ewigem Wechsel begriffen ist, und daß der Geist zu einer Form geführt werden muß, in der er sein Endziel, die Urform der Idee, wieder erreicht.

Der Geist ist also doch die tragende Kraft. Es gilt, ihn zu befreien, zu erlösen. Doch der Geist ist verbunden mit der Wirtschaftsform, und in jedem System der Wirtschaft äußert sich der Geist andersartig. Der Wirtschaftsform des primitiven Menschen, der Form der Urzeit, entspricht eine besondere Art des Geistes, dem Feudalismus wieder eine andere in Kunst, Religion, Recht und wieder eine andere dem Kapitalismus. Zwar ist der Geist frei, aber er ist doch gebunden in sein System der Zeit. So ist der Gedanke bei Marx. Will man ihn wirklich befreien, dann ist es die Aufgabe, das ganze Wirtschaftssystem zu zerstören. Mit der klassenlosen sozialistischen Gesellschaft wird der klassenlose, der freie, der unbehinderte, der unvoreingenommene Geist frei werden und wird sich ganz entfalten können.

Das Endziel bei Marx, das Absolute in allem relativierenden Wechsel des geschichtlichen Werdens, das ist der freie Geist im sozialistischen Staat.

Auch hier die gleiche seltsame Antinomie. Die Geschichte, gedacht als eine fortlaufende Bewegung, aber diese Bewegung kommt zum Stillstand in dem Augenblick, in dem der Sozialismus durchgeführt ist. Hier liegt die stärkste Betonung in der Vorstellung der Bedeutung der Idee. Das ist im Grunde klarster Idealismus, die Hinführung aller Prinzipien, aller Gesichtspunkte, aller Richtlinien, auf eine letzte endgültige Idee, auf ein letztes höchstes Ziel, auf ein Ziel, das nun die Bewegung abschließt, und das ausschließlich und letztsinnig gesetzt wird. In diesem Sinne ist Marx genau so Idealist wie Plato, wie Thomas Morus und wie Fichte.

Marx selbst scheint diese Konsequenz seines Denkens nicht erkannt zu haben, auch kaum seine Bearbeiter. Es wird immer das Materialistische bei Marx betont, und es ist sicher vorhanden, denn Marx ist ja ein Kind seiner Zeit, er gehört in die Epoche des beginnenden Materialismus, und so sind einige seiner Vorstellungen von diesen Gedanken beeinflußt wie etwa seine Haltung der Religion gegenüber oder wie weiter die Erkenntnis der Bedeutung des Ökonomischen. Doch dieses Ökonomische soll ja auch nur verändert werden, um dadurch die Idee freizusetzen, um das letzte Ziel möglich machen zu können, um den Menschen zum Menschen, zum höheren Menschen führen zu können. Der Satz von Marx: „Es ist nicht das Bewußtsein der Menschen, das ihr Sein, sondern umgekehrt ihr gesellschaftliches Sein, das ihr Bewußtsein bestimmt“, ist sicher als Gegenthese gegen Hegel gedacht, aber es ist nichts als die Fortführung Hegelscher Denkkategorien. Es löst sich nicht heraus aus dem Gedankenverband Hegelscher Vorstellungen. Es bleibt doch die Idee der letzte und leitende Faktor der Geschichte. Um die Idee setzen und vollenden zu können, muß nicht nur das Denken verändert werden — nicht nur durch Erziehung wie bei Rousseau —, sondern es muß das Sein verändert werden, die ökonomische Bedingung, die Wirtschaft muß gewandelt werden, eben damit das Denken sich verändert. Das Ziel ist immer die Veränderung des Denkens, und die Wandlung des Wirtschaftlichen ist nur der Weg, er tritt aber zurück an Bedeutung gegenüber dem idealistischen, in der Idee gelegenen Zentralgedanken, der Bildung des höheren Menschen im sozialistischen Staat. Die Veränderung des Eigentums, die Überführung der Produktionsmittel in den Staat, alles das geschieht nicht zur Steigerung der Produktion, geschieht nicht aus wirtschaftlichen Gründen, sondern geschieht ursprünglich aus geistigen, aus ideellen Veranlassungen und Bezügen, es entsteht im letzten Sinne aus dem Gedanken der Humanitas.

Es ist die Tragik, daß der Sozialismus, geboren aus dem Gedanken der Humanitas, die Humanitas vernichten muß, um sie zu schaffen. So schlägt die Idee um und vernichtet sich selbst. Humanitas und Sozialismus, aus einander entstanden, schließen sich aus.

Es ist die Tragik des Sozialismus, der herkommt von dem Gedanken der Gemeinschaft der Menschen und der Völker, von dem Gedanken des Internationalen, daß er das Internationale vernichten muß, und daß der Nationalismus entsteht. Die Nationalisierung, die Sozialisierung der Fabriken, des Grundbesitzes, die beamtenhafte Leitung des Verbrauches, die Beziehung jedes Einzelnen auf den Staat, muß eine ungeahnte Steigerung des nationalen Gedankens schaffen, wie im Deutschland Hitlers, wie im Rußland des Bolschewismus. Dieser Unternehmer wird sich die Rohstoffe, die er braucht, wird sich die Absatzmärkte mit Gewalt erobern, ein Imperialismus, wie er nie da war, muß die Folge sein. Internationalismus und Sozialismus, aus einander entstanden, schließen sich aus.

Es ist die Tragik des Sozialismus, der erwachsen ist aus dem Gedanken der staatenlosen Gesellschaft, daß er den Staat mit besonderer Schärfe und Betonung schaffen muß. Sozialismus und staatenlose Gesellschaft schließen sich aus.

Es ist die Tragik des Sozialismus, daß er die klassenlose Gesellschaft schaffen will, aber zu seiner Durchführung gerade die Klasse mit besonderer Betonung braucht. Nie ist so viel von Klasse gesprochen worden, nie ist der Gedanke der Klasse und der Beherrschung einer Klasse durch die andere so stark betont worden wie im Sozialismus. Nie ist auch die Herrschaft der neuen Klasse, in Rußland der Direktoren und Kommissare, in Deutschland der SS, der SA und der Parteiführer, so brutal gewesen, wie im Sozialismus. Sozialismus und klassenlose Gesellschaft schließen sich aus.

Der Gedanke des Sozialismus ist durch die Jahrtausende hindurch niemals mit dem Gedanken der Arbeiterschaft und auch nicht mit den Sklaven verbunden gewesen, weder bei Plato, noch bei Morus, Campanella oder Fichte. Erst mit Owen und Marx tritt der Gedanke der Verbindung dieser beiden Elemente auf, und Marx ist es dann, der die Arbeiterbewegung, die damals erwacht, anschließt an den Sozialismus. Seit Marx ist nun die Verbindung von Sozialismus und Arbeiterschaft so eng, daß vielfach der Gedanke besteht, die beiden Elemente hätten immer zusammengehört. Genau das Gegenteil ist der Fall. Platos Konstruktion des Staates ist eine durchaus aristokratische, gedacht für die Aristokratie, der er selber angehörte. Morus' Konstruktion ist genauso für die Oberschicht gedacht, und nicht minder die Gedankenwelt bei Campanella, bei den Saint-Simonisten und bei Fichte.

Erst Marx verbindet Sozialismus und Arbeiterschaft. Sie wird als Träger einer neuen Gesellschaft gedacht, sie schafft die Blickrichtung auf das Ökonomische, auf die Fabrik, auf die Industrie. Und so zeichnet Marx sein Bild besonders an dieser Stelle. Er wurde zu einem Nationalökonomen mit Hilfe der ökonomischen Wissenschaft; mit Hilfe der Untersuchung der Arbeitsverhältnisse und Arbeitsbedingungen, glaubte er die Zielsetzung des Sozialismus, auf die es ja eigentlich und allein ankommt, nationalökonomisch beweisen zu können.

Seine Beweisführung erstreckt sich auf zwei Gebiete, einmal ist sie historisch und zweitens ist sie ökonomisch. Im Historischen glaubt er durch die materialistische Geschichtsauffassung die Entstehung des Sozialismus und damit die Herrschaft der Arbeiterklasse als historisch notwendig beweisen zu können. Der Klassenkampf ist der Weg zur Herrschaft der Arbeiterklasse. Sein historisches Gebäude ruht so auf zwei Pfeilern, einmal auf dem Gedanken der historischen Notwendigkeit und zweitens auf dem des Klassenkampfes.

Seine ökonomische Lehre wiederum ruht auf vier Säulen. Das erste ist der Mehrwert, das zweite die Akkumulation des Kapitals, das dritte die Konzentration der Betriebe und das vierte die Verelendungstheorie.

Im allgemeinen werden diese Teile der Lehre von Marx in den Vordergrund gestellt, einfach deshalb, weil seine Arbeit besonders auf diese

Punkte sich erstreckt hat. Jedoch ist jene Sicht, die die historische oder ökonomische Seite des Lehrgebäudes hervorhebt, in Hinsicht auf den Sozialismus eine einseitige Sicht. Das Entscheidende ist immer der philosophische Ausgangspunkt und die Zielsetzung, das Eschatologische.

Doch die Tragik, die sich bei Ausgangspunkt und Endziel offenbart, dieselbe Tragik zeigt sich auch bei allen Einzeluntersuchungen von Marx. Seine Arbeiten sind in sich von großer Bedeutung und bereichern die Erkenntnis des wirtschaftlichen Lebens sehr, und die Wissenschaft der Nationalökonomie wird ohne den Namen Marx nicht mehr zu denken sein. Durch ihn sind Probleme aufgeworfen worden, über die die Diskussionen auch heute, nach hundert Jahren, noch nicht beendet sind.

Die materialistische Geschichtauffassung ist innerhalb des Historischen die eine Säule von Marx.

Der Ausgangspunkt liegt bei Hegel. Zwar bezeichnet Marx hier seine Anschauung als das direkte Gegenteil von Hegel, das gilt jedoch nicht für die Methode, sondern gilt für die ökonomische Zielsetzung.

„Meine dialektische Methode", sagt Marx, „ist der Grundlage nach von der Hegelschen nicht nur verschieden, sondern ihr direktes Gegenteil. Für Hegel ist der Denkprozeß, den er sogar unter dem Namen Idee in ein selbständiges Subjekt verwandelt, der Demiurg des Wirklichen, das nur seine äußere Erscheinung bildet. Bei mir ist umgekehrt das Ideelle nichts anderes, als das im Menschenkopf umgesetzte und übersetzte Materielle." (Nachwort zur 2. Aufl. des I. Bandes, Das Kapital.)

Mit diesem Satz begründet Marx seine auf das Ökonomische, das Materielle, wie er sagt, gerichtete Anschauung. Und das Materialistische in dieser Anschauung wird noch einmal deutlicher von Engels ausgesprochen in seinem Buch über „Ludwig Feuerbach und der Ausgang der deutschen Philosophie". (1884, S. 16—17.) Dort heißt es: „Die höchste Frage der gesamten Philosophie ist die Frage nach dem Verhältnis des Denkens zum Sein, des Geistes zur Natur. Je nachdem diese Frage so oder so beantwortet wurde, spalteten sich die Philosophen in zwei große Lager. Diejenigen, die die Ursprünglichkeit des Geistes gegenüber der Natur behaupteten, bildeten das Lager des Idealismus. Die anderen, die die Natur als das Ursprüngliche ansahen, gehören zu den verschiedenen Schulen des Materialismus."

Und an derselben Stelle erklärt Engels: „Die stoffliche, sinnlich wahrnehmbare Welt, zu der wir selbst gehören, ist das einzig Wirkliche. Unser Bewußtsein und Denken, so übersinnlich es scheint, ist das Erzeugnis eines stofflichen, körperlichen Organs, des Gehirns. Die Materie ist nicht ein Erzeugnis des Geistes, sondern der Geist ist selbst nur das höchste Produkt der Materie." (Ebenda S. 20.) Und Marx sagt einmal: „Man kann den Gedanken nicht von einer Materie trennen, die denkt. Sie ist das Subjekt aller Veränderungen." (Marx-Engels-Gesamtausgabe 1. Abteilung, Band 3, Seite 305.)

Das ist philosophisch im Sinne des Materialismus gedacht, und doch ist der Materialismus bei Marx und Engels nicht das Letzte, sondern er ist nur der Weg, um durch ihn die eigentliche Zielsetzung des Ideellen, die Veränderung des Menschen, die Begründung der Idee im sozialistischen, im gemeinschaftlichen Sinne durchzuführen.

Marx will den Menschen ändern, Marx will den besseren, den höheren Menschen schaffen. Auf dem Wege der Erziehung ist das nicht möglich, so wird der Weg über das Ökonomische eingeschlagen. Die wirtschaftlichen, die materiellen Verhältnisse müssen verändert werden, um den vollkommenen, den besseren Menschen zu bilden.

Der Grundgedanke dieser Vorstellung ist, daß der Mensch in seinem geistigen Sein das Produkt der wirtschaftlichen Struktur ist, in der er lebt. Will man das Denken des Menschen verändern, muß man also seine wirtschaftliche Bedingung wandeln. Will man den höheren Menschen im Sinne von Marx, den Menschen mit dem Gleichheitsstreben herausbilden, dann muß man eine Wirtschaftsform entwickeln, in der allein dieses Denken bestehen kann.

Marx drückt das so aus im Vorwort zu seinem Werk „Zur Kritik der politischen Ökonomie", 1859:

„In der gesellschaftlichen Produktion ihres Lebens gehen die Menschen bestimmte, notwendige, von ihrem Willen unabhängige Verhältnisse ein, Produktionsverhältnisse, die einer bestimmten Entwicklungsstufe ihrer materiellen Produktivkräfte entsprechen. Die Gesamtheit dieser Produktionsverhältnisse bildet die ökonomische Struktur der Gesellschaft, die reale Basis, worauf sich ein juristischer und politischer Überbau erhebt und welchem bestimmte gesellschaftliche Bewußtseinsformen entsprechen. Die Produktionsweise des materiellen Lebens bedingt den sozialen, politischen und geistigen Lebensprozeß überhaupt. Es ist nicht das Bewußtsein der Menschen, das ihr Sein, sondern umgekehrt ihr gesellschaftliches Sein, das ihr Bewußtsein bestimmt."

In Anti-Dühring erklärt Engels denselben Gedanken noch genauer. Er sagt: „Die Produktion, und nächst der Produktion der Austausch ihrer

Produkte ist die Grundlage aller Gesellschaftsordnung; in jeder geschichtlich auftretenden Gesellschaft richtet sich die Verteilung der Produkte und mit ihr die soziale Gliederung der Klassen oder Stände danach, was und wie produziert und wie das Produzierte ausgetauscht wird. Hiernach sind die letzten Ursachen aller gesellschaftlichen Änderungen und politischen Umwälzungen zu suchen, nicht in den Köpfen der Menschen..., sondern in Veränderungen der Produktions- und Austauschsweise."

Diese Formulierungen werden immer wieder als Grundlage der Berechtigung für die Enteignung angeführt. Bei der Einziehung des Großgrundbesitzes im Osten Deutschlands nach 1945 hat man diese Worte in allen Zeitungen und Zeitschriften lesen können. Die Großgrundbesitzer, die Fabrikbesitzer, müssen deshalb enteignet werden, weil durch sie und ihre Existenz die Produktionsverhältnisse immer in den alten gewohnten Bahnen laufen, weil sie angeblich den Krieg vorbereitet haben, weil sie die Unterdrückung der arbeitenden Klasse wünschen. Und sie müssen das wünschen, weil die Wirtschaftsverhältnisse das verlangen. Der Mensch muß aber geändert werden, sein Geist muß geändert werden, und so müssen die alten Produktionsverhältnisse aufgehoben werden, die Expropriateure müssen expropriiert werden, wie es in der Sprache von Marx heißt. Von hier aus, von diesem Gedanken her, wurde die moralische und ethische Berechtigung zur Enteignung und zur Einziehung des Besitzes und des Eigentums, zur Durchbrechung der Rechtsordnung genommen.

Es hat nur selten in der Welt eine Philosophie gegeben, die solche Konsequenzen hatte, und man wird an das Wort von Nietzsche erinnert: „Schreibe mit Geist — und du wirst erfahren, daß Geist Blut ist."

Es ist die Tragik des Sozialismus, daß er hier auf Theorien aufbaut, die keineswegs die Sicherheit der tatsächlichen Wirklichkeit haben.

Die materialistische Geschichtsauffassung erfaßt nur einen Teil des geschichtlichen Vorgangs. Eine Vielheit von Faktoren, die untereinander in Wechselwirkung stehen, bestimmt in Wahrheit das geistige Sein und das historische Geschehen. Es sind geographische, klimatische, biologische, psychische Elemente, es sind auch ideelle Faktoren, die alle aufeinander einwirken. Es ist auch nicht so, daß sich die Bewegung der Geschichte nur in dialektischer Gegensätzlichkeit vollzöge, sondern häufig gerade in organischer Kontinuität. Die Erklärung der Geschichte des Menschen und seines geistigen Seins lediglich aus der Wirtschaft heraus, hat sich als undurchführbar erwiesen. Zweifellos sind wirtschaftliche Faktoren von Wichtigkeit, aber es ist gewiß nicht so, daß das geistige Sein ausschließlich durch die Wirtschaft bestimmt wird. Die Änderung einer Gesellschaftsform schafft noch nicht die Änderung des geistigen Seins einer ganzen Epoche.

Es ist die Tragik des Sozialismus, daß Marx und Engels später selber diese Theorie einschränken mußten. In einem Brief von 1895 hat Engels die materialistische Geschichtsauffassung schon wesentlich anders dargelegt und begründet. Er selbst nimmt jetzt das Ausschließliche zurück, das Gewaltsame des Gedankens wird eingeschränkt, er sagt: „Die politische, rechtliche, philosophische, religiöse, literarische, künstlerische Entwicklung beruht auf der ökonomischen. Es ist nicht, daß die ökonomische Lage als Ursache allein aktiv ist und alles andere nur passive Wirkung, sondern es ist Wechselwirkung auf Grundlage der in letzter Instanz stets sich durchsetzenden ökonomischen Notwendigkeit." (Briefwechsel Marx-Engels.)

In diesen letzten Worten, die Engels zu dem Problem geäußert hat, werden die ökonomischen Verhältnisse nicht mehr als die allein wirkenden angesehen, sie erscheinen nur als die in letzter Instanz bestimmenden Momente.

Die Wandlung des Wirtschaftlichen wird als eine in der Wirtschaft selbst liegende Notwendigkeit betrachtet. Und fragt man, woher denn die Wandlung des Wirtschaftlichen komme, dann hat die materialistische Geschichtsauffassung darauf keine Antwort. Aber die Wandlung der ökonomischen Verhältnisse kann nirgends anders liegen als im Geiste selbst, denn der Mensch ist es, der mit Hilfe des Geistes die Veränderung der Wirtschaft schafft.

Es ist die Tragik des Sozialismus, daß er in seiner marxistischen Form, von Hegel und dem Idealismus herkommend, das Wirtschaftliche dem Geistigen, dem Ideologischen, wie Marx sagt, als entgegengesetzt ansieht. Das Geistige betrachtet Marx als das Idealistische, das Wirtschaftliche als das Materialistische. An dieser Stelle liegt sein Denkfehler. Auch das Wirtschaftliche ist genauso etwas Geistiges wie Kunst, Religion, Philosophie. Es ist ein geistiges Schaffen, das im Geiste ruht und vom Geiste bewältigt wird.

Der Urmensch schafft in der Eiszeit das Kunstwerk ebenso wie das Steinwerkzeug, der moderne Leiter einer Fabrik hat eine geistige Aufgabe zu bewältigen. Man kann nicht das Wirtschaftliche als das Materialistische dem Geistigen als dem Idealistischen gegenüberstellen. Beides ruht im Geiste, beides wird in gleicher Weise von dem Menschen geschaffen. Die Konstruktion einer Maschine, die Konstruktion einer Eisenbahn, einer Lokomotive, die Leitung einer Fabrik, ist durchaus eine geistige Tat, nicht eine materialistische.

Das Geistige und das Wirtschaftliche stehen also nicht einander gegenüber, beides ist vielmehr gleichgeordnet, es ruht auf derselben Ebene, so kann gar nicht die Änderung des einen die Wandlung des anderen schaffen, weil beides schon vorher sich entsprochen hatte.

Wohl ist es nicht zu bezweifeln, daß einer bestimmten Wirtschaftsstufe eine bestimmte geistige Haltung entspricht. Die Jägervölker etwa erleben, wie ihre Kunst deutlich zeigt, die Welt anders als die Völker des Ackerbaues. Aber der Gedanke, mit Gewalt die Wirtschaft zu ändern, damit der Geist sich wandele, ist zu absurd, als daß er als tragkräftig erscheinen könnte, denn nicht nur der Geist bestimmt die Wirtschaft, die ja auch selber Ausdruck des Geistes ist, sondern es ist eine Fülle von Elementen, die den Geist einer Epoche formt: das Klima, die geographische Lage, die geschichtliche Entwicklung, die Aufnahmefähigkeit der Menschen und vieles andere. Marx sah die Produktionsverhältnisse an als losgelöst von dem Willen des Menschen, er sagt, „daß die Menschen bestimmte notwendige, von ihrem Willen unabhängige Verhältnisse eingehen." (Karl Marx, Ausgewählte Schriften, Band I, S. 359.) Und immer wieder betont er, daß mit blinder Notwendigkeit die eine Epoche auf die andere folge, auf den Feudalismus der Kapitalismus, auf den Kapitalismus der Sozialismus. Es gibt keine Notwendigkeit in der Geschichte, nach der man mit Sicherheit die kommenden Formen bestimmen könnte. Die Geschichte steht in der Freiheit, denn der Geist ist es, der die Geschichte schafft, und die Männer sind es, die in ihr walten. Gewiß unterstehen auch sie den tragenden Grundformen der Zeit, in der sie leben, doch aus der Wechselwirkung dieser beiden Faktoren, des Individuellen und des Gemeinschaftlichen in der Geschichte, erwächst erst jener Reichtum des Geschehens, der die Geschichte so vielfältig, so lebendig und so gestaltenreich macht.

Es ist die Tragik des Sozialismus, daß er dieses Glaubensdogma von Marx übernommen hat. Die Geschichte läuft nicht mit der Notwendigkeit ab, die Marx in ihr sah, die Geschichte hat ihre eigenen vielfältigen Gesetze.

Es ist die Tragik des Sozialismus, daß sein historisches Gedankengebäude auf zwei Säulen ruht, die nicht tragfähig sind. Denn so wie sich die materialistische Geschichtsauffassung als unfähig erweist, das Ganze des geschichtlichen Geschehens zu deuten, genauso die zweite Säule, der Gedanke des Klassenkampfes.

Gewiß besteht ein Kampf der Klassen, und er hat immer bestanden. Aber er allein ist es nicht, der die Geschichte bestimmt.

Die Geschichte ist nicht nur eine Geschichte von Klassenkämpfen, wie es im Kommunistischen Manifest heißt. Es gibt ganz andere, viel wirkungsvollere Grundelemente des geschichtlichen Lebens. Da ist vor allem der Kampf der Nationen um die Hegemonie, da ist der Kampf um den Raum, da ist der Kampf der Einzelnen um ihre Macht, da ist der Kampf um die Güter der Wirtschaft, da ist der Kampf um die Werte des kulturellen Lebens. Es ist eine einseitige und notwendig in die Irre führende Art der Betrachtung, wenn der Klassenkampf als der entscheidende Faktor des historischen Lebens betrachtet wird.

Die Solidarität der Interessen von Kapital und Arbeit, von Unternehmer und Helfenden ist viel zu eng und überwiegt in vielen Fällen gegenüber allen anderen Tendenzen. Fabrikbesitzer und Arbeiter und Angestellte stehen nicht nur gegeneinander, sondern gehören auch zusammen in gemeinsamer Arbeit, und unendlich zahlreich sind die Fälle der aufopfernden Treue und Hilfe, der Unternehmer den Arbeitern gegenüber, und der Arbeiter den Unternehmern gegenüber.

Die Klassen lösen sich auch gar nicht so scharf von einander ab wie Marx es sich dachte, und die Erschütterungen der Kriege haben die Besitzenden zu Armen gemacht und die Armen zu Reichen. Ständig fluktuieren und verschwimmen die Grenzen der Klassen, und wenn schon Marx das Lumpenproletariat von dem eigentlichen Proletariat im Kommunistischen Manifest trennt, dann haben spätere Bearbeiter auch noch die gelernte Arbeiterschaft von der ungelernten getrennt, die Angestellten von den Akademikern, die Akademiker wieder von den Direktoren.

Es ist die Tragik des Sozialismus, daß sich die Grenzen nicht aufzeigen lassen. Wo beginnt das Proletariat, wo beginnt die Bourgeoisie? In unserer modernen Wirtschaft verflicht sich das eine und das andere, die Gegensätze lösen sich auf. Es ist eine falsche Sicht, die Welt nur in diesen Gegensätzen sehen zu wollen, es ist eine falsche Sicht, die nur Klüfte aufreißt, wo sie gar nicht bestehen, und die die niedrigen Instinkte des Neides und der Mißgunst, die im Menschen naturgegeben sind, fördert, erhöht und entfaltet. Ein Staat aber, an sich schon bestehend in der Gegensätzlichkeit seiner Träger, kann nur dann leben, wenn die Klüfte nicht aufgerissen, sondern behoben werden.

Es ist die Tragik des Sozialismus, daß er aus edlem Urgrund, aus der Sorge um den Menschen selbst entstanden, die niedersten Triebe, Neid, Habsucht und Mißgunst an seine Fersen heften muß. So wurde der Gedanke, dem Menschen zu helfen, zur Erniedrigung und Herabwürdigung des Menschen und zur Grundlage der Entfesselung der dunkelsten Gewalten.

Es ist die Tragik des Sozialismus, daß sich in der marxistischen Form genauso wie die historischen Pfeiler auch die ökonomischen als irrtümlich und irreführend erwiesen haben. Die ökonomische Lehre von Marx ruht auf vier Säulen, erstens auf dem Mehrwert, zweitens auf der Akkumulation des Kapitals, drittens auf der Konzentration der Betriebe und viertens auf der Verelendungstheorie. Alle vier Theorien haben sich als falsch herausgestellt.

Zuerst die Mehrwerttheorie. Durch sie wird nach Engels der Marxismus zum wissenschaftlichen Sozialismus. Marx sucht innerhalb der Warenproduktion nach einer exakten wissenschaftlichen Stütze und glaubt sie gefunden zu haben in einer Weiterbildung der Wertlehre der klassischen Nationalökonomie, wie sie besonders Ricardo herausgebildet hatte. Die Frage ist dabei, was ist der Wert einer Ware und wie bestimmt er sich. Die Waren müssen etwas Gemeinsames enthalten, denn sie werden gegeneinander ausgetauscht, und Marx fragt nun, was ist das Problem ihres Wertes, was ist das Gemeinsame, das ihnen die Tauschbasis gibt, die Tauschwertqualität.

Es ist nicht der Gebrauchswert nach Marx, denn gerade durch den Gebrauchswert sind die Waren ja verschieden. Sieht man von ihrem Gebrauchswert ab, dann bleibt ihnen aber nur noch eine Eigenschaft, meint Marx, nämlich die, Produkte menschlicher Arbeit zu sein, und somit ist das Wesen des Wertes kristallisierte oder abstrakte Arbeit. Die Arbeit, die zur Herstellung eines Gegenstandes gebraucht wird, bestimmt also seinen Wert, und aus diesem Gedanken entwickelt sich die Mehrwertstheorie bei Marx.

Da der besitzlose Arbeiter dem Unternehmer gegenübersteht, hat er als verkaufbaren Wert nichts anderes als seine Arbeitskraft, und er ist gezwungen, diese Arbeitskraft täglich zu verkaufen, wenn er nicht verhungern will. Die Arbeitskraft wird also zu einer Ware, die der Arbeiter verkauft, sie unterliegt demselben Wertgesetz wie alle Ware, sie bestimmt sich nämlich durch die Arbeitszeit, die erforderlich ist für die Herstellung der Ware. Der Arbeiter verkauft seine Arbeit also zu dem Wert, der nötig ist, um die notwendigen Lebensmittel kaufen zu können, die der Arbeiter selbst für seine physische Erhaltung braucht. Der Unternehmer zahlt dem Arbeiter nur den Wert der Ware, der Ware Arbeitskraft, er selbst erzielt bei dem Verkauf aber einen höheren Wert, das ist der Mehrwert, und so beruht die Existenz des Unternehmers auf einer ständigen Ausbeutung des Arbeiters. Das Kapital ist also aufgehäufte fremde Arbeit, der Unternehmer begeht damit an sich kein Unrecht, denn das ist das Wesen der kapitalistischen Wirtschaftsordnung. Will man die Ausbeutung aber beseitigen, muß man die ganze kapitalistische Wirtschaftsordnung beseitigen. Dann erst erhält der Arbeiter den vollen Ertrag seiner Arbeit, nämlich den Wert und den Mehrwert.

Diese Mehrwerttheorie enthält eine solche Fülle von Denkfehlern, daß es nicht einfach ist, sie alle zu entwirren. Hundert Jahre nationalökonomischer Forschung haben diese Frage immer wieder zum Gegenstand der Untersuchung gemacht, und alle Fehler und Schwächen des Gedankens sind immer wieder von neuem dargelegt worden. Es würde sich im Grunde erübrigen, die Einzelheiten aufzuzeichnen, wenn die Mehrwerttheorie nicht immer wieder von ihren Verteidigern als eine der glänzendsten Säulen des Marxismus bezeichnet würde.

Es ist nicht der Fall, daß der Wert der Ware nur in ihrem Tauschwert liege, und daß nur die aufgewendete menschliche Arbeitskraft den Wert der Ware bestimme. Eine große Anzahl von Ware ist nicht durch diesen Wert bestimmt. Das Kunstwerk bestimmt sich nicht durch die Summe der aufgewendeten Arbeit, ebenso nicht das wissenschaftliche Werk, nicht das journalistische, also alle höhere geistige Arbeit ist nicht durch die Arbeitskraft bestimmt. Nicht die Arbeit des Erfinders, des Entdeckers, des Unternehmers, nicht die des Arztes, des Richters, des Staatsmannes, des Pfarrers. Aber auch der Wert von Grund und Boden bestimmt sich nicht nach der Summe der aufgewendeten Arbeit (F. Oppenheimer, Die soziale Frage und der Sozialismus, 1925, S. 110 ff., H. Dietzel, Vom Lehrwert der Wertlehre und vom Grundfehler der Marx'schen Verteilungslehre, 1921, S. 13). Im 3. Band des „Kapitals" hat Marx selbst den Standpunkt der Mehrwertlehre, der viel zu primitiv ist, um dem Wirtschaftsvorgang gerecht zu werden, nicht mehr aufrechterhalten, hat sich aber auch nicht von dem Mehrwertgedanken gelöst, und so ist eine Widersprüchlichkeit in seine Arbeit gekommen. Die in der Ware enthaltene Arbeitskraft ist eben nur ein Teil ihres Wertes, ein anderer Teil ihres Wertes liegt in den Produktionskosten, liegt im Material, liegt in der Seltenheit des Gegenstandes.

So faßt die Lehre vom Mehrwert nur eine Seite des ökonomischen Vorgangs, und es war ein Denkfehler von Marx, diese eine Seite als die einzige zu behaupten, genauso wie es im historischen Vorgang ein Denkfehler von Marx war, die materialistische Geschichtsauffassung, die auch nur eine Seite des historischen Geschehens faßt, als die alleinige Möglichkeit zur Erklärung hinzustellen. Es sind die Ausschließlichkeiten, die die Denkfehler bei Marx ausmachen.

Die Mehrwertlehre ist propagandistisch besonders ausgenutzt worden. Dem Arbeiter wurde bedeutet, daß er um den wahren Wert seiner Arbeit betrogen würde. In Wirklichkeit kann der Unternehmer das Produkt nur verkaufen, wenn er es in dem System der freien Marktwirtschaft konkurrenzfähig hält, wenn er also das Produkt so billig wie möglich abgibt, wenn er also nicht zuviel des Mehrwerts aufstapelt. In Wahrheit ist der Mehrwert das gleiche wie die Handelsspanne des Kaufmanns. In Wahrheit sind es nicht die Arbeitskosten, die entscheidend die Preise regulieren, sondern es sind vor allem die fixen Kosten, die jedem hergestellten Gebrauchsgegenstand anhaften, also Kosten, die bestimmt sind durch die Gebäude der Fabrik, durch den Wert der Maschinen, durch das aufgewandte Material, durch die Steuern, die Mieten und andere Kostenelemente, die als fixe Kosten dauernd bestehen.

Es ist die Tragik des Sozialismus, daß die Mehrwerttheorie mit der gewissen Kompliziertheit, die ihr anhaftet, die Geister derer, die nicht nationalökonomisch zu denken gewöhnt sind, verwirrt hat. So konnte der Gedanke entstehen, daß der Mehrwert nur in der kapitalistischen Wirtschaft bestehe und daß er in dem Augenblick aufhöre, in dem die sozialistische Wirtschaft begänne. Das gerade hat sich als Irrtum erwiesen. Auch der Unternehmer in dem sozialistischen Staat, der nun der Staat selber ist, braucht den Mehrwert, denn das Unternehmen muß sich ja in sich tragen, ganz gleich, ob es von einem Privatunternehmer oder ob es vom Staat geleitet wird. Auch die in den europäischen Staaten ja meistens sozialisierte Eisenbahn oder die Post muß den Mehrwert einbehalten, um überhaupt bestehen zu können. Und dem Arbeiter geht es in einem sozialisierten Betriebe keineswegs besser als in einem privatwirtschaftlichen. Der Mehrwert ist also nicht eine besondere Ausbeutungsform, die dem kapitalistischen Sytem eigen wäre, sondern der Mehrwert besteht genauso im sozialistischen System, und er ist in Rußland noch besonders gesteigert worden, ja, er mußte gesteigert werden, denn der Staat hat ja nun nicht mehr die Einnahmen aus den Steuern des freien Unternehmers, er hat alle seine Einnahmen nur aus den Betrieben. Somit erhöht sich im sozialistischen Staat der Mehrwert, und der Arbeiter erhält im Verhältnis noch weniger Lohn als in der freien Wirtschaft.

Es ist die Tragik des Sozialismus, daß gerade dieser Gedanke vom Mehrwert sich als besonders verfehlt erwiesen hat.

Es ist die Tragik des Sozialismus, daß sich auch die anderen Säulen seines ökonomischen Gefüges als nicht tragkräftig erwiesen haben.

Die Akkumulationstheorie des Kapitals hat sich in Wahrheit nicht erfüllt. Nach der Vorstellung von Marx sammelt sich das Kapital mehr und mehr in den Händen Weniger. Die Produktionsmittel gehen schließlich in den Besitz einiger Kapitalisten über, die Zahl der Kapitalisten und Industriellen selbst nimmt ab, immer mehr kleine Kapitalisten fallen ins Proletariat hinab. Marx sagt im Kommunistischen Manifest: „Die bisherigen kleinen Mittelstände, die kleinen Industriellen, Kaufleute und Rentiers, die Handwerker und Bauern, alle diese Klassen fallen ins Proletariat hinab, teils dadurch, daß ihr kleines Kapital für den Betrieb der Großindustrie nicht ausreicht und der Konkurrenz mit den größeren Kapitalisten erliegt, teils dadurch, daß ihre Geschicklichkeit von neuen Produktionszweigen entwertet wird. So rekrutiert sich das Proletariat aus allen Kreisen der Bevölkerung." Und im I. Band des „Kapitals" erklärt er weiter, daß die Expropriation, wie er es ausdrückt, immer weiter fortschreitet. „Was jetzt zu expropriieren ist, ist nicht länger der selbstwirtschaftende Arbeiter, sondern der viele Arbeiter exploitierende Kapitalist. Diese Expropriation vollzieht sich durch das Spiel der immanenten Gesetze der kapitalistischen Produktion selbst, durch die Zentralisation der Kapitale. Je ein Kapitalist schlägt viele tot. Hand in Hand mit dieser Zentralisation oder der Expropriation vieler Kapitalisten durch Wenige entwickelt sich die kooperative Form des Arbeitsprozesses auf stets wachsender Stufenleiter, die bewußte technische Anwendung der Wissenschaft, die planmäßige Ausbeutung der Erde, die Verwandlung der Arbeitsmittel in nur gemeinsam verwendbare Arbeitsmittel, die Ökonomisierung aller Produktionsmittel durch ihren Gebrauch als Produktionsmittel kombinierter, gesellschaftlicher Arbeit, die Verschlingung aller Völker in das Netz des Weltmarktes und damit der internationale Charakter des kapitalistischen Regimes. Mit der beständig abnehmenden Zahl der Kapitalmagnaten, welche alle Vorteile dieses Umwandlungsprozesses usurpieren und monopolisieren, wächst die Masse des Elends, des Drucks, der Knechtschaft, der Entartung, der Ausbeutung, aber auch die Empörung der stets anschwellenden und durch den Mechanismus des kapitalistischen Produktionsprozesses selbst geschulten vereinten und organisierten Arbeiterklasse. Das Kapitalmonopol wird zur Fessel der Produktionsweise, die mit und unter ihm aufgeblüht ist. Die Zentralisation der Produktionsmittel und die Vergesellschaftung der Arbeit erreichen einen Punkt, wo sie unverträglich werden mit ihrer kapitalistischen Hülle. Sie wird gesprengt. Die

Stunde des kapitalistischen Privateigentums schlägt. Die Expropriateurs werden expropriiert."

In diesen Sätzen hat Marx die Akkumulation des Kapitals dargestellt. Das war vor hundert Jahren. Genau das Gegenteil hat sich seitdem gezeigt. Der Kapitalbesitz hat sich nicht verringert, sondern er hat sich immer mehr ausgedehnt, er hat immer breitere Schichten erfaßt. Die Zahl der Kapitalisten ist nicht gesunken, sondern sie ist ständig gestiegen, und sie ist in den westlichen Ländern in weiterem ständigen Steigen begriffen.

Es ist die Tragik des Sozialismus, daß neben der Mehrwerttheorie auch die Theorie der Akkumulation des Kapitals sich nicht erfüllt hat.

Es ist die Tragik des Sozialismus, daß auch die dritte Säule des marxistischen Gedankengebäudes sich als Denkfehler erwiesen hat. Es ist die Konzentrationstheorie. So wie das Kapital sich in den Händen weniger vereinigen soll nach der Auffassung von Marx, genauso werden durch den Großbetrieb infolge der Konkurrenz die mittleren und kleineren Betriebe immer mehr verdrängt und aufgesogen, so daß allmählich nur noch ganz wenige große Betriebe übrigbleiben.

In allen Staaten haben dagegen die Mittel- und Kleinbetriebe zwischen 1880 und der Gegenwart stark zugenommen. Ebenfalls hat sich in der Landwirtschaft eine Steigerung der Kleinbetriebe gezeigt.

Die Tatsachen haben auch die vierte Säule des marxistischen ökonomischen Systems widerlegt. Nach Marx wird dem Arbeiter immer mehr Mehrwert entzogen, so daß eine Verelendung des Proletariates unvermeidlich ist, das Proletariat verarmt zusehends. Auch dieser Gedanke hat sich als falsch erwiesen. Die Lage der arbeitenden Bevölkerung hat sich bis zum Weltkrieg in allen Kulturstaaten wesentlich gehoben. Sombart hat errechnet, daß der Lohn in den Vereinigten Staaten von 1850 bis 1915 jährlich im Durchschnitt um $2^{1}/_{2}$ % gestiegen ist (Werner Sombart, Der proletarische Sozialismus, 1924. Ferner A. Weber, Der Kampf zwischen Kapital und Arbeit, 1920).

Es ist die Tragik des Sozialismus, daß die vier grundlegenden Gedanken von Marx zur ökonomischen Struktur der Gesellschaft und zu ihrer Weiterentwicklung in den Sozialismus hinein den gegebenen Tatsachen widersprechen. Es hat sich nicht so entwickelt, wie Marx es sich dachte. Marx war der Ansicht, daß der Kapitalismus in sich selbst die Elemente zu seiner Zertörung trage. Das ist nicht der Fall. Da, wo sich der Sozialismus als scheinbar folgende Stufe des Kapitalismus entwickelt hat, nämlich in Rußland, hat es einen Kapitalismus gar nicht gegeben. Der Sozialismus konnte hier anknüpfen an die prähistorischen Stufen der wirtschaftlichen Gemeinbenutzung von Grund und Boden, an das System des Mir, und das ist gewiß einer der Gründe für den Erfolg des Sozialismus in Rußland. In den kapitalistischen Staaten selber aber hat die Entwicklung in ökonomischer Beziehung nicht zum Sozialismus geführt. In Deutschland hat sich der Sozialismus als Nationalsozialismus aus anderen Gründen entwickelt, nämlich aus der Arbeitslosigkeit als einer Folge des verlorenen Krieges. Es sind also nicht die im Kapitalismus selbst liegenden Notwendigkeiten, die zu seiner Erschütterung geführt haben, sondern gerade abseits liegende Gründe, die zufälliger Natur sind und die nicht im Wesen des Kapitalismus als Wirtschaftsform begründet sind.

Es ist die Tragik des Sozialismus, daß sein größter und stärkster Vertreter in der neueren Zeit, Karl Marx, in den entscheidenden Punkten falsch gesehen hat. Zuerst in der Voraussetzung der Urgesellschaft, dann in der Zielsetzung, weiter in dem historischen Aufbau seines Lehrgebäudes mit den zwei Säulen der materialistischen Geschichtsauffassung und der Idee des Klassenkampfes, weiter in dem ökonomischen Teil seiner Lehren mit den vier Säulen, der Mehrwerttheorie, der Theorie von der Akkumulation des Kapitals, von der Konzentration der Betriebe und von der Verelendung der Massen.

Die Bewegung, die sich an den Namen Marx anschloß, und die als politische Partei sich später den Namen Sozialdemokratische Partei gab, mußte im Laufe der Jahre und Jahrzehnte selbstverständlich die Schwächen, Fehler und Unklarheiten des Gedankengefüges von Marx bemerken und erkennen. Die Geschichte der Sozialdemokratie ist nichts anderes als der sich immer wiederholende Versuch, an Marx festzuhalten als dem großen Meister, dem großen Lehrer und Verkünder, und der ständig neu sich durchsetzenden Erkenntnis, daß ein Festhalten an Marx gar nicht möglich ist.

Der Marxismus geht aus von dem Gedanken der Freiheit, aber er vernichtet die Freiheit; der Marxismus geht aus von dem Gedanken der Humanitas, aber er vernichtet die Humanitas; der Marxismus geht aus von der Erlösung des Individuums, aber er vernichtet das Individuum.

So kann die Geschichte der Nachfolger von Marx nichts anderes sein als die Erkenntnis, daß der Weg in der Nachfolge Marx' zum Zwang, zur Unterdrückung, zur Unterjochung, zur Diktatur, zum Terror führt, und gleichzeitig kann die Geschichte nichts anderes sein als das ständige Ausweichen vor dieser Tatsache, als der ewige Versuch, die Freiheit, die Individualität und die Persönlichkeit innerhalb des Sozialismus zu erhalten. Das ist aber ein Widerspruch. Man kann immer nur das eine von beiden erreichen, nicht aber beides zugleich. Es gibt nur Freiheit oder Gleichheit, aber nicht Freiheit und Gleichheit.

So waren von vornherein innerhalb des Sozialismus seit Marx diese beiden Gegensätze gegeben. Daß sie zur Spaltung der Anhänger führen mußten, ist nur selbstverständlich.

Auf der einen Seite mußten sich die reinen Marxisten entwickeln, diejenigen, die an der Diktatur des Proletariates festhielten, es sind die wahren Sozialisten, die sich in Deutschland später seit 1917 Kommunisten nannten. Sie halten wirklich fest an den vier Grundfragen des Sozialismus, Enteignung des Eigentums, Arbeitszwang, Diktatur einer kleinen Gruppe und Abschließung des Staates. Das ist logisch gedacht, das ist folgerichtig durchgeführt, das ist konsequent gehandelt. Das ist die offene Vernichtung der Rechtssicherheit, das ist die Aufhebung des Rechtes der freien Entwicklung des Einzelnen, das ist die Anerkennung der Allmacht des Staates mit seinen Konzentrationslagern und Arbeitslagern, das ist die Anerkennung des Arbeitszwanges und das Jasagen zu der Unterjochung, das ist die Anerkennung des Terrors. Es ist konsequenter Marxismus.

Es gibt einen Satz von Elie Halèvy in dem Buch L'Ere des Tyrannies, Paris 1938, Seite 208, in dem es heißt: „Die Sozialisten glauben an zwei Dinge, die völlig verschieden voneinander sind und sich vielleicht sogar widersprechen: an Freiheit und Organisation." Und F. A. Hayek sagt 1943 in seinem Buch „Der Weg zur Knechtschaft", Seite 52, daß in England heute noch die meisten Leute der Meinung seien, daß Sozialismus und Liberalismus miteinander vereinbar wäre. „Ohne Zweifel", so fährt er fort, „glaubt die Mehrzahl der Sozialisten bei uns (in England) noch immer fest an das liberale Freiheitsideal und würde entsetzt sein, wenn sie zu der Überzeugung käme, daß die Verwirklichung ihres Programms die Vernichtung dieser Freiheit bedeuten würde. Das Problem wird noch immer so wenig erkannt, und die unvereinbarsten Ideale werden so leicht in einem Atem genannt, daß selbst heute über solche sich widersprechenden Begriffe wie „individualistischer Sozialismus" ernsthaft diskutiert wird. „Den demokratischen Sozialismus nennt er mit Recht „die große Illusion der letzten Generation".

Hölderlin hat einmal ein Wort gefunden, es lautet: „Immerhin hat das den Staat zur Hölle gemacht, daß ihn der Mensch zu seinem Himmel machen wollte." (Hyperion.)

Hier liegt die Tragik des Sozialismus, der Mensch wollte den Staat zu seinem Himmel machen, und er machte ihn zu seiner Hölle. Wenn alles, was der Mensch tut, von der Wiege bis zur Bahre, wenn alles, was der

Mensch verbraucht, wenn alles, was der Mensch leisten will, durch den Staat und damit durch eine unerhört große Beamtenschaft bestimmt und geregelt wird, dann wird das Individuum getötet, dann wird die Freiheit ausgeschaltet, dann wird das Eigensein vernichtet, dann wird der Wert des Menschen zerstört, dann wird die Humanitas ausgelöscht. Nach Engels aber sollte der Sozialismus der Sprung aus der Notwendigkeit in die Freiheit sein, und es ist kein Zweifel, daß dieser Gedanke der Freiheit die wirksamste Waffe in der Propaganda des Sozialismus gewesen ist. Es ist auch kein Zweifel, daß der Glaube, der Sozialismus werde die Freiheit bringen, bei vielen echt und aufrichtig war.

Auf allen Parteitagen kehrt das Wort von der Freiheit wieder, und am großartigsten und mächtigsten klangen die Worte von Otto Wels, dem Vorsitzenden der Sozialdemokratischen Partei, der im Deutschen Reichstag, 1933, als Hitler das Ermächtigungsgesetz verlangte, mit allen Abgeordneten der Sozialdemokratischen Partei dagegen stimmte und am Schluß seiner Rede das mutige Bekenntnis sprach: „Wir Sozialdemokraten bekennen uns in dieser Stunde feierlich zu den Grundsätzen der Menschlichkeit und der Gerechtigkeit, der Freiheit und des Sozialismus! Die Freiheit kann man uns nehmen, die Ehre nicht.“ Mit 441 Stimmen aller Parteien wurde das Ermächtigungsgesetz gegen 94 Stimmen der Sozialdemokratie vom Reichstag angenommen. Das war kurz vor 8 Uhr abends am 23. März 1933. Mit diesem Tage begann der Weg in die Knechtschaft. Die Sozialdemokratie, der Träger des Sozialismus, hat diesen Weg verhindern wollen, eine andere Art von Sozialismus hat die Knechtschaft durchgeführt. Es war Wels ernst um den Gedanken der Freiheit, er war ihm das Herz der Bewegung, wie auch jetzt noch bei den Führern der Sozialdemokratie in Deutschland und im Ausland.

Es ist die Tragik des Sozialismus, daß die Zielsetzung selbst sich widerspricht. Sozialismus in jeder Form, mag es der Kommunismus russischer Prägung, mag es der Faschismus italienischer Prägung, mag es der Nationalsozialismus deutscher Formulierung sein: Jeder Sozialismus schafft den Zwang, setzt den Staat als einzig wirkenden Faktor voraus, schaltet die freie Wirtschaft aus, hebt das Urprinzip des Handels, das Gesetz von Angebot und Nachfrage auf. Und wenn Wels in dieser denkwürdigen Stunde für Freiheit und Sozialismus eintrat, dann trat er ein für zwei einander widersprechende Prinzipien, und das ist das Tragische des Sozialismus.

Der Sozialismus will für die Freiheit kämpfen, aber er ist der Weg in die Knechtschaft; der Sozialismus will für den Frieden und den internatiolen Gedanken kämpfen, aber er ist der Weg zum engsten Nationalismus; der Sozialismus will den Geist befreien und schafft die Gewalt.

In der Bewegung seit Marx mußten diese Gegensätze, die in der Theorie des Sozialismus selber liegen, immer schärfer gegeneinander geraten. Die Spaltung der deutschen Sozialdemokratischen Partei in die Gruppen Mehrheitssozialisten einerseits und Unabhängige und Kommunisten andererseits am Ende des Krieges seit 1917, ist nur die Folge dieser im eigenen Denken begründeten Unklarheit. Die Mitglieder derselben sozialdemokratischen Fraktion mußten nach der Spaltung ihre Gegensätze mit Kanonen austragen. Berlin war zerrissen von Schüssen, weil die Sozialisten beider Gruppen aufeinander schossen. Sie schossen deshalb, weil eine Unklarheit in ihrem Denken lag. Und diese Unklarheit geht weit zurück.

Am 23. Mai 1863 hatte Lassalle den Allgemeinen Deutschen Arbeiterverein gegründet. Sein Gedanke war, auf friedlichem Wege und mit Hilfe des bestehenden Staates Vorteile für die Arbeiterklasse zu erkämpfen. Lassalle ist nicht sozialistisch, er will nicht die Aufhebung der freien Wirtschaft, er will nicht die Einführung eines staatlichen Zwangssystems mit Arbeitszwang und Diktatur einer kleinen Gruppe, mit Überführung der Produktionsmittel in den Staat und Abschließung des Staates. Das alles liegt ihm fern, er will das allgemeine und gleiche Wahlrecht und die Aufhebung der direkten Steuer, weil sie die Arbeiterklasse stärker trifft als die Besitzenden. Sehr bald hat sich zwischen Marx und Lassalle ein tiefgehender Gegensatz entwickelt, der in den Briefen deutlich zum Ausdruck kommt. 1864 fiel Lassalle im Zweikampf, doch seine Richtung lebte weiter, eine Arbeiterpartei, deren Ziel die Verbesserung der Lage der Arbeiter war.

Die sozialistische Idee bildete sich 1864, als Marx die Internationale Arbeiterassoziation begründete. Doch das war nur ein Name, wirkliche Gruppen standen hinter diesem Namen nicht. Er bekam erst Substanz, als sich Arbeitervereine in Deutschland dieser Organisation anschlossen. 1868 wurde August Bebel der Vorsitzende des Verbandes Deutscher Arbeitervereine. Dieser Verband nun gliederte sich der von Marx begründeten Internationalen Arbeiterassoziation an, ohne aber das sozialistische System von Marx zu übernehmen. Die Lassalleschen Arbeitervereine bestanden daneben, Sozialismus und Arbeiterschaft marschierten also noch nicht vereint. 1869 begründeten Bebel und Liebknecht die Sozialdemokratische Arbeiterpartei, und jetzt taucht zum erstenmal in dem Programm von Eisenach marxistisches Gedankengut ganz peripherisch auf. Es heißt in dem Programm von Eisenach, beschlossen 1869, jedes Mitglied der Sozialdemokratischen Arbeiterpartei verpflichtet sich, mit ganzer Kraft einzutreten für bestimmte Grundsätze. Es sind diese:

1. Die heutigen politischen und sozialen Zustände sind im höchsten Grade ungerecht und daher mit der größten Energie zu bekämpfen.

2. Der Kampf für die Befreiung der arbeitenden Klassen ist nicht ein Kampf für Klassenprivilegien und Vorrechte, sondern für gleiche Rechte und gleiche Pflichten und für die Abschaffung aller Klassenherrschaft.

3. Die ökonomische Abhängigkeit des Arbeiters von dem Kapitalisten bildet die Grundlage der Knechtschaft in jeder Form, und es erstrebt deshalb die Sozialdemokratische Partei unter Abschaffung der jetzigen Produktionsweise (Lohnsystem) durch genossenschaftliche Arbeit den vollen Arbeitsertrag für jeden Arbeiter.

4. Die politische Freiheit ist die unentbehrliche Vorbedingung zur ökonomischen Befreiung der arbeitenden Klassen. Die soziale Frage ist mithin untrennbar von der politischen, ihre Lösung durch diese bedingt und nur möglich im demokratischen Staat.

5. In Erwägung, daß die politische und ökonomische Befreiung der Arbeiterklasse nur möglich ist, wenn diese gemeinsam und einheitlich den Kampf führt, gibt sich die sozialdemokratische Arbeiterpartei eine einheitliche Organisation, welche es auch jedem einzeln ermöglicht, seinen Einfluß für das Wohl der Gesamtheit geltend zu machen.

6. In Erwägung, daß die Befreiung der Arbeiter weder eine lokale noch eine nationale, sondern eine soziale Aufgabe ist, welche alle Länder, in denen es moderne Gesellschaft gibt, umfaßt, betrachtet sich die Sozialdemokratische Arbeiterpartei, soweit es die Vereinsgesetze gestatten, als Zweig der Internationalen Arbeiter-Assoziation, sich deren Bestrebungen anschließend.

In dem Programm folgen dann die nächsten Forderungen in der Agitation der Sozialdemokratischen Arbeiterpartei, wie Trennung der Kirche vom Staat, allgemeines, gleiches, direktes und geheimes Wahlrecht, obligatorischer Unterricht in Volksschulen, Abschaffung aller indirekten Steuern, Einschränkung der Frauenarbeit und Verbot der Kinderarbeit, Förderung des Genossenschaftswesens.

In dem Programm findet sich nichts von der Aufhebung des Eigentums, nichts von der Überführung der Produktionsmittel in den Staat, nichts von der Diktatur des Proletariates, es fehlt also der Gedanke des eigentlichen Sozialismus, es ist eine Sozialreform.

Im Jahre 1874 erhielten die beiden Richtungen zusammen 9 Sitze im Reichstag. Die Regierung schritt zu Maßnahmen gegen die Sozialdemokraten, und nun vereinigten sich die Lassallesche Gruppe und die Marxistische im Mai 1875 zu Gotha und gaben sich den Namen Sozialistische

Arbeiterpartei Deutschlands. Das Programm war ein Kompromiß beider Richtungen.

Aber auch dieses Programm ist noch nicht sozialistisch im eigentlichen Sinne, und deshalb wendet sich Marx selbst in seiner „Kritik des Gothaer Programms" sehr scharf gegen den Entwurf. Er sendet von London aus seine Einsprüche am 5. Mai 1875 an Wilhelm Bracke und bittet ihn, seinen Widerspruch weiterzusenden an die übrigen Parteiführer, an Geib, Auer, Bebel und Liebknecht. Es ist von großer Bedeutung, daß Liebknecht die scharfen Erklärungen von Marx nicht weitergegeben hat, sie sind erst 15 Jahre später in der Zeitschrift „Die Neue Zeit", Jahrgang 9, 1890—91, Band 1, Nr. 18, veröffentlicht worden. Die Darlegungen von Marx waren den Parteiführern selbst zu sozialistisch und zu radikal.

Bebel hat ebenso 36 Jahre lang, von 1875—1911, einen Brief von Engels zum Gothaer Programm in seinem Schreibtisch behalten, weil dieser Brief sich gegen die Auffassung der Arbeiterführer wandte. Er ist erst 1911 von August Bebel in dem Buch „Aus meinem Leben", 2. Teil, veröffentlicht worden. Lenin sagt von diesem Brief, daß er den Opportunismus der landläufigen sozialdemokratischen Auffassungen vom Staat besonders prägnant, scharf, unumwunden und klar enthüllt. (W. I. Lenin, Der Radikalismus, die Kinderkrankheit im Kommunismus, Berlin 1946, S. 18, Band 10 der Ausgewählten Werke.) Engels wandte sich gegen die Bezeichnung „Sozialdemokratie", weil sie das Demokratische, das im Sozialismus gar nicht enthalten ist, betone, ließ schließlich aber den Ausdruck passieren, wie er sagt. (Engels, Internationales aus dem Volksstaat, 1894.)

Hier zeigt sich deutlich der Gegensatz, der von Anfang an in der Sozialdemokratischen Partei bestand. Nicht nur die Lassalleaner und Marxisten bekämpften sich, sondern auch nach der Vereinigung Marx und Engels auf der einen Seite, Liebknecht und Bebel auf der anderen. Liebknecht und Bebel wollten nicht die wirklichen sozialistischen Tendenzen von Marx durchführen, beide hielten fest an den Grundrechten des Menschen, an dem Gedanken der Freiheit. Engels schreibt in seinem Brief an Bebel vom 18. März 1875 (Bebel, Aus meinem Leben, 2. Teil): „Das ganze Programm sind Forderungen der kleinbürgerlichen Demokratie." Schon Marx hatte in einem Brief vom 23. Februar 1865 (Briefwechsel Marx-Engels) erklärt, „daß Lassalle in der Tat die Partei verraten habe". In seiner Kritik des Gothaer Programms geht Marx viel weiter. Da heißt es im 4. Abschnitt, „zwischen der kapitalistischen und der kommunistischen Gesellschaft liegt die Periode der revolutionären Umwandlung der einen in die andere. Der entspricht eine politische Übergangsperiode, deren Staat nichts anderes sein kann als die revolutionäre Diktatur des Proletariates. Das

Programm hat es nun weder mit letzterer zu tun noch mit dem zukünftigen Staatswesen der kommunistischen Gesellschaft. Seine politischen Forderungen enthalten nichts außer der alten weltbekannten demokratischen Litanei: Allgemeines Wahlrecht, direkte Gesetzgebung, Volksrecht, Volkswehr usw. Sie sind bloßes Echo der bürgerlichen Volkspartei, des Friedens- und Freiheitsbundes".

Hier zeigt es sich deutlich, daß Marx und Engels den Sozialismus schaffen und durchsetzen wollen, daß aber Liebknecht und Bebel von Anfang an die Reformisten sind, diejenigen, die in dem Staat der freien Produktion Verbesserungen für die Arbeiterklasse wünschen und erstreben. Marx ist bestimmt und radikal, er will die Änderung der Produktionsmittel, er will die Beseitigung des Eigentums, und Lenin ist der konsequente Fortführer der Ideen von Marx.

Aus diesem Grunde hat Lenin besonderen Wert gelegt auf die Kritik des Gothaer Programms, und immer wieder erscheint bei ihm der Hinweis auf diese Kritik und die Betonung des Wortes von der Diktatur des Proletariates.

Lenin hat im Januar bis Februar 1917 eine Schrift geschrieben über die Kritik am Gothaer Programm von Marx, sie wurde zum erstenmal russisch veröffentlicht im Lenin-Sammelband 14, Moskau 1930. Eine deutsche Übersetzung erschien 1946. In ihr heißt es: „Den Staat braucht man nicht im Interesse der Freiheit, sondern der Niederhaltung der Gegner des Proletariates", und Lenin sagt weiter, daß die Diktatur des Proletariates von den offenen Opportunisten Deutschlands (Bernstein, Kolb u. a.) direkt vom offiziellen Programm und indirekt von Kautsky abgelehnt wird. Der Kampf der Gruppe, die mit Marx und Engels beginnt, und die sich logisch fortsetzt in Lenin und Stalin, wendet sich auf das schärfste gegen die Opportunisten und Verflacher der Lehre vom Sozialismus. Der wirkliche Sozialismus weiß, daß Sozialismus und Freiheit unvereinbar ist, die Opportunisten und Revisionisten aber wollen den Sozialismus verbinden mit der Freiheit. Und das ist unmöglich.

„Die Sozialdemokratie soll aus einer Partei der sozialen Revolution zu einer demokratischen Partei der sozialen Reformen werden. Diese politische Forderung hat Bernstein mit einer ganzen Batterie ziemlich gut aufeinander abgestimmter neuer Argumente und Betrachtungen umstellt" — so sagt Lenin. (Lenin, Marx, Engels, Marxismus, 2. Aufl., Moskau 1947, S. 96.)

Im Gothaer Programm von 1875 findet sich nichts von wirklich sozialistischen Forderungen, im Gegenteil, es findet sich das Wort vom freien

Staat, und Marx wendet sich aufs schärfste gegen diesen Ausdruck. In dem Programm heißt es:

„1. Die Arbeit ist die Quelle allen Reichtums und aller Kultur, und da allgemein nutzbringende Arbeit nur durch die Gesellschaft möglich ist, so gehört der Gesellschaft, d. h. allen ihren Gliedern, das gesamte Arbeitsprodukt, bei allgemeiner Arbeitspflicht, nach gleichem Recht, jedem nach seinen vernunftgemäßen Bedürfnissen.

In der heutigen Gesellschaft sind die Arbeitsmittel Monopol der Kapitalistenklasse; die hierdurch bedingte Abhängigkeit der Arbeiterklasse ist die Ursache des Elends und der Knechtschaft in allen Formen.

Die Befreiung der Arbeit erfordert die Verwandlung der Arbeitsmittel in Gemeingut der Gesellschaft und die genossenschaftliche Regelung der Gesamtarbeit mit gemeinnütziger Verwendung und gerechter Verteilung des Arbeitsertrages.

Die Befreiung der Arbeit muß das Werk der Arbeiterklasse sein, der gegenüber alle anderen Klassen nur eine reaktionäre Masse sind.

2. Von diesen Grundsätzen ausgehend, erstrebt die sozialistische Arbeiterpartei Deutschlands mit allen gesetzlichen Mitteln den freien Staat und die sozialistische Gesellschaft, die Zerbrechung des ehernen Lohngesetzes durch Abschaffung des Systems der Lohnarbeit, die Aufhebung der Ausbeutung in jeder Gestalt, die Beseitigung aller sozialen und politischen Ungleichheit.

Die Sozialistische Arbeiterpartei Deutschlands, obgleich zunächst im nationalen Rahmen wirkend, ist sich des internationalen Charakters der Arbeiterbewegung bewußt und entschlossen, alle Pflichten, welche derselbe den Arbeitern auferlegt, zu erfüllen, um die Verbrüderung aller Menschen zur Wahrheit zu machen.

Die Sozialistische Arbeiterpartei Deutschlands fordert, um die Lösung der sozialen Frage anzubahnen, die Errichtung von sozialistischen Produktivgenossenschaften mit Staatshilfe unter der demokratischen Kontrolle des arbeitenden Volkes. Die Produktivgenossenschaften sind für Industrie und Ackerbau in solchem Umfange ins Leben gerufen, daß aus ihnen die sozialistische Organisation der Gesamtarbeit entsteht.

Die Sozialistische Arbeiterpartei Deutschlands fordert als Grundlagen des Staates:

1. Allgemeines, gleiches, direktes Wahl- und Stimmrecht mit geheimer und obligatorischer Stimmabgabe aller Staatsangehörigen vom 20. Lebensjahr an für alle Wahlen und Abstimmungen in Staat und Gemeinde. Der Wahl- oder Abstimmungstag muß an Sonn- und Feiertagen sein.

2. Direkte Gesetzgebung durch das Volk. Entscheidung über Krieg und Frieden durch das Volk.

3. Allgemeine Wehrhaftigkeit. Volkswehr an Stelle der stehenden Heere.

4. Abschaffung aller Ausnahmegesetze, namentlich der Preß-, Vereins- und Versammlungsgesetze; überhaupt aller Gesetze, welche die freie Meinungsäußerung, das freie Forschen und Denken beschränken.

5. Rechtsprechung durch das Volk. Unentgeltliche Rechtspflege.

6. Allgemeine und gleiche Volkserziehung durch den Staat. Allgemeine Schulpflicht. Unentgeltlicher Unterricht in allen Bildungsanstalten. Erklärung der Religion zur Privatsache."

Es folgen nun 8 Punkte, die die Sozialistische Arbeiterpartei innerhalb Deutschlands fordert. Der erste Punkt heißt: „Möglichste Ausdehnung der politischen Rechte und Freiheiten im Sinne der obigen Forderung."

Der zweite Punkt verlangt eine progressive Einkommensteuer, der dritte unbeschränktes Koalitionsrecht. Der vierte Punkt verlangt das Verbot der Sonntagsarbeit, der fünfte das Verbot der Kinderarbeit und Einschränkung der Frauenarbeit, der sechste verlangt Schutzgesetze für Leben und Gesundheit der Arbeiter, der siebente die Regelung der Gefängnisarbeit und der achte die volle Selbstverwaltung für die Arbeiterhilfs- und Unterstützungskassen.

Die Kritik von Marx an diesem Programm war vernichtend. Gleich zu dem ersten Satz sagt er (Neue Zeit, 1890/91, Band I, Nr. 18): „Die Arbeit ist nicht die Quelle alles Reichtums", und so wendet er sich weiter gegen jeden Satz. Er wendet sich gegen das Wort „gerechte Verteilung" und am schärfsten gegen den Satz, daß die Sozialistische Arbeiterpartei den freien Staat erstrebe. Er sagt, es ist keineswegs Zweck der Arbeiter, den Staat freizumachen, und er erklärt die Tatsache, daß die Deutsche Arbeiterpartei das Programm zu dem ihrigen mache, zeigt, *„wie ihr die sozialistischen Ideen nicht einmal hauttief sitzen"*. Er beklagt sich, daß die politischen Forderungen des Programms nichts enthalten außer der alten weltbekannten demokratischen Litanei. Er sagt, daß das ganze Programm durch und durch von Untertanenglauben der Lassalleschen Sekte an den Staat verpestet ist, und daß es einem Wunderglauben verfällt, der dem Sozialismus fern ist. Und in dieser Kritik findet sich jener berühmte Satz, der schon oben angeführt ist, und auf dem Lenin sein ganzes Staatsgefüge aufbaute: „Zwischen der kapitalistischen und der kommunistischen Gesellschaft liegt die Periode der revolutionären Umwandlung der einen in die andere. Der entspricht auch eine politische Übergangsperiode, deren Staat nichts anderes sein kann als die revolutionäre Diktatur des Proletariats."

Am 18. März 1875 schrieb Engels einen Brief an Bebel, in dem er diesen Gedanken noch schärfer ausdrückt. Er sagt, daß das Programm derart ist, daß er sowohl wie Marx sich nie zu der auf dieser Grundlage errichteten neuen Partei bekennen können, und daß sie sich sehr ernstlich werden überlegen müssen, welche Stellung sie der Partei gegenüber einnehmen. Er wendet sich gegen die Forderung von der Freiheit der Wissenschaft und der Gewissensfreiheit und überhaupt gegen den Gedanken der Freiheit auf das Entschiedenste. Er sagt: „Solange das Proletariat den Staat noch gebraucht, gebraucht es ihn nicht im Interesse der Freiheit, sondern der Niederhaltung seiner Gegner." (Erstmalig veröffentlicht in August Bebel, „Aus meinem Leben", 2. Teil, Stuttgart 1911.)

In einem Brief vom 11. Oktober 1875 an Wilhelm Bracke, erstmalig veröffentlicht in der Zeitschrift „Die Gesellschaft", Berlin, 1927, Heft Nr. 8, sagt Engels, daß Liebknecht durch seinen Eifer, die Einigung zu erreichen, die ganze Sache verfahren habe. Und weiter sagt er: „Sie haben ganz recht: Diese Einigung trägt den Keim der Spaltung in sich." Von dem Programm selber sagt er, daß es aus drei Bestandteilen bestehe, einmal den Lassalleschen Phrasen und Stichwörtern, die unter keiner Bedingung angenommen werden dürfen, zweitens einer Reihe vulgär demokratischer Forderungen, im Geist und im Stil der Volkspartei aufgesetzt, und drittens einer Anzahl kommunistisch sein sollender Sätze, meist dem Manifest entlehnt, aber so umredigiert, daß sie, bei Lichte betrachtet, samt und sonders haarsträubenden Blödsinn enthalten." Er sagt: „Wenn man diese Sache nicht versteht, so soll man die Finger davon lassen oder aber sie wörtlich abschreiben von denen, die zugegebenermaßen die Sache verstehen."

In einem Brief vom 12. Oktober 1875 an Bebel, erstmalig veröffentlicht in August Bebel, „Aus meinem Leben", 2. Teil, Stuttgart 1911, schreibt Engels an Bebel, daß das Programm den Keim eines künftigen Zwiespaltes in sich trägt, und von den allgemeinen Sätzen sagt er, daß sie entweder total Falsches enthalten oder aber reinen Blödsinn. Und er setzt hinzu, „wie Marx das in dem Ihnen bekannten Aufsatz im einzelnen nachgewiesen hat".

Das Bedeutungsvolle ist nun, daß Bebel diesen Aufsatz, nämlich die Kritik am Gothaer Programm von Marx, gar nicht kannte. Liebknecht hatte das Dokument den anderen Führern der Partei nicht gezeigt, er hat es zurückbehalten. So stark war die Spannung der deutschen Parteiführer gegen Marx. Als Engels die Kritik am Gothaer Programm im Jahre 1891 zum erstenmal veröffentlichte, bekam Bebel erst davon Kenntnis. Die

Kritik am Programm wurde ihm als Korrekturbogen zugesandt, und Bebel versuchte, ihr Erscheinen zu verhindern. Sein Telegramm kam jedoch zu spät an. (Vorwärts, Berlin, 26. Februar 1891.)

Aus diesen Tatsachen ergibt sich, daß die deutsche Arbeiterbewegung weder in der Lassalleschen Richtung noch in der von Bebel und Liebknecht mit Marx und dem Sozialismus einen wirklichen geistigen Zusammenhang hatte.

Die sozialdemokratische Arbeiterbewegung ist nicht dasselbe wie Sozialismus. Marx und Engels haben den wirklichen Sozialismus erstrebt, den Sozialismus, der die Aufhebung der freien Marktwirtschaft fordert, der die Überführung der Produktionsmittel in den Staat verlangt, das heißt die Aufhebung des Eigentums, den Sozialismus, der den Arbeitszwang braucht, die Diktatur einer kleinen Gruppe und die Abgeschlossenheit des Staates. Der Sozialismus ist daher das Gegenteil von Freiheit, und Marx hat das sehr wohl gesehen, ebenso Engels und auch Lenin und Stalin.

Die Lassalleaner haben mit diesem Gedanken nichts zu tun, aber auch Liebknecht und Bebel, die sich zwar äußerlich an Marx anschlossen, haben so wenig vom Sozialismus übernommen, daß Marx diese scharfen und vernichtende Worte gebrauchte. Es ist wichtig zu wissen, daß der Sozialismus als System von Anfang an mit der sozialdemokratischen Partei nichts zu tun hatte. Die Kritik am Gothaer Programm, die Marx nach Deutschland geschickt hatte, hat Liebknecht niemals verwendet. Auch Bebel hat die Worte von der Diktatur des Proletariates nicht gebilligt.

Bebel und der alte Liebknecht waren liberale Menschen, die die Freiheit des Individuums erstrebten und die in edlem Glauben Sozialismus für Freiheit hielten.

Es war wirklich der Keim künftigen Zwiespaltes in dem Programm enthalten. Auf der einen Seite mußte sich eine Gruppe der wirklichen Sozialisten entwickeln, auf der anderen Seite eine Gruppe der demokratischen Arbeiterführer, die innerhalb der liberalen, kapitalistischen Wirtschaftsordnung Vorteile für die Arbeiter erstrebten.

Schon 1891 hielt Wilhelm Liebknecht auf dem Parteitag von Erfurt eine Rede, in der er sich ganz scharf gegen den Gedanken der Verbeamtung des ganzen Staatswesens aussprach. Die Überführung der Produktionsmittel in den Staat, die Leitung dieser Produktionsmittel und die Organisierung des Konsums erfordert einen so großen Beamtenapparat, erfordert eine solche Verwaltung, daß der größte Teil des Volkes mit behördlichen Aufgaben betraut werden muß. Lenin sagte konsequent 1917 (Staat und Revolution in: Lenin, Marx, Engels, Marxismus. Moskau 1947, S. 310):

„Die ganze Gesellschaft wird dann ein Büro und eine Fabrik mit gleicher Arbeit und gleichem Lohn sein." Das ist die notwendige Folge. Liebknecht erkannte das und wendete sich scharf dagegen. Und bald erhob auch Eduard Bernstein seine Stimme, und seine Gruppe, der Revisionismus, auf den Parteitagen 1901 und 1903 unter Führung von Bebel bekämpft, wurde doch die stärkste Richtung innerhalb der Partei.

Es gab einen Rückschlag in der Bewegung, er drückt sich aus in dem Erfurter Programm von 1891, dessen Verfasser Kautsky war. In ihm finden sich mehr sozialistische Gedanken, die auf Marx zurückgehen, wenn auch nicht in der Schärfe und in der rücksichtslosen Offenheit, mit der Marx gesprochen hat.

In dem Programm der Sozialdemokratischen Partei Deutschlands, beschlossen auf dem Parteitage in Erfurt 1891, heißt es:

„Die ökonomische Entwicklung der bürgerlichen Gesellschaft führt mit Naturnotwendigkeit zum Untergang des Kleinbetriebes, dessen Grundlage das Privateigentum des Arbeiters an seinen Produktionsmitteln bildet. Sie trennt den Arbeiter von seinen Produktionsmitteln und verwandelt ihn in einen besitzlosen Proletarier, indes die Produktionsmittel das Monopol einer verhältnismäßig kleinen Zahl von Kapitalisten und Großgrundbesitzern werden."

Es folgen dann mehrere Sätze, deren Inhalt der Gedanke von der Akkumulation des Kapitals und der Konzentration der Betriebe ist, Gedanken, die sich in den hundert Jahren seit der Abfassung des Kommunistischen Manifestes nicht bestätigt haben.

Dann heißt es weiter: „Das Privateigentum an Produktionsmitteln, welches ehedem das Mittel war, dem Produzenten das Eigentum an seinem Produkt zu sichern, ist heute zum Mittel geworden, Bauern, Handwerker und Kleinhändler zu expropriieren und die Nichtarbeiter — Kapitalisten, Großgrundbesitzer — in den Besitz des Produktes der Arbeiter zu bringen. Nur die Verwandlung des kapitalistischen Privateigentums an Produktionsmitteln — Grund und Boden, Gruben und Bergwerke, Rohstoffe, Werkzeuge, Maschinen, Verkehrsmittel — in gesellschaftliches Eigentum und die Umwandlung der Warenproduktion in sozialistische, für und durch die Gesellschaft betriebene Produktion kann es bewirken, daß der Großbetrieb und die stets wachsende Ertragsfähigkeit der gesellschaftlichen Arbeit für die bisher ausgebeuteten Klassen aus einer Quelle des Elends und der Unterdrückung zu einer Quelle der höchsten Wohlfahrt und allseitiger harmonischer Vervollkommnung werde."

„Diese gesellschaftliche Umwandlung bedeutet die Befreiung nicht nur des Proletariates, sondern des gesamten Menschengeschlechtes, das unter den heutigen Zuständen leidet. Aber sie kann nur das Werk der Arbeiterklasse sein, weil alle anderen Klassen, trotz der Interessenstreitigkeiten unter sich, auf dem Boden des Privateigentums an Produktionsmitteln stehen und die Erhaltung der Grundlagen der heutigen Gesellschaft zum gemeinsamen Ziel haben."

„Der Kampf der Arbeiterklasse gegen die kapitalistische Ausbeutung ist notwendigerweise ein politischer Kampf. Die Arbeiterklasse kann ihre ökonomischen Kämpfe nicht führen und ihre ökonomische Organisation nicht entwickeln ohne politische Rechte. Sie kann den Übergang der Produktionsmittel in den Besitz der Gesamtheit nicht bewirken, ohne in den Besitz der politischen Macht gekommen zu sein."

„Dieser Kampf der Arbeiterklasse zu einem bewußten und einheitlichen zu gestalten und ihm sein naturnotwendiges Ziel zu weisen — das ist die Aufgabe der Sozialdemokratischen Partei."

Es folgen nach einigen allgemeinen Bemerkungen über die Gleichartigkeit der Interessen der Arbeiter in allen Ländern zehn nächste Forderungen, wie Proportionalwahlsystem, freie Meinungsäußerung, Erklärung der Religion zur Privatsache, rechtliche Gleichstellung der Frau, Weltlichkeit der Schulen, Unentgeltlichkeit der Rechtspflege, Unentgeltlichkeit der ärztlichen Hilfeleistungen und stufenweise steigende Einkommen- und Vermögenssteuer.

Die Forderung nach dem Proportionalwahlsystem hat sich als das Unheilvollste erwiesen. Dieses System wurde nach 1918 durchgeführt, es brachte 23 Parteien, und nur durch dieses System konnte Hitler zur Macht kommen.

Engels, der 1891 noch lebte, war auch mit diesem Programm nicht einverstanden. „Die politischen Forderungen des Entwurfs", schreibt er an Kautsky am 29. Juni 1891 (Neue Zeit 1901/20, Bd. 1), „haben einen großen Fehler. Das, was eigentlich gesagt werden sollte, steht nicht drin". Er wendet sich scharf gegen den Opportunismus des Programms.

In den verschiedenen Programmen der Sozialdemokratischen Partei zeigt sich immer wieder die Tragik des Sozialismus, die darin liegt, daß zwei einander entgegenstehende Prinzipien des Daseins miteinander verbunden werden sollen, nämlich der Gedanke der Freiheit des Individuums einerseits und der Gedanke der Gemeinschaft und der Gleichheit andererseits.

In der Geschichte der Sozialdemokratischen Partei Deutschlands ist es der Freiheitsgedanke gewesen, der die Oberhand behalten hat.

Als 1918 die Partei die Herrschaft errungen hatte, waren es Männer wie Ebert, Scheidemann, Wissell, Hermann Müller, Gustav Bauer, Wilhelm Sollmann, die die Sozialisierung nicht durchführten, obgleich sie die Macht dazu hatten. Sie bestanden auf allgemeinen und gleichen Wahlen und bildeten die Regierung zusammen mit den Demokraten und dem Zentrum. Diese Männer waren es neben vielen anderen, die damals den liberalen Gedanken in Deutschland retteten, ihn festigten und weiterführten. Die Tragik des Sozialismus ist es, daß er, aus philosophischem Idealismus herkommend, zu den Abgrundtiefen des menschlichen Daseins führen muß. Es gibt ein Wort von Lenin in „Staat und Revolution", in dem er davon spricht, daß dem Menschen nur zwei Möglichkeiten gegeben sind, entweder die kapitalistische liberale Wirtschaftsform oder die sozialistische. (W. J. Lenin: Marx, Engels, Marxismus, Moskau 1947, 2. deutsche Auflage, S. 298):

„Die Diktatur des Proletariats aber, d. h. die Organisierung der Avantgarde der Unterdrückten zur herrschenden Klasse zwecks Niederhaltung der Unterdrücker, kann nicht einfach nur eine Erweiterung der Demokratie ergeben. Zugleich mit der gewaltigen Erweiterung des Demokratismus, der zum erstenmal ein Demokratismus für die Armen, für das Volk wird und nicht ein Demokratismus für die Reichen, bringt die Diktatur des Proletariats eine Reihe von Freiheitsbeschränkungen für die Unterdrücker, die Ausbeuter, die Kapitalisten. Diese müssen wir niederhalten, um die Menschheit von der Lohnsklaverei zu befreien, ihr Widerstand muß mit Gewalt gebrochen werden — es ist klar, daß es dort, wo es Unterdrückung, wo es Gewalt gibt, keine Freiheit, keine Demokratie gibt."

Engels hat das ausgezeichnet in seinem Brief an Bebel zum Ausdruck gebracht, wenn er, wie schon mehrfach erwähnt, erklärt: „... solange das Proletariat den Staat noch gebraucht, gebraucht es ihn nicht im Interesse der Freiheit, sondern der Niederhaltung seiner Gegner, und sobald von der Freiheit die Rede sein kann, hört der Staat als solcher auf zu bestehen."

Und an einer anderen Stelle „Proletarische Revolution und der Renegat Kautsky (W. J. Lenin: Marx, Engels, Marxismus, Moskau 1947, 2. Aufl., S. 331): „Die revolutionäre Diktatur des Proletariates ist eine Macht, die durch die Gewalt des Proletariates gegenüber der Bourgeoisie erobert wurde und behauptet wird, eine Macht, die an keinerlei Gesetze gebunden ist." Und ganz ähnlich drückt sich einmal Jacob Burckhardt aus in einem Brief an Friedrich Preen (Hans v. Eckardt, Freiheit und Würde des Menschen, 1947, S. 322): „Für mich ist es schon lange klar, daß die Welt der Alternative zwischen völliger Demokratie und absolutem, rechtlosem Despotismus entgegentreibt." Und Wilhelm Röpke sagt einmal (Die Krise des Kollektivismus, 1947, S. 19) ganz deutlich: „Hier, wo es sich um das ordnende Prinzip handelt, gibt es keinen Mittelweg: Entweder ordnen die Preise die Wirtschaft, oder sie tun es nicht; tun sie es nicht, so müssen es die Behörden tun." Marktwirtschaftfreie und daher auch wahre Preise bedeutet die durch den Wettbewerb und die freie Entschließung gehaltene Wirtschaftsordnung. „Wer die Marktwirtschaft nicht will, muß die Kommandowirtschaft wollen, weil es keine andere Möglichkeit als diese beiden gibt." (S. 18.)

In diesen Sätzen ist ganz klar ausgedrückt, um was es sich handelt. Der Sozialismus ist ein ganz festes, logisch durchdachtes Wirtschaftssystem, bei dem dem Einzelnen jede Initiative entzogen ist. In diesem System besteht keine Möglichkeit des freien Handels, weder im Innern noch nach außen, in diesem System besteht keine Möglichkeit der Entfaltung der freien Gesinnung, in diesem System besteht keine Möglichkeit der Durchbildung freier künstlerischer Betätigung. Das System ruht auf vier Grundprinzipien, die sich gegenseitig bedingen, und von denen man nicht eine einzige weglassen kann, wenn nicht das ganze System zusammenbrechen soll. Die vier Bedingungen sind: Aufhebung des Eigentums, Arbeitszwang, Diktatur einer kleinen Gruppe, Abschließung des Staates. Wir haben seine Folgen erlebt, und wir erinnern uns noch dieses Kollektivismus mit seinen Worten: sozialisiert, beschlagnahmt, genehmigt, angemeldet, gesperrt, eingesetzt, verteilt, überwacht, abgeliefert, freigegeben, verschoben, bestraft, verboten, abgeholt, liquidiert.

Auf der anderen Seite steht das freiheitliche System der individuellen Entfaltung. Es ist der Gegensatz zu aller Planwirtschaft, aller gelenkten Wirtschaft, es beruht auf der freien Konkurrenz, auf der freien Entfaltung der Preise, auf der freien Entwicklung der Anlagen des Individuums, es beruht auf der Marktwirtschaft. So steht auf der einen Seite die freie Wirtschaft und damit der freie Geist, auf der anderen Seite steht die gelenkte, die gebundene Wirtschaft und der gebundene, gefesselte Geist. Verbindungen zwischen diesen beiden Prinzipien, eine ausgleichende Mitte, kann es nicht geben, und es ist die Tragik des modernen Sozialismus seit Marx, daß immer wieder versucht worden ist, einen Mittelweg zu finden. Röpke sagt mit Recht (Die Krise des Kollektivismus, 1947, S. 21): „Der vielgerühmte Mittelweg des demokratischen Sozialismus enthüllt sich als ein sehr schlüpfriger Pfad, der im Abgrund endet. Man muß umkehren oder abstürzen, das wird immer mehr der Eindruck, den uns die europäischen Erfahrungen hinterlassen haben." Röpke spricht von der kollektiven Psychopathologie unserer Zeit und sagt weiter: „Es ist ein Stück reinste Mystik, wenn man meint, die berühmte Trennung des Arbeiters von seinen Produktionsmitteln dadurch wieder aufheben zu können, daß man den privaten Eigentümer durch den Staat ersetzt."

„Die Konzentration der Betriebe wird dadurch nicht verhindert, daß durch eine Verstaatlichung nun eine Hyperkonzentration geschaffen wird. Dem Arbeiter ist dadurch gar nicht genützt, im Gegenteil, die Konzentration des Besitzes in der Hand des Staates schafft Mammutgenossenschaften und Monopole, die viel rücksichtsloser dem Arbeiter gegenüber sein müssen, als es vorher der private Unternehmer war."

Es ist die Tragik des Sozialismus, daß alle diese Gedanken nicht durchdacht worden sind, und daß eine verschwommene Mystik in dem Gewande der Ethik und im Fanatismus eines Ideals zu furchtbarer Vernichtung des Menschen selber führen mußte.

Ein Buch von James Burnham, „Managerial Revolution", New York 1941, bringt eine kritische Betrachtung der russischen Sozialisierung. Burnham erklärt, daß die von dem Sowjetstaat geschaffene Gesellschaft durchaus nicht klassenlos ist, und er sagt wörtlich, daß „die vom Gesichtspunkt der Macht und der Privilegien aus bestehende Ungleichheit dort stärker ausgeprägt ist als bei jedem kapitalistischen Staat und daß man im Sowjetsystem auf systematische Ausbeutung zum Nutzen einer Klasse stößt, die darauf beruht, daß sich die Wirtschaft im Besitze des Staates befindet. Diese privilegierte Klasse ist aber nicht die Klasse der Arbeiter, sondern die Klasse der Direktoren, es ist das solidarische Korps der Sowjetfunktionäre, der Techniker, der hohen Bürokraten, die es vor der Revolution in Rußland nicht gegeben hat, und die an Zahl und Bedeutung noch ständig wächst. Die Masse ist zu passivem Gehorsam gebracht, die Masse wird regiert mit Diktatur und mit Arbeitslager, mit Zwangsentzug von Lebensmitteln und von Wohnungen, das heißt mit Furcht und mit Terror. Der Arbeiter ist nicht emanzipiert, das Lohngesetz lastet weiter auf ihm, er hat nur seinen Herrn gewechselt, an die Stelle des privaten Herrn ist der Staat getreten, der viel rücksichtsloser, gewaltsamer und brutaler ist, weil er die unumschränkte Gewalt besitzt. Das privilegierte Eigentum einer gewissen Zahl von Einzelpersonen ist durch das privilegierte Eigentum einer Gruppe ersetzt worden, die Polizeigewalt hat."

Diese Wirtschaftsordnung kann natürlich nicht mehr auf der Freiheit, sondern nur auf der Gewalt und auf der Unterdrückung ruhen.

Es ist die Tragik des Sozialismus, daß er diese Konsequenzen nie klar erkannt hat, daß er an seine Ziele geglaubt hat, wie an eine Religion, daß er der Meinung war, mit der Aufhebung des Eigentums die Freiheit des Menschen begründen zu können.

Es ist die Tragik des Sozialismus, daß diese Verschwommenheit und Unklarheit des Denkens zu furchtbaren Kämpfen innerhalb der Reihen der Sozialisten führen mußte. Auf der einen Seite mußten diejenigen stehen, die den Sozialismus konsequent durchführen wollten, diejenigen, die die Freiheit opfern wollten für die Gleichheit, für den Sozialismus. Auf der anderen Seite diejenigen, die zwar auch den Sozialismus wollten, die aber an die Freiheit glaubten. Der Kampf zwischen den beiden Gruppen war furchtbar. In Rußland war es der Kampf der Bolschewisten gegen die Menschewisten, der mit entsetzlicher Brutalität durchgeführt worden ist, in Deutschland war es der Kampf der Gruppe, die sich als Kommunisten bezeichnete gegen die Sozialdemokraten, der Kampf von Karl Liebknecht und Rosa Luxemburg gegen Ebert und Scheidemann. Engels hatte recht: Die Einigung von 1875 trug den Keim der Spaltung in sich. Aber es war keine Spaltung wie sonst bei Parteien, es war blutigster, furchtbarster Krieg, ausgefochten mit Kanonen und Bomben. In Rußland hat dieser Kampf nie aufgehört, und wenn man die offizielle Geschichte der Kommunistischen Partei der Sowjetunion, herausgegeben von Stalin, liest, erschienen 1939 in Moskau, Berlin 1945, dann sieht man, daß dieser Kampf ein unvorstellbarer war und daß er noch immer nicht aufgehört hat. Es ist tatsächlich so, wie Trotzki es einmal ausgedrückt hat (L. Trotzki, The Revolution Betrayed, 1937, S. 76): „In einem Lande, in dem der einzige Arbeitgeber der Staat ist, bedeutet Opposition langsamen Hungertod. An die Stelle des alten Grundsatzes „wer nicht arbeitet, soll auch nicht essen", ist ein neuer getreten, „wer nicht gehorcht, soll auch nicht essen".

Diejenigen, die innerhalb des liberalen Systems soziale Verbesserungen für die Arbeiterklasse erstreben, die Revisionisten, wie sie seit Bernstein heißen, die Opportunisten, wie sie Lenin immer nennt, sie werden vernichtet, ausgelöscht, getötet durch die eigentlichen Sozialisten, die das System und den Gedanken klar und bestimmt durchführen wollen. Dieser Kampf ist ein Kampf um die Grundfragen, um die Fragen, bei denen es kein Ausweichen, keine Konzessionen gibt, er kann daher nur mit Gewalt und mit Kanonen ausgefochten werden.

Es ist die Tragik des Sozialismus, daß er ein falsches, ein illusionistisches Bild des Menschen hat. Er ist der Auffassung, daß die Neigung des Menschen, Eigentum und Besitz zu bilden, daß sein Egoismus eine Entartung ist, die durch das Eigentum entstand. Die Aufhebung des Eigentums, die Sozialisierung, muß also, so glaubt der Sozialismus, den menschlichen Egoismus beseitigen. Der Sozialismus ist der Meinung — und diese Meinung ist nicht nur eine Meinung, sondern sie ist die Grundvoraussetzung des Denkens, sie ist die Glaubenshaltung —, daß am Anfang des menschlichen Daseins der Kommunismus gestanden habe, und daß ein Sündenfall, die Einrichtung des Eigentums, den Menschen abgeführt habe von seinem eigentlichen, seinem wahren Sein. Der Sozialismus führt ihn nur zurück in den gerechten, den urgemäßen, den wahren, den eigentlichen, den unbelasteten Zustand, gibt ihm also seine Freiheit wieder.

Das vollkommene Gleichgewicht der Macht der Menschen untereinander wird nach der Revolution erwartet.

Diese Illusion beruht auf der falschen Sicht des Menschen, auf einer Sicht, die das Eigeninteresse als erworben ansieht, als erworben durch Umstände, und die dann folgert, daß der Egoismus durch die Änderung dieser Umstände beseitigt werden könnte. Das Bild des Menschen, das der Sozialismus zu seiner Grundlage hat, ist verfehlt. Das Eigeninteresse ist mit dem Menschen urgegeben, es ist ein Teil seines Wesens, und sein wesentlicher Teil, denn es ist der Antrieb zu aller Leistung, es ist die Triebkraft zu aller Tat, es ist die Wurzel aller Aktivität. Das Eigenleben muß also bestehen, und es besteht in jeder Gemeinschaft unvermindert fort, auch in der sozialisierten, ja, gerade in ihr, weil es unterdrückt wird. Deshalb braucht die sozialisierte Gesellschaft die Strafen gegen den Egoismus, deshalb braucht sie die Fülle der Gefängnisse, die Arbeitslager und die Konzentrationslager. Und hier liegt dann die Quelle aller Zerstörung des menschlichen Wertes, der menschlichen Würde und des menschlichen Glanzes.

Es ist die Tragik des Sozialismus, daß er des Glaubens ist, daß einzig und allein im Eigentum die Machtentfaltung des Menschen begründet liege, daß der Egoismus seinen Ausdruck finde nur im Streben nach dem Eigentum.

Es gibt ganz andere Formen des Eigenlebens, die sich an ganz anderer Stelle entfalten. Es ist das Geltungsbedürfnis, das Machtstreben an sich, die Herrschsucht. Dieses egoistische Streben des Menschen, ebenfalls seiner Natur nach angelegt im Menschen selbst, findet im sozialisierten Staat einen Boden wie sonst in keiner anderen Form des staatlichen Daseins. In der kapitalistischen Gesellschaft bleibt dieses Streben nach Macht der des Eigentums untergeordnet. Aber im sozialistischen Staat entwickelt sich die Schicht von Betriebsleitern, von Direktoren; Wirtschaftsmacht verbindet sich mit politischer Macht, die Kommissare bekommen eine Gewalt wie in keinem anderen Staat, die Richter urteilen über Zwangsverschickungen, über Leben und Tod, die herrschende Schicht hält die beherrschte im Terror und muß sie im Terror halten, weil der Antrieb zur eigenen Leistung durch den Gewinn wie in der kapitalistischen Wirtschaft nicht vorhanden ist. So muß sich eine Oligarchie, eine diktatorisch regierende Schicht herausbilden. Der Fehler des Denkens lag darin, daß Wirtschaftsmacht mit der Macht des Privateigentums identifiziert worden war. Um diese Wirtschaftsmacht aufzuheben, wird nun eine viel stärkere Wirtschaftsmacht, die sozialisierte, an die Stelle gesetzt. Die marxistische Utopie hatte die Illusion erzeugt, daß der Sieg des Sozialismus den politischen Zwang, den Staat überhaupt überflüssig machen werde. Das Gegenteil ist eingetreten und mußte eintreten, sowohl in Deutschland wie in Rußland.

Auch der Liberalismus des 18. und 19. Jahrhunderts lebte in einer Illusion. Er war der Meinung, daß alle individuelle Macht dem Einzelnen und zugleich der Gesamtheit nützt, daß sie sich ordnungsmäßig gegen andere Sphären der Macht von Natur aus abgrenzt und daß im Naturrecht der Weg gegeben sei, die Beziehungen der Menschen und ihr Eigentum sich selbst zu überlassen, so daß es sich um sich selbst ordnet und aufbaut. Der Liberalimus glaubt an das natürliche Gleichgewicht der Wirtschaftsmacht innerhalb der Gemeinschaft, aber die Tatsachen haben auch das widerlegt. Der Starke verschlingt den Schwachen, und an die Stelle des Wettbewerbs tritt die Monopolwirtschaft, die Konzentrierung des Wirtschaftsprozesses. Auch hier lag eine Illusion zugrunde, aber diese Illusion ist weniger gefährlich, weil sie ausgeht von dem natürlichen Sein des Menschen, weil sie den Menschen nicht verändern will, und weil sie daher nicht die Fülle der Gefängnisse braucht, um diejenigen auszuschalten, die ihr Leben ihrer Natur entsprechend entfalten wollen. Die Illusion des Liberalismus läßt sich beseitigen durch Steuergesetzgebung, die Illusion des Sozialismus ist tödlich, weil sie sich vergeht am Menschen. Der Sozialismus kann nicht bestehen, ohne die Veränderung des Menschen in seinem eigentlichen Sein, und das setzt immer die Gewalt, setzt immer den Zwang voraus, ist ein Vergehen am Menschen selbst und rächt sich fürchterlich an ihm. Ein Meer von Blut muß die Folge sein und ist es gewesen.

Ganz anders das soziale Empfinden. Es ist das Gegenteil von sozialistisch. Das soziale Denken und Erleben ist mit dem Menschen so urgegeben, wie sein Ich-Erleben. Sein Interesse für die Gemeinschaft ist von Anfang an so groß wie sein Interesse für sein Selbst. Die Spannung zwischen diesen beiden Kräften ist das Urgegebene. Kein Egoismus ist möglich ohne den Altruismus, und kein Altruismus ohne den Egoismus. Der Mensch und die Gemeinschaft bilden eine Einheit, und daher bilden auch Mensch und Staat eine Einheit. Der Staat ist mit dem Menschen urgegeben. Wo der Mensch ist, ist auch der Staat.

Das Leben, die Entwicklung, die Entfaltung und die Erfüllung des Menschen ist nur möglich im freien System der Wirtschaft und im freien System des Geistes. Die freie Marktwirtschaft, der freie Handel, die freie Bewegung des Individuums, das allein kann die Grundlage sein, auf der auch die Arbeiterschaft ein für sich würdiges Leben in Freiheit und in sozialem Gedeihen erhoffen kann. Der Weg durch den Terror, durch Schrecken und durch Gewalt, war viel zu fürchterlich, als daß er den Menschen nicht die Augen geöffnet hätte für die Ziele und den Sinn des Lebens. Das Ziel des Daseins aber liegt nicht in der Versklavung und Unterordnung unter den Willen einer Gesamtheit, der immer nur der Wille einiger führender Diktatoren sein kann, sondern das Ziel liegt in der Befreiung des Menschen von allem unnötigen Zwang und in der freiwilligen Einordnung und Eingliederung in die Gemeinschaft, in der der Mensch dann am besten lebt, und der er dann am meisten nützt, wenn er die in ihm liegenden Kräfte frei und ungehindert entfalten zu können in der Lage ist. Und so mag am Ende das Wort von Schiller stehen, das er schrieb in dem Gedicht „Das Eleusinische-Fest“:

„Freiheit liebt das Tier der Wüste,
Frei im Äther herrscht der Gott,
Ihrer Brust gewalt'ge Lüste
Zähmet das Naturgebot,
Doch der Mensch in ihrer Mitte,
Soll sich an den Menschen reih'n,
Und allein durch seine Sitte
Kann er frei und mächtig sein.“

Der Gedanke der Persönlichkeit

„Der Mensch ist frei geschaffen, ist frei
Und würd' er in Ketten geboren,
Laßt euch nicht irren des Pöbels Geschrei,
Nicht den Mißbrauch rasender Toren!
Vor dem Sklaven, wenn er die Kette bricht,
Vor dem freien Menschen erzittert nicht!"

So ruft Schiller aus im Anschluß an Vorstellungen Rousseaus, und dieser Gedanke der Freiheit, bei Schiller so betont in den Vordergrund gestellt, er ist der Grundgedanke des Liberalismus. Die Idee des Sozialismus ist die Gleichheit; die Gleichheit aber muß immer die Freiheit zerstören, deshalb kann nie im Sozialismus die Freiheit erstrebt werden, auch dann nicht, wenn sie theoretisch gesetzt wird.

Der Begriff der Freiheit ist kein einfacher, sondern ein zusammengesetzter, ein schillernder, ein vieldeutiger, und wenig Worte haben so viel Verwirrung gestiftet wie dieses Wort Freiheit. Der Erfolg der sozialistischen Parteien, der Erfolg des Kommunismus, er liegt auf dem immer erneuten Gebrauch dieses Wortes Freiheit. Es ist ein gefährliches Wort, ein unklares und vernebelndes Wort, und deshalb muß man es erklären, wenn man es verwenden will.

Manchmal als Freiheit vom Zwang des Absolutismus gedeutet, manchmal als Freiheit vom Zwang des Unternehmertums, manchmal als Aufgabe und Verpflichtung, manchmal in seinem metaphysischen Gehalt und manchmal in nationaler Bedeutung der Freiheit des Volkes, der Selbständigkeit, der Staatssouveränität: der Sinn ist immer ein anderer, ein oft völlig entgegengesetzter.

In dieser Vieldeutigkeit des Wortes liegt seine Gefahr, liegt aber auch seine Größe und sein ins Jenseitige weisender Sinn, denn die Freiheit gehört zu den großen Idealen der Menschheit, zu den Gedanken, für die die Menschen gestorben sind, und für die sie immer wieder bereit sind zu sterben.

„Der Ruf der Freiheit fliegt mit allen Winden,
Du ew'ger Geist, dem alle Fesseln schwinden!
Freiheit!"

So sagt einmal Lord Byron in dem Sonett auf Chillon. Und man könnte die Worte der Dichter verhundertfachen, der Gedanke der Freiheit kehrt immer wieder, der Freiheit, als des Menschen höchstes Gut.

Insgesamt sind es vier große Komplexe, die der Begriff der Freiheit umschließt, und die daher auch der Liberalismus als seine Grundgedanken umgreift. Das erste ist die Freiheit als transzendenter Gedanke, das zweite ist die Freiheit als geistiger Gedanke, das dritte ist die Freiheit als politischer Gedanke, das vierte die Freiheit als wirtschaftlicher Gedanke.

Die Freiheit als transzendenter Gedanke ist die Grundlage aller übrigen Vorstellungsentfaltungen.

Der Mensch als geistiges Wesen trägt in sich die Möglichkeit zu seiner höchsten Erfüllung, zur Entfaltung über sich selbst hinaus. Er spürt in sich, in seiner Seele, in seinem Innern jenes Göttliche, das er Geist nennt, und das ihn verbindet mit einem Ewigen, einem Transzendenten, einem Metaphysischen. Durch den Geist weist der Mensch über sich selbst hinaus, durch den Geist schafft er sich die Beziehung zu einem übergeordneten Geist, durch den Geist schafft er sich die Freiheit, der Welt gegenübertreten zu können, die Welt zu objektivieren, durch den Geist schafft er sich jene Überlegenheit, die ihn befähigt, den Grund der Dinge zu denken, den Grund alles Seins, den Grund alles Werdens, den Grund alles Bestehenden. „Wo aber der Geist des Herrn ist, da ist Freiheit", so heißt es in dem 2. Korinther Brief (3, 17), denn der Geist ist in der Lage, die Werte zu setzen, der Geist ist in der Lage, den obersten Wert, das summum bonum zu umfassen und zu begreifen. Und der Mensch weiß um die Möglichkeit der Entscheidung. Er kann höchste Werte denken, er kann ihnen nachleben und er kann sie verwerfen. Er kann das Gute tun und das Böse, und er weiß um alle diese Möglichkeiten der Höhen und der Abgründe, die in ihm liegen, er kennt die Wege, die in die Erhebung führen und in die Tiefen.

Durch diese Möglichkeit des Geistes, durch diese dem Geiste innewohnende Kraft, ist ihm die Freiheit gegeben. Die Freiheit ist des Menschen unauslöschlicher Zauber, sie ist sein eigenstes Besitztum, sie ist selbst der höchste Wert. Und schon in diesem transzendenten Sinne enthält sie ständig die Spannung und die Gefahr in sich, weil sie die Möglichkeit der Wertung in sich birgt, der Entscheidung für den Wert und den Unwert, für die Größe und die Gebrochenheit.

Die Freiheit gehört also zum Wesen des Menschen und es gibt niemand, der von ihr ausgenommen würde. Sie ist der Abglanz des Göttlichen im

Menschen, sie ist die Würde, die der Mensch in sich trägt, auch dann, wenn er geknechtet ist, auch dann wenn er gebrochen ist, wenn er gequält und getreten wird. Das ist es, was Schiller meint, „der Mensch ist frei, und würde er in Ketten geboren". Es ist der Gedanke der Freiheit, der den Menschen als geistiges Wesen erhebt zu den höchsten Höhen des Selbstbewußtseins und des inneren Glanzes, auch dann noch, wenn er geschlagen am Boden liegt.

Das ist der Sinn des tiefsten Symbols des Christentums, des gekreuzigten Gott-Menschen am Kreuz, am Galgenholz. Geschlagen, getreten, niedergebrochen, geknechtet, voll Schmerzen, voll Wunden, ein Bild des Elends und der Verzweiflung, — und gerade in dieser Gestalt offenbart sich im Menschen das Göttliche, zeigt sich die Freiheit seines Geistes, die hinausweist über die Materie, über die Bindung an die Erde, über die Bindung an das Holz, offenbart sich jener letzte Sinn, der der Sinn des Menschen ist, und der ihn hinaushebt über alles das, was um ihn lebt.

Wenn alle Menschen diese Freiheit als das eigentlich Göttliche in sich tragen, dann ist es doch niemals und an keiner Stelle so erlebt, so durchdacht, so durchfühlt worden wie in Europa. Der europäische Mensch mit dem Gedanken der Ablösung des Menschen von der Materie, der europäische Mensch mit dem Gedanken der Spaltung in Körper und Geist, der europäische Mensch hat wie kein anderer das Geistige als den Wert, als das höchste Gut, als die ewige Anrufung und die dauernde Verpflichtung erkannt und erfühlt. Der europäische Mensch hat daher auch wie kein anderer den Gedanken der Freiheit durchleben müssen. Die Setzung des Dualismus, die Sicht auf die Welt, die das Sein so gliedert, daß der Mensch als Geist auf der einen Seite steht und alles übrige auf der anderen Seite, sie zwingt den Geist zu höchster Entfaltung, zu größter Befreiung, und so steht auf der einen Seite der Mensch und mit ihm Gott, und auf der anderen Seite die Welt, die Materie, die belebte, die unbelebte Natur. Diese Sicht aber, gerichtet auf den Geist, kann immer nur bestehen in der Haltung auf die Freiheit. Denn der Geist, das eben ist die Freiheit. Wenn Mensch und Gott einander gehören, wenn der Mensch sich entfaltet zum Göttlichen, und wenn Gott selber zum Menschen wird, der alle Qualen und alle Gebrochenheiten dieser Erde erträgt, so wie der Mensch sie täglich und stündlich zu ertragen hat, dann hat der Mensch die Freiheit wie Gott, dann kann er wie Gott die Werte setzen, dann kann er wie Gott zu den Werten aufsteigen, oder er kann sie zerstören. Der europäische Mensch, lebend in diesem Bilde, seit Jahrtausenden erwachsen in dieser Grundvorstellung, in dieser Haltung zur Welt, die die gleiche ist in der Antike wie im Christentum, bei Aristoteles wie bei Thomas von Aquino, bei Shakespeare wie bei Goethe: der europäische Mensch kann nur leben in der Freiheit.

Der asiatische Mensch, der Mensch des Buddhismus, der Mensch des Taoismus, des Konfuzianismus, des Shintoismus, er lebt in der Gehaltenheit, in der Bindung des Menschen an das Urgesetz, das ihn trägt. Es gibt nicht den Dualismus, es gibt nicht die Spaltung in Geist und Körper, es ist ein einheitlicher Strom, der Mensch und Tier verbindet, Wasserfall und Blume, Wolke und Stein. Hier ergeben sich andere geistige Probleme, die nicht die Freiheit der Entscheidung in das Zentrum rücken, — in Europa aber ist der Mensch begriffen als Wesen der Freiheit, als Wesen des Geistes, als homo sui juris, als unabhängig von der autoritativen Regelung seines eigenen Lebens. Das ist der Grund des Kampfes um die Seele jedes Einzelnen, das ist der Grund der Bedeutung der Seele, das ist der Grund für die Bemühungen um die Seele, die das Göttliche, die das Geistige, und die damit die Freiheit ist. Die Seele ist der Ausdruck des Menschen, sie ist sein eigentliches Sein, sie schließt in sich die freie Entscheidung. Dadurch ist aber der Wert der Persönlichkeit gesetzt, die Bedeutung des Menschen gehoben, dadurch ist der Mensch über das einfache Leben hinaus entwickelt in ein höheres Sein, das über ihm steht, und an dem er zugleich teil hat.

Das ist der transzendente Gedanke der Freiheit, der allem europäischen Denken zugrunde liegt, das ist der Sinn des Humanismus, das ist der tiefste Gehalt des Christentums in seiner letzten und größten Bedeutung. Und nur aus diesem Gehalt heraus ist die Geschichte des europäischen Geistes, die im Grunde eine Geschichte des Liberalismus ist, zu verstehen. Das ist der Grund, weshalb sogar der Sozialismus die Freiheit als sein Ziel sieht, obgleich der Weg des Sozialismus von diesem Ziele abführen muß.

Geist, Freiheit, Persönlichkeit, das sind die Begriffe Europas, das sind die Begriffe, unter denen alle europäischen Ereignisse stehen, mögen sie geistiger, mögen sie materieller Art sein. Und auch Plato, obgleich er den Gedanken des Sozialismus in einer Schärfe dachte wie kaum ein Denker nach ihm, wollte mit diesem Sozialismus doch die Freiheit begründen. „Auf welche Weise nun werden die Menschen im neuen Staate sich befinden, und was ist die Kennzeichnung der Eigenschaft einer solchen Staatsverfassung? Nun, da ist wohl die allererste Eigenschaft, daß sie frei sind, daß der Staat voll Freiheit im Ganzen und voll Freiheit der Rede ist." So sagt er gegen Ende seines Buches über den Staat. Und auch der Gedanke von Marx war es, den eigentlich freien Menschen zu schaffen. Scheint das etwas anderes zu sein, als wenn Faust seinen höchsten Augenblick, die Erfüllung seines Lebens erfährt an jenem entscheidenden Punkte, wo er erkannte, daß das höchste Glück des Menschen die Freiheit ist?

„Solch ein Gewimmel möcht ich sehen, als freier Mensch auf freiem Grunde stehen. Zum Augenblicke möcht ich sagen, verweile doch, Du bist so schön." Das ist der Höhepunkt im Leben Fausts, und das ist der tiefste Sinn des alternden Goethe, erkannt zu haben, daß der Mensch sein Glück erlebt im Genuß der Freiheit und zugleich in der Erkenntnis der Freiheit. Denn die Freiheit ist es, die den Menschen Gott gleich macht.

Daß Europa diesen Gedanken immer wieder mit solcher Schärfe gedacht hat, das ist Europas Bedeutung, das ist der Sinn des europäischen Daseins, und schon die Gesandten, die von den Griechen zu Xerxes geschickt worden sind, zu dem König, der nicht die Freiheit anerkennt, sondern die Unterwerfung, zu dem König, der das Symbol der absoluten Monarchie bedeutet, der die Niederwerfung des dem Throne Nahenden verlangt, schon die Gesandten Griechenlands weigerten sich, niederzufallen vor dem König (Herodot V, 136). Herodot sagt, „daß man sie zwingen wollte, aber sie taten es nicht, und sie erklärten, sie würden es niemals tun, auch wenn man sie auf die Erde mit dem Kopfe stieße: Denn eine Sitte sei es nicht, vor einem Menschen niederzufallen." Und dem Unterkönig Hydarnes, der ihnen auf dem Wege nach Susa riet, sich Xerxes zu unterwerfen, antworteten sie (Herodot V, 135): „Du hast die Freiheit noch nicht gekostet und Du weißt nicht, ob sie süß ist oder nicht. Denn hättest Du sie gekostet, so würdest Du uns raten, nicht mit Speeren um sie zu kämpfen, sondern selbst mit Beilen."

Und es ist in letztem Sinne dasselbe, wenn in der Gegenwart Jaspers die Freiheit das kostbarste, nie von selber zufallende, nicht automatisch sich erhaltende Gut nennt. (Thesen über politische Freiheit, Zeitschrift „Die Wandlung", 1. Jahrgang, Heidelberg 1945/46).

Die griechischen Botschafter meinten mit ihrem Begriff der Freiheit beides, die metaphysische und die geistige Freiheit. Denn die geistige Freiheit ist nur die Folge der metaphysischen Freiheit.

Die geistige Freiheit ist das Recht auf freies Denken, auf freies Sprechen, auf freies Handeln. Ohne die Freiheit bestehen nur Leidenschaften, die Freiheit aber bedeutet zugleich das Stehen über den Leidenschaften, bedeutet die Möglichkeit der Entscheidung jenseits der Leidenschaften, bedeutet die Erkenntnis der Pflicht, bedeutet die Verantwortung, die Anerkennung des Anderen. Und es ist das große Verdienst von Kant, erkannt zu haben, daß die Freiheit in der Übertragung der Quelle von Autorität und Gesetz ins innerste Wesen des eigenen Geistes besteht. Sich selbst Gesetz sein, aus selbständiger Verantwortung handeln, aus der Autorität heraus, die im Gewissen begründet ist, weil sie aus dem innersten und eigensten Gesetz selber hervorgeht, das bedeutet wirklich frei sein, das bedeutet die geistige Freiheit. Die Unterwerfung unter das Sittengesetz in freiwilliger Entscheidung, das ist die Freiheit.

Es war die große Tat von Hegel, über Kant noch hinauszugehen und die Gleichstellung der Freiheit mit dem Geist entfaltet zu haben zu einer Idee der organischen Entwicklung der Freiheit. Der Gedanke der Bewegung der Freiheit zu immer höheren Formen, ihre Dynamik, ihre Entwicklung, ihre Entfaltungsmöglichkeit, das ist Hegels Tat. Durch Hegel ist der Gedanke der Entwicklung in das europäische Denken gekommen. So ist bei Hegel alle Selbstoffenbarung des Geistes auf eine ständige Bewegung gestellt, auf eine fortdauernde Verpflichtung, auf eine Verantwortung; und das Denken gerade ist es, das dem Gedanken der geistigen Freiheit die Aktivität, das Vorwärtsschreiten verleiht. Das Individuum wird immer in der Beziehung zu den ihm gegenüberstehenden Größen gefaßt, zu Familie, Gesellschaft und Staat. Denn das Individuum ist nur ein Akzidenz der Allgemeinsubstanz, es ist ein Glied der Gemeinschaft „die äußerlich erscheinende Weise, in welcher das Sittliche existiert" (Rechtsphilosophie § 141—157). Und immer wieder verlangt er die Erziehung zur Selbständigkeit und freien Persönlichkeit (Rechtsphilosophie § 173). Das Individuum muß in Einklang stehen mit der Gemeinschaft, denn, so sagt er, „meinen Zweck befördernd, befördere ich das Allgemeine, und dieses befördert wiederum meinen Zweck" (Rechtsphilosophie § 182 bis 256). Das Allgemeine gewährt mir den Schutz des persönlichen Eigentums und die Förderung meiner Interessen. Und so besteht kein Gegensatz zwischen Individuum und Gemeinschaft, zwischen Person und Staat, ja, der Staat entfaltet sich als die höchste Form des geordneten Lebens, als „die Wirklichkeit der sittlichen Idee", als „das an und für sich Vernünftige", als „die Verwirklichung der Freiheit", als ein „Irdisch-Göttliches". Für *Hegel* ist der Staat die Entfaltung der obersten sittlichen Idee, und er sagt von dem Staat: „Es ist der Gang Gottes in der Welt, daß der Staat ist."

So besteht immer eine enge Beziehung zwischen der transzendenten Freiheit und der geistigen Freiheit. Die geistige Freiheit ist die Entfaltungsmöglichkeit des geistigen Lebens, ungehindert durch die Gesamtheit, ungehindert durch den Staat, ja gefördert durch den Staat, dessen letzter Sinn ja auch die geistige Freiheit ist. In dieser Sphäre liegen die Forderungen, die bis zur Gegenwart immer wieder die Forderungen der Menschheit gewesen sind, die aber von allen autoritären Systemen unterdrückt wurden, die Freiheit der Forschung, die Freiheit der Lehre, die Freiheit der Berufswahl, die Freiheit zur Auswahl der Arbeit, die Freiheit von der Arbeit überhaupt im Gegensatz zum Arbeitszwang, die Freiheit der Versammlung, die Freiheit der Presse. Und immer liegt diesen Forderungen der Gedanke zugrunde, daß die Freiheit des Einzelnen in seiner geistigen Entfaltung nur zum Nutzen der Gesamtheit sein kann, daß von der Erfindung, der Entdeckung, der Forschung, die Gesamtheit nur Vorteil haben kann. Der Staat soll hier nicht bestimmen, nicht planen, nicht ordnen, er soll nur helfen, fördern und unterstützen, da wo Kräftiges und Eigenes, wo Selbständiges sich entfaltet.

So folgt aus der transzendenten Freiheit die geistige Freiheit und aus der geistigen folgt weiter die politische.

Der politische Liberalismus ist in seinem negativen Sinne eine Wendung gegen den absoluten Staat, gegen die Herrschaft des Staates, gegen die Unterdrückung, die der Staat auf die Glieder des Staates ausübt; in seinem positiven Sinne ist er der Gedanke des Individuums, das seine Urrechte, seine Naturrechte dem Staat gegenüber zu behaupten hat. Es ist deshalb nicht zufällig, daß im 18. Jahrhundert die Gedanken der Freiheit verbunden waren mit dem Naturrechtsgedanken, mit der Idee des rechtlichen Urzustandes der Menschheit, nicht nur bei Rousseau und Diderot, auch bei Herder und Schlegel, bei Hegel und Schelling.

Der politische Liberalismus bedeutet zuerst die Sicherung des Eigentums, und hier liegt sein Hauptunterschied gegenüber dem Sozialismus. Der Eigentumsgedanke ist der Zentralgedanke, und nach ihm unterscheiden sich die Menschen in die Anerkenner des Eigentums und in die Gegner des Eigentums, in Liberale und Sozialisten. Die Eigentumsfrage ist das Grundproblem unserer Zeit überhaupt, und die Tatsache, daß die Frage des Eigentums problematisch geworden ist, das ist der Ausdruck für die Zerrissenheit des Denkens unserer Epoche.

Die zweite Grundfrage des politischen Liberalismus ist die Sicherheit der Person, die die Gesamtheit zu gewährleisten hat. Die Person des Menschen ist heilig, ist unverletzbar, sie ist der Ausgangspunkt alles politischen und wirtschaftlichen Erlebens im Sinne des Liberalismus. In der politischen Freiheit muß also neben dem Eigentum die Person geschützt werden, und zwar nicht nur gegen Überfälle anderer Personen, sondern auch gegen Übergriffe des Staates selbst. Das bedeutet, daß Gesetze da sein müssen, die die Verhaftung regeln, die die Rechtsvertretung sichern, die der Staatsgewalt genaue Grenzen ziehen gegenüber den Eigenrechten des Individuums.

Drittens gehört zu diesen grundlegenden Fragen des politischen Liberalismus die Unverletzbarkeit der Wohnung. Das Individuum muß in der Lage sein, in seiner eigenen Wohnung über sich selbst bestimmen zu können, es muß andere Individuen der Wohnung verweisen dürfen, auch sogar die Polizeiorgane des Staates, wenn sie nicht ausdrücklich mit richterlicher Befugnis die Wohnung betreten.

Das Recht des Individuums gegen Folterung, gegen staatliche Zwangsmaßnahmen erniedrigender Art, gehört zu diesen Grundfragen des Liberalismus, die als die politischen Freiheiten seit dem Erscheinen des Liberalismus in allen Staaten unter den Grundrechten des Menschen enthalten sind. Und die Allgemeinen Menschenrechte der Französischen Revolution sind nichts anderes als der Ausdruck dieser Gedanken des menschlichen Urrechtes.

Politischer Liberalismus bedeutet also das Ausgehen von der Bedeutung der Persönlichkeit, vom Wert des Individuums, er bedeutet die Ordnung des geistigen, des gesellschaftlichen, wirtschaftlichen Lebens nach den Grundsätzen der Persönlichkeit. Die Freiheit des Menschen schafft von sich aus die beste soziale Ordnung des Ganzen, der Gemeinschaft. Das Wohl der Gemeinschaft wie auch des Einzelnen ist nach liberaler Vorstellung dann am besten gesichert, wenn die Freiheit des Individuums so wenig wie möglich in ihrer natürlichen Ordnung und Entwicklung gehindert wird durch die Gemeinschaft. Im Praktischen ist demnach die Sicherstellung des Eigentums, die Sicherheit der Person und die Freiheit des Geistes die grundlegende Forderung jeder liberalen Auffassung. Im Individuum selbst liegt der Begriff der Ordnung, liegt der Begriff der Einordnung in das Ganze, im Individuum selbst liegen die Urkräfte, die zu der besten und vollendetsten Entfaltung der Gemeinschaft weiterführen, sie sind so stark, daß ein Gegensatz zwischen Individuum und Gemeinschaft nicht besteht, wenn das Individuum als Ausgangspunkt genommen wird. Das Individuum trägt in sich selbst alle Prinzipien, die nötig sind zur Erhaltung, zur Ausbildung und zur Vollendung des Ganzen, der Gemeinschaft. Lediglich die zerstörerischen Kräfte des Individuums, die andere Individuen gefährden, dürfen durch die Gemeinschaft unterdrückt werden. Der Staat hat also die Aufgabe, dafür zu sorgen, daß kein Überfall und kein Raub geschieht, er hat die Unverletzlichkeit der Person zu garantieren, der Staat hat weiter die Unverletzlichkeit des Eigentums zu sichern. Eigentum und persönliche Sicherheit sind also im staatlichen Geschehen die Punkte, die die Achsen der liberalen Weltanschauung bilden.

Als Viertes schließt sich der Forderung der politischen Freiheit des Individuums in transzendentem, in geistigem und in politischem Sinne notwendig der Umkreis des Wirtschaftlichen an. Die Wendung zum Ich, in den Bezirken des Geistes vollzogen, muß auch eine Wendung für die Bezirke der Wirtschaft fordern.

Der entscheidende Gedanke ist dabei die Freiheit des Handelns, der Freihandel. Der liberale Mensch verlangt die Freiheit von den Schranken des Zolles, verlangt, daß der Staat ihn nicht hindere in Einkauf und Verkauf, auch nicht in anderen Ländern. Er verlangt, daß der Staat den Handel über die Grenzen unterstützt und fördert, und jede Einspruchsmöglichkeit des Staates empfindet er als Hindernis. Der Gedanke des Freihandels ist der tragende Gedanke für die Wirtschaft des 18. und des beginnenden 19. Jahrhunderts, ist diese Zeit doch zugleich die Zeit des großen Aufschwungs Europas, der unbestrittenen Vorherrschaft Europas und Amerikas in der Welt, und ist es doch das Zeitalter des stärksten Handels Europas mit allen Ländern der Erde.

Der wirtschaftliche liberale Gedanke enthält in sich noch eine zweite Seite, und das ist die der Gewerbefreiheit. Der mittelalterliche Mensch war auch wirtschaftlich gebunden durch Gilden und Zünfte. Der liberale Mensch erstrebt die volle Freiheit von diesem Zwang jeder staatlichen Beaufsichtigung, jedem staatlichen Eingriff. Zwar müssen naturgemäß einige Gebiete ausgenommen werden, wie die Tätigkeit des Arztes, die eine lange Schulung und genaue Kenntnis voraussetzt, ferner die Tätigkeit des Anwaltes, des Richters, des Lehrers. In diesen Punkten hat auch die liberalste Epoche eine Bestätigung der Kenntnisse und Fähigkeiten durch die Gemeinschaft, den Staat verlangt. Aber in der Ausübung der einzelnen Gewerbe verlangt der wirtschaftliche Liberalismus völlige Freiheit. Weder die Gruppe noch der Staat soll bestimmen, ob jemand berechtigt ist, einen Laden oder ein Geschäft, ein Unternehmen, eine Fabrik zu eröffnen und zu betreiben. Und die Einführung der Gewerbefreiheit in fast allen Ländern war der Ausdruck dieser Forderung.

Das Dritte in wirtschaftlicher Hinsicht ist das Grundgesetz von Angebot und Nachfrage. Auch hier wird im liberalen Sinne jeder Einspruch des Staates in die Bildung der Preise verurteilt. Die Aufgabe des Staates ist es nicht, den Preis zu bestimmen. Der Preis muß sich selber regeln durch die Summe der Waren, die angeboten werden, und durch die Nachfrage nach diesen Waren. Ricardo unterschied zwischen dem Marktpreis und dem natürlichen Preis. Der Marktpreis ist der, der sich im einzelnen Fall tatsächlich bildet. Der natürliche Preis ist derjenige Preis, der durch die Kosten der Produktion einer Ware zuzüglich eines normalen Gewinnes entsteht. Der Marktpreis hat nach Ricardo immer wieder die Tendenz, sich trotz aller Schwankungen dem natürlichen Preise anzupassen.

Steigt er über den natürlichen Preis, so wächst die Gewinnspanne, das schafft den Anreiz zur Ausdehnung der Produktion, das wieder führt zu erhöhtem Angebot, und das erhöhte Angebot führt wieder zur Senkung des Preises. So stellt sich immer wieder das Gleichgewicht zwischen Angebot und Nachfrage her, und das ist die freie Marktwirtschaft, die auch der Produktion ihre Wege weist. Die Grundlage der liberalen Wirtschaft ist daher die freie Marktwirtschaft, sie steht im Gegensatz zur Planwirtschaft, in der der Staat lenkt, die bestimmte Bahnen geführt wird, bei der der Preis durch Höchstpreisverordnungen oder durch organisierte Warenzuteilung, durch Zwangsmaßnahmen oder obrigkeitliche Verbrauchsbeschränkungen festgelegt wird. So steht die Marktwirtschaft gegenüber der Zwangswirtschaft, die freie Wirtschaft gegenüber der Planwirtschaft. Der liberale Mensch verlangt die freie Wirtschaft, die freie Wirtschaft in jedem Fall. Die Festsetzung des Preises durch den Staat, vielleicht vorübergehend nötig in Kriegszeiten und bei Belagerungen, muß doch sofort aufgehoben werden, sowie die normale Wirtschaft wieder eintritt. Alle Zwangswirtschaft führt zum Schleichhandel und zum Rückgang der Produktion.

So sind es drei Punkte, die den wirtschaftlichen Liberalismus bestimmen, erstens der Freihandel, zweitens die Gewerbefreiheit, drittens die freie Marktwirtschaft.

Und vier Punkte sind es, die den Liberalismus als Ganzes umschreiben, erstens der Gedanke der transzendenten Freiheit, zweitens der Gedanke der geistigen Freiheit, drittens der politischen und viertens der der wirtschaftlichen Freiheit. Alle diese vier Punkte gehören zusammen, und der eine ist ohne den anderen sinnlos.

Im Grunde ruht alle europäische Philosophie, alle Staatsauffassung des europäischen Menschen auf diesen Gedanken, sie sind in der Tat die natürlichen. Die Auffassung des Aristoteles ist die des Liberalismus in diesem Sinne. Und erst Überschreitungen und Übersteigerungen des Individualismus, des Liberalismus, konnten dazu führen, mit Hilfe des Verstandes die Wirtschaft und Ordnung des Lebens stärker nach der individuellen Seite aufzubauen, als es den natürlichen Bedingungen entspricht. So wie auf der einen Seite in Übersteigerung der naturgegebenen Dinge der Gedanke des Sozialismus entstehen mußte, der Überbetonung der Gemeinschaft, so auch der der Überbetonung des Individuums, des Anarchismus. Wenn das Individuum so stark in den Vordergrund gestellt wird, daß die Rücksicht auf das andere Individuum entfällt, wenn schrankenlose Freiheit für das Individuum gefordert wird ohne die sittliche Ordnung, ohne die Beachtung, die das Individuum für sich selbst von anderen verlangt, dann entsteht die Anarchie.

Gegenüber dem Gedanken der Gemeinschaft der Güter und der Staatsallmacht zum Zwecke des sozialistischen Gemeinwesens, wie es Plato gelehrt hatte, wurde als Gegensatz von *Zeno*, dem Stifter der stoischen Schule (342—270 v. Chr.), die staatenlose Gemeinschaft als Ideal der Zukunft entwickelt. Zeno hatte Vorläufer, vor allem Aristippos, einen Schüler des Sokrates, der der Begründer der hedonistischen Schule ist. Und auch die Kyniker mit ihrer Forderung der Bedürfnislosigkeit, entsprechend dem geglaubten Urzustand der Gemeinschaft, sind Vorläufer von Zenos Ideen.

Als erster Naturtrieb gilt der Trieb der Selbsterhaltung, denn er verbürgt die Zukunft des Menschengeschlechtes. Das naturgemäße Leben ist das Leben in Einfachheit und Bedürfnislosigkeit. Und so werden bei Zeno alle Kräfte verbannt, die den Menschen an der Entfaltung der natürlichen Triebe hindern, vor allem Gericht, Polizei, Staat. Auch die Gelehrsamkeit wird verbannt, das Band der Ehe wird überflüssig und da, wo alle das wahre Verhältnis zu Gott gefunden haben, ist auch nicht mehr eine staatliche Organisation des Gottesdienstes und ein Tempel nötig. Das Geld wird nicht mehr gebraucht, denn aller wirtschaftlicher Verkehr vollzieht sich durch unmittelbare Übergabe der begehrten Güter in Freundschaft und Liebe. Der Eros ist nach Zeno die Grundlage dieses Gemeinwesens, alle, die Menschenantlitz tragen, sollen miteinander verbunden sein.

Zeno hat wenig Anhänger gefunden, und auch die Stoiker, die sich später vielfach auf ihn berufen, sind ihm in diesen Punkten nicht gefolgt.

Immer wieder treten bis zur Neuzeit anarchistische Gedanken auf, bis zu Bakunin und Stirner, doch sie konnten keine Schule bilden, und entscheidende Gruppen konnten aus dem Gedanken der Anarchie nicht erwachsen, auch er ist gegen die Natur des Menschen gerichtet wie der Sozialismus, aber er hat noch nicht einmal das Packende, Ergreifende und Verführerische des kollektiven Denkens. Das liberale Denken beginnt erst eigentlich mit jener Magna Carta, die am 15. Juni 1215 in der Nähe von Windsor und Staines auf einer Wiese, die den Namen Runimed führt, angenommen wurde.

Im Sommer 1214 waren die vereinigten englischen, flandrischen und deutschen Heere bei Bouvines von dem französischen König geschlagen worden. Johann Ohneland war im Oktober nach England zurückgekehrt, doch der König stieß auf den Widerstand der Grafen, es kam zu Auseinandersetzungen und Kämpfen, die Grafen hatten ein eigenes Heer und das königliche Heer mußte sich dem der Grafen geschlagen geben. Der König mußte sein Siegel unter jene Urkunde setzen, die berühmt geworden ist als *Magna Carta Libertatum*. In ihr heißt es unter Punkt 39:

„Nullus liber homo capiatur, vel imprisonetur, aut dissaisiatur, aut utlagetur, aut exuletur, aut aliquo modo destruatur, nec super eum ibimus, nec super eum mittemus, nisi per legale judicium parium suorum vel per legem terrae."

Das Bedeutungsvolle an dieser Carta ist die Tatsache, daß die Freiheit der Persönlichkeit gegenüber dem Staat festgelegt wird. Kein Freier darf verhaftet, eingekerkert oder enteignet werden. Von Anfang an wird also das Eigentum gegen alle Übergriffe gesichert, ferner wird die Sicherheit der Person ausdrücklich betont. Der freiheitliche Gedanke erwacht also im Gegensatz zum absoluten Königtum.

Karl I. von England (1625—1649) mußte nach langen Kämpfen schließlich die Petition of Rights 1628 anerkennen, und wieder wurden in ihr die Freiheitsrechte des Individuums besonders betont, vor allem die Unverletzlichkeit des Eigentums in der Person; und 1647 wurden am 28. Oktober diese Freiheitsrechte erneut bestätigt in dem Agreement of the People. Und noch stärker wird das Recht der persönlichen Freiheit in der *Habeas-Corpusakte* von 1679 festgelegt, in der vor allem die Frage des Rechtes auf Verhaftung eine Rolle spielt und nach der jeder Verhaftete binnen eines Tages dem Richter zugeführt werden muß.

Diese englischen Freiheitsrechte haben die britischen Kolonisten nach Nordamerika mit hinübergenommen und schon der Pakt der Pilgerväter auf der *Mayflower* vom 11. November 1620 ist eine Erklärung in ähnlichem Sinne. Zusammengefaßt wurden diese Freiheitsrechte in der Virginischen Erklärung der Rechte vom 12. Juni 1776.

Der Liberalismus als Ganzes ist so genau entgegengesetzt dem Sozialismus. Eine Verbindung in den Ideen kann es nicht geben. Zu bedenken ist dabei, daß die sozialdemokratische Partei den sozialistischen Gedanken nicht in sich trägt, daß sie im Gegenteil in den entscheidenden Fällen der betonte Vertreter der Freiheit war. Ein deutlicher Beweis für die Unvereinbarkeit des Denkens ist der eiserne Vorhang, der Deutschland durchzieht. Östlich von ihr lebt der Gedanke des Sozialismus, der Gemeinschaft, der Gebundenheit, der Unterordnung und der Knechtschaft.

Der Gedanke der Freiheit ist zu tief in Europa verwurzelt, als daß er untergehen könnte. Getragen von den Ideen der Griechen, ist er von den Franzosen, besonders *Rousseau* und *Voltaire,* entwickelt worden, und in England sind die Träger seines Gedankens *John Locke* (1632—1704), *Graf Shaftesbury* (1671—1713), *David Hume* (1711—1776) und *Adam Smith* (1732—1790).

Überall erscheint bei diesen Denkern der Gedanke der persönlichen Freiheit: der Staat soll die Wirtschaft nicht überwachen. Alles Eingreifen des Staates, sei es zur Ordnung, sei es zur Hemmung des wirtschaftlichen Lebens, ist nur schädlich. Jede künstliche Leitung, jede Planwirtschaft, würden wir heute sagen, lenkt die Kräfte aus ihrer natürlichen Bahn, verzögert und verhindert die Leistung, verringert den Ertrag. Die Wirtschaft kann nur gedeihen, wenn das naheliegende und einfache System der natürlichen Freiheit jedem Einzelnen gestattet, das eigene Interesse auf eigenem Wege zu verfolgen. Das ist der Sinn der Entfaltung des Ganzen. „Pursue his own interest, his own way", das ist die Parole von *Adam Smith* (Volksreichtum, Enquiry into the nature and causes of the wealth of nations, 1776, Band I, Buch 2, Kapitel 3). Das ist der Grund, warum Smith vorschlägt, die Domänen und Staatsbetriebe wieder an Privatpersonen abzugeben. Der Staat soll nur drei Funktionen haben: die Justizverwaltung, die Landesverteidigung, die Bildungsanstalten, also Schulen, Museen und öffentliche Bildungsinstitute.

Dieses System ist getragen von dem Gedanken, daß der Mensch von sich aus, durch eigene Not getrieben, ständig zu seiner Entfaltung drängt. Die freie Konkurrenz schafft die billigsten Preise und die größte Fülle der Waren.

Dieser Gedanke wird in England weiter entwickelt durch *David Ricardo* (1778—1823) und philosophisch besonders durch *Jeremias Bentham* (1748—1832). Auch hier ist der grundlegende Gedanke, daß die Freiheit der Träger der Entfaltung des Menschen und seiner Leistungen ist.

Ein Schüler von Bentham war *James Mill* (1773—1836), der den liberalen Gedanken noch erweitert hat.

Alle diese Gedanken finden ihren politischen Ausdruck in der *Unabhängigkeitserklärung von Jefferson* vom 4. Juli 1776. Es sind die häufig wiederholten Worte, die schon kurz am Anfang dieses Buches erwähnt worden sind, und die hier noch einmal im Wortlaut folgen mögen, weil sie die politische Grundhaltung des europäisch-amerikanischen Menschen dartun:

„Wir halten es für eine Wahrheit, die keines Beweises bedarf, daß alle Menschen vor ihrem Schöpfer gleich sind; daß er ihnen gewisse unveräußerliche Rechte verliehen hat und daß zu diesen Rechten Leben, Freiheit und das Streben nach Glück gehören; daß zur Sicherstellung dieser Rechte von den Menschen Regierungen eingesetzt werden, die ihre Machtbefugnisse von der Zustimmung der Regierten herleiten; daß, wenn zu irgendeiner Zeit eine Regierungsform diese Rechte zu zerstören droht, das Volk das Recht hat, sie zu ändern oder abzuschaffen und eine neue Regierung einzusetzen, die auf solchen Grundsätzen aufgebaut wird, und deren

Machtbefugnisse so festgelegt werden, wie es im Interesse der Sicherheit und der Zufriedenheit des Volkes am besten erscheint."

Aus diesen Gedanken entwickelt sich die amerikanische Verfassung und die *Erklärung der Menschenrechte* vom 26. August 1789. In ihnen heißt es:

„Artikel 1. Die Menschen werden frei und gleich an Rechten geboren und bleiben es. Soziale Unterschiede können nur auf dem Nutzen der Allgemeinheit begründet sein.

Artikel 2. Der Endzweck jeder politischen Gesellschaft ist die Erhaltung der natürlichen und unverjährbaren Menschenrechte. Die Rechte sind die Freiheit, das Eigentum, die Sicherheit, der Widerstand gegen Unterdrückung.

Artikel 4. Die Freiheit besteht hauptsächlich darin, alles tun zu dürfen, was einem anderen nicht schadet. Die Ausübung der Naturrechte eines jeden Individuums hat daher keine anderen Grenzen als jene, den anderen Gliedern der Gesellschaft die Ausübung der gleichen Rechte zu geben. Diese Grenzen können nur durch das Gesetz festgelegt werden.

Artikel 5. Das Gesetz hat nur das Recht, die der Gesellschaft schädlichen Handlungen zu verbieten. Alles, was durch das Gesetz nicht verboten ist, darf nicht verhindert werden; und niemand kann gezwungen werden, etwas zu tun, was es nicht vorschreibt.

Artikel 7. Niemand darf angeklagt, verhaftet oder in Haft gehalten werden, außer in den durch das Gesetz festgelegten Fällen der Form gemäß, die es vorschreibt.

Artikel 10. Niemand darf wegen seiner Meinungen belästigt werden, auch wenn sie religiöser Art sind; vorausgesetzt, daß ihr Ausdruck die durch das Gesetz bestimmte öffentliche Ordnung nicht stört.

Artikel 11. Die freie Mitteilung der Gedanken und Meinungen ist eines der kostbarsten Menschenrechte. Jeder Bürger darf also reden, schreiben, frei veröffentlichen; nur muß er für die vom Gesetz als Mißbrauch dieser Freiheit betrachteten Fälle verantwortlich sein.

Artikel 17. Da das Eigentum ein unverletzliches und heiliges Recht ist, darf es in keinem Falle weggenommen werden, es sei denn, daß es die öffentliche, gesetzlich festgestellte Notwendigkeit ausdrücklich fordere, und immer unter der Bedingung, daß ein gerechter Schadenersatz vorausgeht."

Und unter Artikel 16 der Jakobinischen Verfassung vom 24. Juni 1793 heißt es:

„Le droit de propriété est celui qui appartient à tout citoyen de jouir et de disposer à son gré de ses biens, de ses revenues, du fruit de son travail et de son industrie."

Und im Artikel 19: „Nul ne peut être privé de la moindre portion de sa propriété, sans son consentement, si ce n'est lorsque la nécessité publique, légalement constatée, l'exige et sous la condition d'une juste et préalable indemnité.“

„Das Recht des Eigentums steht jedem Bürger zu, er kann es verwenden und darüber bestimmen nach seinem Belieben. Und das betrifft seinen Besitz, seine Einkünfte, den Ertrag seiner Arbeit und Tätigkeit.“

Auch die französische Verfassung vom 22. August 1775 erneuert diese Betonung des Eigentums. Es heißt in ihr:

„Die Erhaltung des Eigentums ist die Grundlage der Landeskultur, aller Produktionsmittel und aller sozialen Ordnung.“ (Artikel 8 der Pflichten.) Das Haus jedes Bürgers ist unantastbares Asyl. Nur im Falle der Gefahr für Leib und Leben darf zur Nachtzeit in ein Haus eingetreten werden.“

In der Verfassung *Ludwigs XVIII.* vom 4. Juni 1814 wird Freiheit und Eigentum noch einmal besonders bestätigt. Unter Artikel 4 heißt es:

„Die Freiheit des Einzelnen ist für alle gleich gesichert, niemand kann verfolgt werden, oder verhaftet werden, ohne daß Gesetze dafür vorliegen, und ohne daß die Form der Verhaftung und der Strafe festgelegt ist. (Leur liberté individuelle est également garantie, personne ne pouvant être poursuivi ni arrêté, que dans les cas prévus par la loi, et dans la forme qu'elle prescrit.“)

Jeder hat das Recht der freien Meinungsäußerung (Artikel 8), das Eigentum wird besonders bestätigt (Artikel 9 und 10).

In Deutschland wirkten die Gedanken Amerikas, Frankreichs und Englands stark auf das Denken ein. Im Jahre 1789 lebten Hegel, Hölderlin und Schelling als Studenten an der Tübinger Universität im Stift in einem Raum. *Hegel* hielt Reden für die Freiheit, *Schelling* gab sein Studienfach, die Theologie, auf und wollte nach Paris reisen. *Hölderlin* las Schiller. Herders Ideen zur Philosophie der Geschichte der Menschheit sind ganz hingeleitet auf einen einzigen Gedanken, auf die Vorstellung der Humanität, die die Freiheit für die Persönlichkeit einschließt. Schiller und Goethe, Eichendorff und Novalis, die Gebrüder Humboldt, Matthias Claudius und Lichtenberg, sie alle stehen unter einem Gedanken, das ist der Gedanke der Freiheit, der alle trägt. Und *Hegel* war es, der diese Worte sprach: „Die Weltgeschichte ist nichts als die Entwicklung des Begriffes der Freiheit.“

Es ist eine Tragik der Weltgeschichte, daß sein Schüler Marx war, der, um die Freiheit zu schaffen, zuerst die Unterdrückung und die Diktatur errichten wollte.

In Deutschland hat sich nach der Epoche des Nationalsozialismus der Gedanke der Freiheit neu entwickelt. Überall hat man zurückgegriffen auf Herder, Schiller, Goethe, auf die großen Denker des vergangenen Jahrhunderts, und der große Philosoph *Jaspers* hat in seinem Buch „Vom Ursprung und Ziel der Geschichte", München 1949, immer wieder von der Bedeutung dieses Gedankens der Freiheit für den europäischen Menschen gesprochen. Er war es, der dieses Wort gesagt hat (Seite 238): „Erst, wo das Konkrete aus den Augen verloren, eine phantastische Glückswelt des Menschen als möglich vorausgesetzt wird, verwandeln sich die Forderungen in abstrakte und absolute. Sozialismus wird aus einer Idee zur Ideologie. Der Anspruch auf volle Verwirklichung führt in der Tat von ihrer Erfüllung ab. Auf dem Wege des Zwanges führt er in die Sklaverei. Wenn die Freiheit aufhört, ist die Gerechtigkeit unmöglich."

Und er sagt weiter (Seite 239): „Die Idee der Freiheit gehört zur Wahrheit des Menschseins." Und auf Seite 255: „Es gibt in menschlichen Dingen keine schlechthin tödliche Gefahr, wenn der Mensch seinem Wesen nach frei sein kann." Und auf Seite 274: „Der Glaube an den Menschen ist der Glaube an die Möglichkeit der Freiheit."

So hat die Welt Europas und Amerikas durch das furchtbare Experiment des Sozialismus im Osten, des Nationalsozialismus in Deutschland, die Gefahren erblickt, die im Sozialismus liegen. Die Gefahren sind so groß, daß sie den Menschen in seinem Menschsein erdrücken, daß sie ihm das Letzte und das Größte nehmen, was er besitzt, seinen Wert und seinen Glanz. Und so ist es ein tiefgehender Gegensatz, der Europa mit der willkürlich gezogenen Grenze in der Mitte durchzieht in diesen Jahren, in denen die zweite Hälfte des 20. Jahrhunderts beginnt.

Und so bleibt nichts als die Hoffnung, daß der Mensch unserer Tage, auch der im Osten, sich klar werden möge über die Gefahr, die vor ihm steht und die er bannnen muß, wenn er seinen Kindern auf dieser Erde eine Heimat schaffen will.

Und so möchte ich das Buch schließen mit den Worten, mit denen Theodor Heuss am 5. Juni 1958 vor den beiden Häusern des amerikanischen Kongresses seine Ansprache schloß:

„Es ist meine feste Überzeugung, daß die Völker der freien Welt, so wie sie tief im christlichen Glauben wurzeln, die moralische Stärke besitzen, um ihre Position aufrechtzuerhalten und ihre Ideale zu wahren. Dazu ist erforderlich, einige der alles durchdringenden Kräfte in Bewegung zu setzen, die in der menschlichen Natur vorhanden sind: Vernunft, ein Gefühl für das Maß und vielleicht etwas Liebe."

Kolibri 360 GmbH
Ferdinand-Jühlke-Straße 7
99095 Erfurt, Deutschland
produktsicherheit@kolibri360.de

Druck:
CPI Druckdienstleistungen GmbH
im Auftrag der
Kolibri 360 GmbH
Ferdinand-Jühlke-Str. 7
99095 Erfurt